HUMANITIES AND SOCIETY

科学的反革命

理性滥用之研究

（修订版）

Friedrich A. Hayek

[英国] 弗里德里希·A.哈耶克 著 冯克利 译

译林出版社

图书在版编目（CIP）数据

科学的反革命：理性滥用之研究／（英）哈耶克（Hayek, F. A.）著；冯克利译．—修订本．—南京：译林出版社，2012.4（2025.8 重印）
（人文与社会译丛）
书名原文：The Counter-Revolution of Science
ISBN 978-7-5447-2099-1

Ⅰ. ①科…　Ⅱ. ①哈… ②冯…　Ⅲ. ①社会科学 - 思想史 - 研究 - 欧洲 - 近代　Ⅳ. ①C095

中国版本图书馆 CIP 数据核字（2011）第 140277 号

科学的反革命：理性滥用之研究　［英国］弗里德里希·A.哈耶克／著　冯克利／译

责任编辑　李瑞华　张海波
装帧设计　胡　苨
责任印制　董　虎

原文出版　Liberty Press, 1979
出版发行　译林出版社
地　　址　南京市湖南路 1 号 A 楼
邮　　箱　yilin@yilin.com
网　　址　www.yilin.com
市场热线　025-86633278
排　　版　南京展望文化发展有限公司
印　　刷　江苏凤凰通达印刷有限公司
开　　本　880 毫米 × 1240 毫米　1/32
印　　张　8.75
插　　页　2
版　　次　2012 年 4 月第 1 版
印　　次　2025 年 8 月第 13 次印刷
书　　号　ISBN 978-7-5447-2099-1
定　　价　68.00 元

主编的话

刘东

总算不负几年来的苦心——该为这套书写篇短序了。

此项翻译工程的缘起，先要追溯到自己内心的某些变化。虽说越来越惯于乡间的生活，每天只打一两通电话，但这种离群索居并不意味着我已修炼到了出家遁世的地步。毋宁说，坚守沉默少语的状态，倒是为了咬定问题不放，而且在当下的世道中，若还有哪路学说能引我出神，就不能只是玄妙得叫人着魔，还要有助于思入所属的社群。如此嘈嘈切切鼓荡难平的心气，或不免受了世事的恶刺激，不过也恰是这道底线，帮我部分摆脱了中西“精神分裂症”——至少我可以倚仗着中国文化的本根，去参验外缘的社会学说了，既然儒学作为一种本真的心向，正是要从对现世生活的终极肯定出发，把人间问题当成全部灵感的源头。

不宁惟是，这种从人文思入社会的诉求，还同国际学界的发展不期相合。擅长把捉非确定性问题的哲学，看来有点走出自我囿闭的低潮，而这又跟它把焦点对准了社会不无关系。现行通则的加速崩解和相互证伪，使得就算今后仍有普适的基准可言，也要有待于更加透辟的思力，正是在文明的此一根基处，批判的事业又有了用武之地。由此就决定了，尽管同在关注世俗的事务与规则，但跟既定框架内的策论不同，真正体现出人文关怀的社会学说，决不会是医头医脚式的小修小补，而必须以激进亢奋的姿态，去怀疑、颠覆和重估全部的价值预设。有意思的是，也许再没有哪个时代，会有这么多书生想要焕发制度智慧，这既凸显了文明的深层危机，又表达了超越的不竭潜力。

于是自然就想到翻译——把这些制度智慧引进汉语世界来。需要说明的是，尽管此类翻译向称严肃的学业，无论编者、译者还是读者，都会因其理论色彩和语言风格而备尝艰涩，但该工程却绝非寻常意义上的“纯学术”。此中辩谈的话题和学理，将会贴近我们的伦常日用，渗入我们的表象世界，改铸我们的公民文化，根本不容任何学院人垄断。同样，尽管这些选题大多分量厚重，且多为国外学府指定的必读书，也不必将其标榜为“新经典”。此类方生方成的思想实验，仍要应付尖刻的批判围攻，保持着知识创化时的紧张度，尚没有资格被当成享受保护的“老残遗产”。所以说白了：除非来此对话者早已功力尽失，这里就只有激活思想的马刺。

主持此类工程之烦难，足以让任何聪明人望而却步，大约也惟有愚钝如我者，才会在十年苦熬之余再作冯妇。然则晨钟暮鼓黄卷青灯中，毕竟尚有历代的高僧暗中相伴，他们和我声应气求，不甘心被宿命贬低为人类的亚种，遂把逐译工作当成了日常功课，要以艰难的咀嚼咬穿文化的篱笆。师法着这些先烈，当初酝酿这套丛书时，我曾在哈佛费正清中心放胆讲道：“在作者、编者和读者间初步形成的这种‘良性循环’景象，作为整个社会多元分化进程的缩影，偏巧正跟我们的国运连在一起，如果我们至少眼下尚无理由否认，今后中国历史的主要变因之一，仍然在于大陆知识阶层的一念之中，那么我们就总还有权想象，在孔老夫子的故乡，中华民族其实就靠这么写着读着，而默默修持着自己的心念，而默默挑战着自身的极限！”惟愿认同此道者日众，则华夏一族虽历经劫难，终不致因我辈而沦为文化小国。

一九九九年六月于京郊溪翁庄

目录

德文版(1959年)前言

收在这本书里的文章,本是为一部篇幅更大的著作所写。若是我能够完成该书,它可能会讨论近代以来理性的滥用和衰落的历史。本书的前两篇文章是第二次世界大战初期在伦敦较为悠闲的时光中写成的。我无力对抗被炸弹不时打断的环境,便把精力用在了这个远离现实的题目上。前两篇文章曾发表在1941年和1944年的《经济学》(*Economica*)上。第三篇是后来根据同期一次演说的笔记写成,1951年6月刊发于《标尺》(*Measure*)。承蒙这些杂志的出版人及伦敦经济学院和芝加哥亨利·莱格尼里公司允许我基本未做改动重印这些文章,在此向他们致以谢忱。

在这同一领域的另一些并非随后立刻着手的研究,打断了我按原定计划从事的工作。于是我有一种迫切的愿望,要给自己的分析——它是我对理性衰落的一项更大的研究中第二部分的主要论证——做一总结。但是,我日益清楚地意识到,把原来的计划完成得让人满意,需要以广泛的哲学研究为前提,所以在中断的那几年里,我把大部分时间用在这种研究上。我愿意接受美国出版社的友好建议重印这些文章,既因为公众对它们有兴趣,也因为我希望出版整部著作的时间已不那么紧迫。

当然,这些零散的思想训练是由其背景决定的。因此读者也许乐于让我简单介绍一下那项更大任务的目标。在写这些文章之前，我研究过十八世纪的个人主义学说。这项研究的若干初步成果，发表在我的《个人主义和经济秩序》(芝加哥大学出版社，1948)的第一章。目前这本书的第一部分所讨论的，便是对这种个人主义的敌视态度的思想来源。这些我认为反映着滥用理性的观点的历史发展，会在将来分为四部分的研究中加以讨论。本书阐述的这一发展之早期法国阶段的第二部分，本来打算作为这四部分研究中的第一部分。第三部分本应作为讨论这场源于法国的运动在德国的继续的第二部分的开场白。然后是相似的一部分，它将讨论十九世纪末发生在英国的自由主义的退却——这首先要归因于来自法国和德国的影响。最后一部分打算讨论美国的类似发展。

在对理性受到的日甚一日的滥用，或者说对社会主义的全面考察之后，是对极权主义统治下理性衰落的讨论。这第二项重要工作的基本思想，最初以通俗的形式出现在我的《通往奴役之路》(芝加哥大学出版社，1944)一书中。

在重印这些摘编而成的文章时，也许我不该保留原有的顺序。这本小书有可能给后面较易于理解的领域设下不必要的障碍，有关“唯科学主义和社会研究”的一篇详细的理论导读，或许能够提供比它更出色的系统分析。因此，对抽象讨论不感兴趣的读者，完全可以先阅读讨论“科学的反革命”的第二部分。然后他会觉得更容易理解第一部分对同一个问题的较为抽象的讨论。

我还想补充说，本书只是其中一部分的那本著作，不会以原先设想的方式继续撰写了。我现在打算在另一本书中阐述这个思想体系，它减少了历史色彩，但更为系统了。

F. A. 哈耶克

美国版(1952年)前言

收在本书中的文章,最初虽然发表于不同的年份,却都属于一个整体计划。为了这次再版,文章的内容做了稍许改动,弥补了几处缺陷,不过主要的论证未变。文章的顺序现在更有条理了,与论证的展开相一致,而不再像它们初次发表时那样随意。本书先对一般问题做了理论探讨,然后评价相关观念的历史作用。这不是为了卖弄学问,也不仅是为了避免不必要的重复,而是因为在我看来,这对于证明那一特殊发展的真正意义至关重要。不过我也十分清楚,这样做的结果是,本书的前几章较其他内容更难理解;把较为具体的讨论放在前面,也许更恰当一些。然而我依然认为,关心这个题目的大多数读者,会觉得现在这种顺序更为恰当。至于那些对抽象讨论无多大兴趣的读者,可以先读一下本书的第二部分。我希望他随后会发现,第一部分对这些问题的一般性讨论更加有趣。

本书的两部分主要内容,最初部分地分别发表在1942—1944年和1941年的《经济学》杂志上。第三篇研究是后来写的一篇演说稿,最初发表于1951年6月号的《标尺》,同时也是从给前两篇论文所准备的笔记中整理而成。这些杂志以及伦敦经济和政治学院的编辑,还有它们可敬的出版商、芝加哥的亨利·莱格尼里公司,允许我重印当初在其赞助下发表的文章,在此必须向他们致谢。

F. A. 哈耶克

第一部分

唯科学主义与社会研究

有些学说普遍把自身的起源归功于这样一些人的深入研究,他们掌握一门技艺而不知其他技艺,利用自己熟悉的事情去解释他们不明白的现象;在他们那儿,以这种解释作为基础,在另一些作者看来只是偶尔具有少数细微相似之处的类比,变成了能吊起万物的巨钩。

——亚当·斯密:《论天文学史》

一

自然科学对社会科学的影响

对经济和社会现象的研究，在十八世纪到十九世纪初的缓慢发展过程中，当它选择自己的方法时，主要是受它所面对的问题性质的引导。[①]它逐渐发展出一种适合于这些问题的技术，却没有过多地思考那些方法的特点，或它们跟其他知识学科的关系。政治经济学的研究者，既可把这门学问称为科学的一支，亦可把它称为道德哲学或社会哲学的一支，从不介意自己的题目属于科学还是哲学。那时，"科学"一词尚 19
未获得今天这种特殊的狭隘含义[②]，也不存在把自然科学单独区分出来并赋予其特殊尊严的做法。其实，投身于这些领域的人，在研究自己的

① 并非普遍如此。在十九世纪变得很有影响的"科学地"研究社会现象的各种尝试，在十八世纪也不是全无踪迹。在孟德斯鸠和重农学派的著作中至少存在着一种这样的强大因素。不过这个世纪在社会科学理论方面的伟大成就，即坎特龙和休谟、杜尔哥和亚当·斯密的著作，从整体上说没有这种因素。

② "科学"(science)一词这种现代的狭义用法，最早的事例见于默里的《新英语词典》(Murray, *New English Dictionary*)，它的出版很晚——1867年。不过梅尔茨的《十九世纪欧洲思想史》(J. T. Merz, *History of European Thought in the Nineteenth Century*, 1896, vol. 1, p. 89)中的观点很可能是正确的，他认为，大约是在英国科学促进会(British Association for the Advancement of Science)成立(1831)时，"科学"获得现在的含义。

问题中较具一般性的方面时，很乐于选择哲学这个名称，[1]我们有时甚至可以看到“自然哲学”与“道德科学”的对比。

在十九世纪上半叶，出现了一种新的态度。“科学”一词日益局限于指物理和生物学科，同时它们也开始要求自身具有使其有别于其他一切学问的特殊的严密性与确定性。它们的成功使另一些领域的工作者
20 大为着迷，马上便着手模仿它们的教诲和术语。由此便出现了狭义的**科学**(Science)[2]方法和技术对其他学科的专制。这些学科为证明自身有平等的地位，日益急切地想表明自己的方法跟它们那个成就辉煌的表亲相同，而不是更多地把自己的方法用在自己的特殊问题上。可是，在大约120年的时间里，模仿**科学**的方法而不是其精神实质的抱负一直主宰着社会研究，它对我们理解社会现象却贡献甚微。它不断给社会研究工作造成混乱，使其失去信誉，而且朝着这个方向进一步努力的要求，仍被当作最新的革命性创举向我们炫耀。如果采用这些创举，进步的梦想必将迅速破灭。

不过应当立刻指出，在提出这些要求时调门最高的人，几乎都不是显著丰富了我们的科学知识的人。从大法官弗朗西斯·培根爵爷——所谓永远的“科学吹鼓手”的原型，到奥古斯特·孔德和我们今天的“物理学至上论者”(physicalists)，提出自然科学的专业方法无比优越这种主张的，大多是一些代表科学家发言的权利令人生疑的人，而且在很多情
21 况下，他们对**科学**本身所表现出的顽固偏见，与他们对别的学科一样

① 参见J. Dalton, *New System of Chemical Philosophy*（达尔顿:《化学哲学的新体系》）(1808); Lamarck, *Philosophie zoologique*（拉马克:《动物学的哲学》）(1809); 或Fourcroy, *Philosophie chimique*（富柯罗伊:《化学哲学》）(1806)。

② 当我们打算强调我们是指现代狭义的科学时，我们用带有大写首字母的“Science”(科学)来表示(译文中改用黑体字表示——译注)。

多。弗朗西斯·培根反对哥白尼的天文学[1]，孔德声称用显微镜之类的工具对现象进行任何过于细微的研究都是有害的，所以实证社会的精神权力对此应予禁止，因为它有可能颠覆实证科学的定律。既然这种教条主义态度经常使这类人物在自己的领域中迷失方向，对于那些与让他们产生灵感的领域相距甚远的另一些问题，也就没有多少理由过于尊重他们的观点。

读者在阅读下面的讨论时，还应当切记一条限制。科学家或迷恋自然科学的人经常试图用于社会科学的方法，未必就是科学家在自己领域中事实上采用的方法，倒不如说，那是他们以为自己在使用的方法。这两者未必是一回事。思考自己的方法并使其理论化的科学家，未必总是可靠的向导。在过去几代人的时间里，有关**科学**方法之性质的观点经历了不同的时尚，但我们必须假定，实际采用的方法本质上依然如故。但是，既然影响着社会科学的是科学家以为自己在做的事情，甚至是他们过去持有的观点，所以下面对自然科学方法的评论，未必可以说就是 22
对科学家的实际工作的如实说明，倒不如说，它是对近来有关科学方法的性质的主流观点的说明。

这种影响的历史，它发挥作用的渠道，以及它对社会发展方向的侵袭，是我们一系列历史研究的主题，本文只是它们的一篇导论。在追溯这种影响的历史过程之前，我们先要描述一下它的一般特征，以及物理科学和生物科学的思维习惯毫无根据的不幸扩张所引起的问题的性质。我们会一再遇到这种态度的一些典型因素，它们貌似合理，因此在评价它们时必须谨慎行事。从具体的历史事例中，并非总是能够揭示这些典型观点跟科学家的思维习惯有何关系，或它们如何从这种习惯中产生，而通过系统的考察则更易于做到这一点。

---

① 见M. R. Cohen, “The Myth About Bacon and the Inductive Method”（柯恩：“有关培根和归纳法的神话”）, *Scientific Monthly* 23 (1926): 505。

几乎无须强调，我们所说的一切，不是反对**科学**在自己适当的领域里采用的方法，也丝毫不想让人怀疑它们的价值。但是为了消除这方面
23 的误解，在谈到“唯科学主义”或“唯科学主义的”偏见时，不管我们讨论的是什么，我们指的不是客观探索的一般精神，而是指对**科学**方法和语言奴性十足的模仿。这些概念在英语中虽然不是完全不为人知①，但其实它们是从法语中借来的，近年来它们以在英语中所表达的含义，在法语中得到普遍使用。②应当指出的是，就我们所采用的含义而言，这些概念确实反映着一种态度，它丝毫没有正确意义上的科学性可言，因为它生搬硬套，不加批判地把某些思维习惯，运用于同形成这种习惯的领域有所不同的领域。唯科学主义观点不同于科学观点，它不是不带偏见的方法，而是带有严重偏见的方法，它对自己的题目不加思考，便宣布自
24 己知道研究它的最恰当方式。③

倘若有个类似的字眼可以用来描述工程师的典型思想态度，也许就方便多了。这种态度在许多方面跟唯科学主义关系密切，尽管也同它有所区别，不过我们在这里打算把它同唯科学主义联系在一起进行讨

---

① 默里的《新英语词典》中既有“scientism”（唯科学主义），也有“scientistic”（唯科学主义的），前者表示“科学家的表达习惯和模式”，后者表示“有科学家特征的，具有这种人的属性的（含贬义）”。经常用作同义词的“naturalistic”（自然主义的）和“mechanistic”（机械主义的）并不十分恰当，因为它们有可能暗示着错误的对比。

② 参见J. Fiolle, *Scientisme et science*（菲奥里：《唯科学主义与科学》）(Paris, 1936); a. Lalande, *Vocabulaire technique et critique de la philosophie*（拉兰德：《技术词汇和哲学批判》）, 4th ed., vol. 2, p. 740。

③ 一位杰出物理学家的下面这段话，大概有助于证明受这种态度之害的科学家本人对其他一些学科的致命影响：“一切可能的经验都符合我们已经熟悉的类型，于是要求只利用日常经验中的因素进行解释——难以设想还有比这更有害于科学的观点了。这种态度表明了缺乏想象力、精神上的愚钝和固执，可以预见，它们在精神活动的一个较低层次上就会耗尽自己的实用主义证据。”见P. W. Bridgman, *The Logic of Modern Physics*（布里奇曼：《现代物理学的逻辑》）(1928), p. 46。

论。既然找不到一个有同等表现力的字眼,我们只好满足于把这后一种十九和二十世纪思想中的典型因素,称为“工程学的思维类型” 25
(engineering type of mind)。

二
自然科学的问题与方法

要想理解唯科学主义的侵扰，我们先要理解**科学**本身为反抗那些阻碍其进步的概念和观念——就像目前正威胁着社会研究进步的唯科学主义偏见一样——所做的斗争。我们现在生活在一个日常生活中的思想观念与习惯深受**科学**思维方式影响的氛围中。然而我们切莫忘记，当初**科学**必须在这样一个世界为自己开辟道路，其中的大多数观念，是在我们同另一些人的关系中、在我们对其行为的解释中形成的。这场斗争获得的动力使**科学**走过了头，造成一种相反的危险处境，即唯科学主义的霸道阻碍着理解社会方面的进步，这是再自然不过的事情。[1]然而，
27 尽管现在钟摆已明确地向相反方向摆动，假如我们不找出造成这种态

① 关于科学领域中这种“惯性规律”的重要意义，见H. Münsterberg, *Grundzüge der Psychologie*（缪斯特伯格：《心理学基础》）(1909), vol. 1, p. 137; E. Bernheim, *Lehrbuch der historischen Methode und Geschichtsphilosphie*（伯恩海姆：《历史方法和历史哲学教程》），5th ed. (1908), p. 144; L. v. Mises, *Nationalökonomie*（米瑟斯：《国民经济学》）(1940), p. 24。我们倾向于过度使用一种新解释原则这种现象，大概更常见于特殊的唯科学主义教条，而不是科学本身。万有引力和进化论、相对论和心理分析，在某些时期都被发挥得超出了它们的能力。基于这种经验就不必奇怪，对于作为一个整体的科学而言，这种现象甚至持续的时间更长，并且有着更深远的影响。

度并在恰当的领域内为其提供正当性的那些因素，则它所引起的结果只能是混乱。

自从现代**科学**诞生于文艺复兴时期以来，其进步一直面对它必须与之战斗的三大障碍；它的大部分进步的历史，都可以根据它逐渐克服这些困难的进程来撰写。第一个（虽然不是最重要的障碍）是，学者们出于不同的原因，日益习惯于把大部分精力用来分析别人的意见上。这不仅因为它们是当时最先进的学科譬如神学和法学的实际研究对象，还因为**科学**在中世纪的衰落过程中，除了研究历史上那些大人物的著作外，似乎没有更好的办法获得有关自然的真理。更为重要的是第二个事实，即相信事物的“观念”具有某种先验的实在性，通过对观念的分析， 28
我们能够学会有关真实事物之属性的某种知识或全部知识。第三个或许也是最重要的事实是，所有地方的人最初都是参照自己的形象去解释外部世界的事物，认为有某种与他们自己的心智（mind）一样的东西赋予了它们生命，因此自然科学到处都会遇到通过对人类心智机制的类比，通过“拟人论的”或“万物有灵的”（animistic）学说获得的解释。这些学说都在寻找某种有目的的设计，并且它们若是从中发现存在着某个从事设计的心智在起作用的证明，便会感到心满意足。

针对这种情况，现代**科学**一直努力回到“客观事实”上，它不再研究人们对自然的看法，也不再认为既有的观念是真实世界的如实反映，尤其是抛弃了一切这样的学说：它们把类似于我们心智的某种支配因素强加于现象，便自以为对它做出了解释。相反，它的主要任务成了在系统检验这些现象的基础上，修改和重建日常经验中形成的观念，以便能够更好地认识特殊现象只是普遍规则的实例。在这个过程中，不但普遍采用的观念所提供的暂时性分类，而且对我们的感官传达给我们的不同知觉的初步划分，必须让位于我们用来梳理或区分外部世界的事件的另一种全新的方式。

在对外部世界的讨论中放弃一切拟人论因素的倾向，其最极端的 29

发展甚至导致了这样的信念:“解释”的要求本身就是建立在对事件的拟人论解释上,而**科学**的唯一目标应当是对自然的完整描述。①我们就会看到,这种主张的前一部分存在着真理的成分,即我们能够用一种无法用于自然现象的方法,去理解和解释人类行为,所以“解释”一词仍然包含着不适用于自然现象的含义。②别人的行为很可能是使人提出如下问题的第一经验:为什么对于人类行为之外的事件,他不能期待得出与他有望对人类行为得出的解释相同的“解释”,他用了很长的时间学习,
30 仍未完全搞清楚这个问题。③

有关我们身边事物的日常观念,没有提供适当的分类,以便我们说明它们在不同环境下的表现的普遍规律;为了做到这一点,我们必须用事物的另一种分类取代它们,这是很常见的情况。然而,对于这些暂时的抽象观念而言是正确的观点,对我们大多数人倾向于视为终极实在的那些感觉性质(sense qualities)而言也同样正确,这听起来还是有点奇怪。科学打破并取代我们的感觉性质所呈现的分类体系,这虽然不太为人熟悉,却恰恰是**科学**所做的事情。它是以这样的认识为起点:在我们看来相同的东西,并不总是以相同的方式运动;在我们看来不相同的东

① 我相信,德国物理学家基希霍夫对这种观点做了最准确的表述,见G. Kirchhoff, *Vorlesungen über mathematische, Physik; Mechanik*(《数学、物理学和力学讲义》)(1874), p.1;后来它又通过马赫的哲学而变得广为人知。

② “解释”(explain)一词仅仅是自然科学不得已而采用的、最初用来描述人类的概念的许多重要事例之一。“law”(法律、规律)、“cause”(原因)、“function”(功能)、“order”(秩序)、“organism”(有机体)和“organization”(组织),是另一些有着类似重要性的例子,科学已经多多少少成功地使它们摆脱了原有的拟人论含义。但是正如我们所见,在另一些事例中,特别是“purpose”(意图、目的)一词,科学虽然不能完全免除它们,却无法成功地做到这一点,因此它也有理由为采用这些字眼而担心。

③ 见T. Percy Nunn, *Proceedings of the British Academy, vol. 13, Anthropomorphism and Physics*(努恩:《英国科学院会议录第13卷:拟人论和物理学》)(1926)。

西，有时在所有其他方面都以相同的方式运动。它由这种经验更进一步，用新的分类代替我们的感官提供的事物分类，它不是把看上去相同的东西，而是把被证明在相同环境下以相同方式运动的东西，归为一类。

幼稚的头脑倾向于假设，我们的感官以相同或不同的方式记录下的外部事件，不但在它们对我们的感官的作用上，而且在更多的方面，也肯定相同或不同。然而**科学**的系统检验证明，这经常是错误的。它不断证明"事实"不同于"表象"。我们习惯于认为，不仅那些在视觉、触觉或味觉方面相同或不同的东西是相同的或不同的，而且那些有规律地 31
出现在相同时空背景中的东西也是如此。我们知道，相似的感官知觉束（constellation of sense perception），有可能来自不同的"事实"，或不同的感觉性质的组合有可能表示相同的"事实"。有一定重量和"触觉"但没有气味的白色粉末，根据它所出现的不同环境，或在跟其他现象进行不同的组合后，可以是不同的事物中的任何一种；或者以某种方式跟其他东西组合在一起之后，会产生完全不同的结果。因此，对不同环境中的现象的系统检验经常证明，我们的感官觉得不同的东西，却以相同或至少非常相似的方式发挥着作用。比方说，我们不但能够发现，我们在某种光线下或服过某种药物后看到的蓝色物体，跟我们在另一种环境下看到绿色物体一样；或看上去是椭圆形的东西，可能就是从另一个角度看上去是圆形的东西；而且我们还可以发现，像水和冰这种看上去不同的东西，"其实"是同一种"东西"。

对我们的感官已经以某种方式进行分类的"对象"重新加以分类，
用根据有意识地在事物类型之间建立起来的关系所做的新的分类，去 32
代替我们的感官据以排列外部刺激物的"第二"性质，这个过程大概是自然科学方法最典型的一个方面。现代科学的整个历史，是一个日益摆脱我们对外部刺激物的分类、直到它们最终完全消失的过程，这时"自然科学便达到了这样一个发展阶段：能够表达我们的感官捕捉到的事物的语言,不再能表达可观察的现象。唯一恰当的语言就是数学语言”,[①]即一门描述各种因素之间复杂关系的先进学科,而除了这种关系之外,各因素之间没有其他属性。最初从自然界中“分析”出的各种因素,仍然被认为具有某种“本质”,至少从原则上说它们是可视的或可触摸的;然而不论是电子还是波,不论是原子结构还是电磁场,都不能利用机械模式做出恰当的解释。

人类在自己的心智中创造出的这个新世界，完全是由我们的感官无法感知的实体组成的，但又以某种方式与我们的感官世界联系在一起。事实上,这个**科学**的世界可以仅仅被描述成一组规则,它使我们能
33 够找出不同的感觉束之间的关系。然而关键在于,只要我们把既有的东西，即我们能同时感知到的具有感觉性质的稳定复合体，当作自然单位，那么建立可感知现象所遵循的统一规则的这种努力，就不可能成功。取而代之的是建立一种新的实体,即“建构物”(constructs),对它们的定义只能根据在不同环境和不同时间从“相同”之物中得到的感官知觉——这种方法意味着这样的假定:事物在某种意义上仍然未变,虽然它的全部可感知属性可能已经发生了变化。

换言之,虽然在自然科学的各种理论目前所达到的阶段上,不能再根据感觉性质阐述这些理论，这些理论的重要性却是来自这样一个事实：我们掌握着能够使我们把它们转化为对可感知现象的陈述的规则或“诀窍”。不妨把现代自然科学理论与我们的感官世界的关系,比作人们对一种死语言的不同“认知”方式之间的关系,这种死语言以某种特殊的字符形式存在于铭文中。组成这些铭文并且是该语言唯一表现形式的不同字符的组合,与感觉性质的不同组合相一致。随着我们对这种
34 语言的了解,我们逐渐知道了这些字符的不同组合可以指相同的事物;

① L. S. Stebbing, *Thinking to Some Purpose*(斯特宾:《对某种意图的思考》)(Pelican Book, 1939), p. 107。另见B. Russell, *Scientific Outlook*(罗素:《科学的世界观》),(1931), p. 85。

在不同的上下文中,同一组字符可以指不同的事物。[①]随着我们对这些新实体的认识,我们深入到了一个新的世界,其中的单位不同于字母,它们之间的关系遵循着不见于单个字母的排列顺序的明确规律。我们能够描述这些新单位的规律,即语法规律,以及遵照这种规律组合的句子所表达的意思,而不必参考这些单个字母或它们据以组合为表示一切单词之符号的原则。例如,有可能知道汉语或希腊语的全部语法以及这些语言中全部单词的含义,而不必知道汉语或希腊语的字符(或汉语和希腊字符的发音)。但是,如果汉语或希腊语只是分别以其字符的书写形式出现,那么所有这些知识,作为抽象实体或结构这个意义上的自然规律的知识,便没有多少用处,除非知道一些规则可资利用,能够把它们转化成我们感官可感知的现象的陈述。

我们在描述语言结构时,不需要描述各种字符(或发音)据以组合成不同单位的方式。同样,在我们对自然的理论描述中,我们据以感知自然的不同感觉性质也消失了。它们不再被视为对象的一部分,而是只 35
被当做我们自发地感知或区分外在刺激物的方式。[②]

人类如何利用特殊方式对我们知其为感觉性质的外部刺激物进行分类,不是我们此处所要讨论的问题。[③]这里只需简单指出下面还会予

① 如果我们认识到以下一点,则这种比喻就更为恰当了:只有不多的字符(如单词)组合同时呈现于我们,且这些组合本身只在有限的时间顺序中呈现于我们,就像我们阅读单词(或短语)时的情况那样。

② 被假定属于事物的、以难以分辨的神经过程的方式传递给大脑的各种性质,只在它们影响到感官时有所不同,然后在大脑中又被转化成原来的性质——对这种神奇现象的古老困惑已不复存在。我们没有证据假设外部世界的事物在其相互关系中表现出的相同或不同,和我们的感官呈现给我们的一样。事实上,在许多情况中我们倒是有相反的证据。

③ 可以顺便指出,这种分类很可能是建立在对外部世界中各种关系的无意识的学习上,这些关系对人类有机体在其成长环境中的生存有着特殊的相关性;它同人类在其进化过程中获得的无数种“条件反射”有着密切的关系。我们的中枢神经系统对外部刺激物

36 以讨论的相关两点。其一是，一旦我们认识到，只有当我们对外部世界
的事物的归类方式不同于它们呈现于我们感官的方式时，它们才会在
其相互运动中呈现出一致性，那么它们为何以那种特定方式呈现于我
们，尤其是它们为何以相同的[①]方式呈现于不同的人这个问题，就成了
一个需要回答的真实问题。第二点是，不同的人确实以相同的方式感知
不同的事物，而这与这些外部世界的事物之间的任何已知关系并不一
致，这个事实必须被视为一个重要的经验素材，对人类行为的任何讨论
都要以它作为起点。

我们这里关心的不是**科学**方法本身，因此不能对这个题目做进一
步的讨论。我们主要是想强调一点，人类对外部世界、对他们自身所掌
握的知识或所进行的思考，以及他们的观念，甚至他们的感官知觉的主
观性质，对于**科学**来说绝对不是终极实在，不是可给予认可的素材。它
所关心的不是人类对世界的想法，以及他们如何相应地行动，而是他们
应当思考什么。人们实际采用的观念，他们观察自然的方式，在科学家
37 看来，必然是临时性的，他的任务就是改变这种图式，改变习惯性的观
念，使我们对新的事物分类的陈述更为精密和准确。

从下面的观点看，对于这样做所导致的一种结果需要多说几句。在
自然科学中，数字化的表述和量的计算有重要意义。普遍的印象是，大
多数自然科学的这种量化性质，其重要性主要在于它们具有更大的精

的分类，很可能是高度“实用主义的”，也就是说，它不是根据外部事物之间的一切可观察的关系，而是强调（狭义的）外部世界那些与我们身体在进化进程中对物种生存有意义的关系。例如，人类的大脑对外部刺激物进行分类，主要是根据它们与来自人类身体各部位的反射行为的刺激物的联系，而这种行为是由同一外部刺激物在未经大脑干涉的情况下引起的。

① 不同的人以“相同的”方式对外部刺激物进行分类，并不意味着个体的感觉性质对于不同的人是一样的（这是个无意义的陈述），而是意味着不同的人的感觉性质系统具有共同的结构（一个同质性的关系结构）。

确性。然而并非如此。不用数学的表达形式,也可以提高一种方法的精确性——打破我们的直观素材,用对没有属性而只有这些相互关系的要素的描述,来代替对具有感觉性质的要素的描述,才是这个过程的本质。它是摆脱人们既有的自然图景的全部努力的一部分,是用建立在由系统的检验和试验所确定的关系基础上的分类,代替我们的感官提供的事物分类这一过程的一部分。

回到我们更为一般的结论上:**科学**所研究的世界,不是我们的既有的观念或感觉的世界。它致力于对我们有关外部世界的全部经验重新加以组织,它在这样做时不仅改变了我们的概念模式,而且抛弃了感觉性质,用另一种事物分类去代替它们。对于**科学**来说,人类实际形成的、
在其日常生活、感知与观念中出色引导着他的那个世界图式,不是它的 38
研究对象,而是一个有待改进的不完美的工具。**科学**本身对人与物的关系,对人们现有的世界观所导致的他们的行动方式,都不感兴趣。倒不如说它就是这种关系本身,或是改变这些关系的一个连续性过程。当科学家强调自己研究客观事实时,他的意思是,要独立于人们对事物的想法或行为去研究事物。人们对外部世界所持的观点,永远是他要予以克服的一个阶段。

人们是通过感觉和概念去认知世界以及他们的相互关系,而这些感觉和概念是在他们共享的一种精神结构中组织起来的,这个事实造成了什么后果?人们是在一个活动框架(network of activities)中受着他们所具备的知识的指导,并且它的大多数内容在任何时候都是他们共同拥有的,对于这整个活动框架我们能够说些什么?科学在任何时候都忙于修改人们所持有的世界图式,在它看来这种图式永远只是临时性的。然而,人类有某种明确的图式,以及所有那些我们视为有思维的、我们能够理解的人所持有的图式具有一定程度的相似性这一事实,同样是意义重大的现实和某些事件的原因。在**科学**真正完成它的工作、没有给人类的智力过程留下丝毫未做解释的因素以前,我们头脑中的事实

39 将一直保留那些有待解释的素材，而且将保留那些人类在解释由思维过程支配的行为时必须依靠的素材。这里出现了科学家不直接处理的一些新问题。他所熟悉的特定方法是否适用于这些问题,也不是那么显而易见。这里的问题不是人类有关外部世界的图式在多大程度上符合事实,而是人类如何根据他所拥有的观点和概念来采取行动,从而形成了个人属于其中一员的另一个世界。我们所说的“人们持有的观点和概念”,不仅是指他们对外部自然的知识;我们指的是他们有关自我、有关他人、有关外部世界的全部思想和信念,概言之,是指决定着他们的包括科学研究在内的全部行为的一切因素。

40 这就是社会研究或“道德科学”著书立说的领域。

三

社会科学素材的主观性

在讨论唯科学主义对社会研究的影响之前，我们不妨先大概介绍一下社会研究的特殊对象和方法。它研究的不是物与物的关系，而是人与物或人与人的关系。它研究人的行为，目的是解释许多人的行为在无意间产生的或未经设计的结果。

然而，研究人类群体生活的知识学科，并非都会提出在所有重要方面不同于自然科学的问题。传染病的扩散，显然是一个跟人类社会生活关系密切的问题，但对它的研究并不具备狭义社会科学的特点。同样，遗传学研究，营养学研究，对人口数量或年龄构成之变化的调查，跟类 41
似的动物研究没有重要区别。[①]人类学或人种学的某些分支，就它们研究人类的自然属性而言，也可以这样说。换言之，研究人类的自然科学，不必提出我们无法用自然科学方法加以解决的问题。只要我们关心的是人类机体内的无意识的反应或过程，我们就可以毫无障碍地把它们当作由可以进行客观观察的事件引起的现象，加以“机械的”研究。它们的出现与相关的人的知识无关，他也没有能力去改变它们。使它们得以

---

① 不过，当我们试图解释这后一组问题时，它们大多数都会引起另一种典型的社会科学问题。

出现的条件，可通过外在的观察来确定，而不必借助于这样的假设：被观察的人对外部刺激物进行分类的方式，完全不同于从纯自然科学角度对它们进行定义的方式。

42 狭义的社会科学，即通常所说的道德科学（moral sciences）[①]，研究的是人类自觉的或经过反思的行为，即那些可以说是人在不同的可能情况下做出选择的行为，这与自然科学在本质上有所不同。能够视为这些行为之原因的外部刺激物，当然也可以从纯自然的角度进行定义。但是，如果我们试图用这种方式达到解释人类行为的目的，我们将会给我们有关这种情况的知识设下太多的限制。不是因为我们发现了两种物在与其他物的关系中有相同表现，而是因为它们在我们看来相同，我们才期待着它们在别人看来也相同。我们知道人们会以相同的方式对外部刺激物做出反应，而这些刺激物在所有客观检验中都彼此不同；我们也许还知道，如果物理学上相同的刺激物是在不同的环境或不同的时刻影响人的机体，他们会以完全不同的方式对它做出反应。换言之，我们知道，人在其自觉的决定中是以这样一种方式对事物进行分类，我们只能从自己对那种分类的主观经验中了解这种方式。我们理所当然地认为，别人跟我们一样，把各种各样的物视为相同或不同，虽然并没有客观的检验、没有关于这些物与外部世界其他物的关系的知识为此提供证据。我们的这种认识过程是基于一种经验，即别人通常（虽然并非总是如此——譬如当他们是色盲或疯子时）和我们一样对自己的感官印象进行分类。

43 但是我们不光知道这些。不利用这种知识，就不可能解释或理解人类行为的。人们确实以相同的方式对物做出反应，不是因为这些物有着自然意义上的同一性，而是因为他们学会了把这些物归为同类，因为他

① 有时，Geisteswissenschaften（精神科学）这个德文词在英语中用来指我们这里所说的狭义的社会科学。但是穆勒《逻辑学》一书的译者采用这个德文词，是为了用它翻译“moral sciences”（道德科学）。因此采用这个译名而不是原来的英语词，似乎没有多大意义。

们能够赋予其相同的用途,或期待它们在相关的人看来有相同的效用。其实,大多数社会行为或人类行为,都不是**科学**所说的那种与“意见”相对立的狭义的“客观事实”,根本不能从自然角度去定义它们。在涉及到人类行为时,物只能是行动的人所认为的物。

举个例子可以很好地说明这一点，而且我们几乎可以选择人类行为的任何对象来举例。就拿“工具”或“仪器”这类概念,或锤子和气压计这类具体工具来说吧。很容易理解,这些概念不能被解释成“客观事实”,即与人们对它们的想法无关的东西。对这些概念进行细致的逻辑分析即可证明,它们都表达着若干(至少是三个)方面之间的关系,一是行动或思维的人,二是某种可欲的或想象中的效用,其三才是一般意义上的物品。如果读者打算下个定义,他马上就会发现,不用“适合于”或“目的在于”,或另一些表示设计者指派给它们的用途的词句,他不可能 44
得出这样的定义。[①]普通的锤子与蒸汽锤,或无液气压计和水银气压计,
除了人们认为它们可以用于相同的目的外,[②]没有任何相同之处。 45

---

① 经常有人指出,由于这个缘故,应当把经济学和另一些系统社会科学称为“目的论”科学(“teleological” science)。然而这种说法是错误的,因为它倾向于暗示,不仅个人的行为,而且它们所产生的社会结构,是由某个人为了某种目的而有意设计出来的。因此,它要么导致根据某种外在力量所制定的目标来解释社会现象，要么导致与此相反但同样可怕的错误,把一切社会现象当做自觉的人类设计的产物,即导致一种有碍于理解这些现象的“实用主义”解释。有些作者,尤其是斯潘,利用“目的论的”这个词为极深奥难解的形而上学思辨正名。还有一些人,如恩格利斯,以一种无法反驳的方式利用它,对目的论的科学和常规科学做了严格区分。参见K. Englis, *Teleologische Theorie der Wirtschaft*(恩格利斯:《目的论的理论科学》)(Brünn, 1930)对这个问题的讨论。不过这个词还是具有误导作用。如果需要一个名称的话，也许由埃斯皮纳发明并被科塔尔宾斯基和斯鲁茨基采用的“proseological(实践学的)科学”,才是最恰当的名称,它如今有明确的定义,并被米瑟斯大量使用。见Ludwig von Mises, *Nationalökonomie*。

② 从这个角度来看,决定着人类行为的大多数对象或事物,对它们的定义不能根据其自然性质,而要根据人们对它们的态度。它们是用于某种目的的手段,可是这并不意

无可反驳的是,这只是一些达到类属说明(generic terms)的抽象,就像自然科学采用的那些抽象一样。关键在于,它们是从相关事物的全部自然属性中得出来的抽象,而且对它们的定义必须完全根据人们对于物的态度。例如,只要我们想一下考古学家的问题,这两种对待物的观点的重要差别便赫然可见:他试图确定,看上去像一件石器的东西,确实是由人"加工"的,还是仅仅在自然中偶然形成的。确定这一点的唯一办法,就是努力理解史前时期人类的精神活动,尽力理解他们会如何制造这样一件工具。这就是我们在那种情况下实际做的事情,我们必须依靠自己对人类心智机制所掌握的知识;假如我们对此没有更多的觉察,这主要是因为不可能设想有这样一个观察者,他没有人类的心智,他是根据自己的心智机制去解释他所看到的事情。

在描述自然科学和社会科学方法之间的这种差异时,我们最好还
46 是把前者称为"客观的",把后者称为"主观的"。然而这些字眼含义模糊,不做进一步解释有可能会引起误会。对于自然科学家来说,客观事实与主观意见之间的区分十分简单,然而对于社会科学的对象就不易做出这种区分。这是因为"意见"也是社会科学的对象或"事实"。这当然不是指社会科学家的意见,而是指其行为构成社会科学家之研究对象的人的意见。从某种意义上说,他的事实也和自然科学的事实一样,不是"主观的",因为它们独立于特定的观察者;他的研究对象不受他的喜好或想象的左右,而是由不同的人以相同的方式呈现于观察者的。然而,从我们据以区分事实和意见的另一种角度说,社会科学的事实仅仅是意见,是我们研究其行为的那些人所持的意见。它们不同于自然科学的事实,因为它们是不同的人所持的信念和意见,它们本身不管是对是

味着它们的定义中的意图或"目的论"的性质是其本质所在。不同的物所服务的人类意图,是构成这种分类之基础的最重要的人类态度之一,但它仍然只是其中之一。鬼魂、凶兆或吉兆,都是决定着人类行为而在自然界没有对应物的类型,虽然如此,还是不可能把它们视为人类行为的工具。

错,都是我们的素材,但我们不能直接到人们的心智中观察它们;我们可以从他们的言行中识别它们，仅仅是因为我们自己有着跟他们相似的心智。

从我们把社会科学的主观主义方法和自然科学的客观主义方法加以对比的意义上说,这不过是道出了一个普通常识,即前者首先研究的 47
是个人的思维现象或精神现象,而不是直接研究物质现象。它所处理的现象之可以理解，仅仅是因为我们的研究对象具有与我们相似的思维结构。这同样是一个经验事实,丝毫不亚于我们有关外部世界的知识。不但与他人进行交流的可能性——我们的言谈和写作无时无刻不在利用这种知识——而且我们对外部世界的研究成果,都证实了这一点。如果天真地以为不同的人所共有的全部感觉性质(或它们的相互关系)就是外部世界的属性,就会认为我们有关别人的思维的知识,仅仅是我们有关外部世界的共同知识。然而一旦我们认识到,是我们的感官使事物在我们看来相同或不同，而这种相同或不同并不存在于它们自身的相互关系中,而是存在于它们影响我们感官的过程中,那么人类是以一种特殊方式对外部刺激物进行分类这个事实，就成了一个意义重大的经验事实。在我们对外部世界的科学描述中消失的那些性质,必须仍然是我们对人类思维的科学描述的一部分。事实上,从我们对外部世界的描述中消除这些性质,并不意味着这些性质不“存在”,而是意味着我们在研究这些性质时,我们所研究的不是物质世界,而是人类的思维。 48

在某些情况下，比如当我们将事物在其相互关系中表现出的“客观”属性与仅仅是人赋予它们的属性加以区分时,不妨把“客观的”跟“赋予的”(attributed)相对照,而不是把它跟含义不明的“主观的”相对照。然而“赋予的”一词也作用有限。“主观的”和“客观的”这两个概念虽然难免传达一些错误的含义,但是就我们这里所关心的区分而言,保留它们也许更为适宜,这主要是因为现有的其他大多数说法,比如“精神的”和“物质的”,甚至承载着更为恶劣的形而上学重负,而至少在经济学中，“主观的”一词一直是在我们这里采用的含义上使用着。[①]更为重要的是，“主观的”一词突出了我们必须涉及的另一个重要事实：不同的人虽然具有使交流成为可能的共同结构，他们却有着不同的、在许多方面相互冲突的知识和信念。如果我们能够设想不同的人的全部知识和信念都一致，或我们只是在研究一个人的思维，那么我们不管是把它称
49 为“客观”事实还是主观现象，都没有关系。但是，指导任何人类群体的行为的具体知识，从来就不是作为一个稳定而严密的体系而存在的。它只以分散的、不完美和不稳定的形式，存在于众多个人的心智中，一切知识的分散性和不完美性，是社会科学必须首先面对的两个基本事实。哲学家和逻辑学家经常作为“仅仅”是人类心智的不完美因素而不屑一顾的东西，在社会科学中变成了一个至关重要的基本事实。我们下面还会看到，相反的“绝对主义”观点，即知识，尤其是对特定环境的具体知识，仿佛是一成不变的和“客观的”，即它对所有的人都一样，这是社会科学中一些经久不衰的谬误的根源。

我们前面用来描述人类行为对象的“工具”，可以用社会研究的任何其他分支中的类似例子来代替。“单词”或“句子”，“罪行”或“惩罚”，[②]如果不参照我们有关人类对于它们的意图的知识，就不能给出定义；从
50 这个意义上说，它们当然不是客观事实。当我们解释人类对待事物的行为时，一般而言都是如此。对这些事物的定义，不能根据我们利用客观的科学方法从中发现的因素，而要根据行动的人对它们有什么想法。例如，就社会研究的目的而言，某种药物或某种化妆品，不是治疗某种疾病或改进人的容貌的东西，而是人们认为会有那种功效的东西。我们恰

① 我相信在心理学方法的讨论中也是如此。

② 有些社会学家异想天开地认为，他们可以把“罪行”定义为使一个人受到惩罚的行为，从而使它成为一个客观事实。这仅仅是使主观因素倒退了一步，但并没有消灭它。惩罚仍然是一种无法进行客观定义的主观现象。例如，如果我们看到每当一个人做出某种行为时，就有铁链套在他的脖子上，这并没有告诉我们这是表示奖励还是惩罚。

好具备但我们打算解释其行为的那些人所不具备的有关物质之真实性质的任何知识，都与解释他们的行为没有多少关联，这正像我们私下不相信魔法的效力，但这对于理解那些相信其效力的野蛮人的行为没有关系一样。假如在对我们当代社会的研究中，由于“laws of nature”（自然规律；自然法）影响着人们的行为，所以我们必须把它作为研究素材，而它也受到自然科学研究同样恰当的重视。但是就我们的研究意图而言，这不过是个巧合，我们切不可因此搞错了这种“规（法）律”在两个领域中的不同性质。与社会研究有关的，不是这些自然法是否具有任何客观意义上的真实性，而仅仅是人们是否相信它们并据以采取行动。如果在我们所研究的社会的现有“科学”知识中，包含着缺少某种仪式或咒语的土壤就结不出果实的信念，那么它就像我们视为正确的任何自然规 51
律一样，对我们十分重要。例如，我们在经济学中看到的一切“生产的自然规律”，都不是自然科学意义上的自然规律，而是人们有关自己能够做些什么的信念。

人与物的关系如此，人与人的关系更是如此。社会研究不能从自然科学的客观角度，而是只能根据人们的信念，对这种关系进行定义。即使看似纯粹的生物学关系，如父母和子女的关系，在社会研究中也不是从自然角度进行定义，而且就这种研究的目的而言也不能这样定义：在考虑人们的行为时，它对人们相信某个孩子是自己的自然后代这种信念之对与错不加区分。

在理论高度发达的社会科学即经济学中，这一点表现得最为明显。大概可以毫不夸张地说，过去一百年里经济学的每一项重大进步，都是向着不断采用主观主义的方向又前进了一步。[①]对经济活动的对象进行 52

① 路德维希·冯·米瑟斯也许是最坚定地推动这项发展的人。并且我相信，他那些最特别的观点起初让许多读者觉得怪诞而不可接受，是来源于这样一个事实：在坚定地推动主观主义方法方面，他长期大大领先于他的同代人。他的理论的全部特点——从他的货

定义不能从客观的角度,而是只能参照人类的意图,已经成了不言而喻的常识。不管是"商品"或"经济商品",还是"食品"或"货币",都不能从自然角度,而是只能根据人们对事物的观点进行定义。客观主义或唯物主义的观点试图把货币定义为一小块圆形金属,对此经济理论无话可说。它对这个意义上的钢铁、木材、石油、麦子或鸡蛋,也无话可说。其实,任何具体商品的历史都表明,随着人类知识的变化,同样的物质可以代表非常不同的经济范畴。我们也无法从自然科学的角度,区分出两个人是在进行实物交换或交易,还是在玩游戏或举行宗教仪式。除非我们能够理解人类的行为有什么意图,否则解释这种行为或将其纳入把
53 相似环境与相似行为联系在一起的规则的任何尝试,是注定要失败的。①

虽然经济学理论发展出的这种本质上的主观性,要大大多于社会科学的大多数分支②,不过我认为,它是狭义的社会科学的共同特点。只

币理论(它在1912年是如此超前)到他所说的自己的a priorism(演绎主义)——他对一般数理经济学和具体经济现象的计算的观点——以及他对计划的批判,都是直接(虽然或许不是有着同样的必然性)来自这种核心立场。尤其参见Ludwig von Mises, *Grundprobleme der Nationalökonomie*和*Human Action*(《论人类行为》)(1949)。

① 一些早期经济学家对此非常清楚,但是由于后来那些把经济学改造得在自然科学意义上更加"客观"的努力,这一点被掩盖了。例如,Ferdinando Galiani在*Della Moneta*(加里亚尼:《论货币》)(1751)一书中强调说,"那些被称为在某个方面等值的东西,如果在这个方面给人提供了相同的满足,它们就是等值的。想从其他方面,遵循别的原则,从重量、外表的相似之中寻找等值的人,表明他们几乎没有理解人类生活的事实。一张纸有时相当于钱币,虽然它们在重量和外表上并不相同;另一方面,重量、质量和外表都相等的两摞钱经常并不等值。"转引自A. E. Monroe, *Early Economic Thought*(门罗:《早期经济思想》)(1930), p. 303。

② 大概语言学除外,其实可以合理地宣布它"对社会科学方法有着战略上的重要性"。见Edward Sapir, *Selected Writings*(萨皮尔:《著作选》)(Berkeley: University of California Press, 1949), p. 166。我写此文时尚无所知的萨皮尔的著作,强调了许多这里所

要更为细致地思考一下它的一个最简单的定理，如“地租规律”(law of rent)，就可以最好地证明这一点。这本来是个有关一种物——即从自然角度定义的土地——的价值变化的命题。它其实是说[1]，需要用土地来生产的商品的价值变化所引起的土地价值之变化，要大于另一些必需的协作要素的价值的变化。就这种形式而言，它是一个经验的概括，既 54
没有告诉我们它为何正确，也没有告诉我们它在什么条件下正确。在现代经济学中，它的位置被两个共同导致了相同结论但性质不同的命题所取代。一个命题属于纯经济学理论的内容，它断言在生产一种商品、而它需要比例可变的不同(稀缺)要素时，如果其中一种要素只能用于这一目的(或只能用于相对较少的目的)，而另一些要素具有更普遍的用途，则该产品的价值变化对前者的影响会大于对后者的影响。第二个命题是个经验陈述，即土地通常属于前一种要素，也就是说，人们所知道的自己的劳动力的用途，要大大多于他们所知道的一块土地的用途。前一个命题，就像一切纯经济学理论的命题一样，是有关人们对待事物的态度之意义的陈述，因此它本身必然有着与时间或空间无关的真实性。第二命题则是一种断言，即第一个命题所规定的条件存在于既定的时间并涉及到一块特定的土地，因为与它有关的人持有某种有关其用途、有关种植这块土地所需要的另一些东西之用途的信念。作为一种经验概括，它当然可以被否定，而且也经常被否定。比方说，假如一块土地 55
用来生产某种果实，而种植它需要某种特殊技能，则对这种果实的需求下降可能会全部作用于掌握该技能者的工资，实际上一点儿影响不到

强调的观点。例如第46页：“把人类经验中的任何物质定义为其自然属性的机械总和或产物，都是不恰当的”；“经验中一切有意义的事物，都经过了功能性的或相关的意义过滤器，因此是来自对自然中既有事物的修改。”

① 按极端的李嘉图主义形式，这种陈述是，产品价值的变化只会影响土地的价值，对合作的劳动力的价值不会产生影响。这种形式(与李嘉图的“客观”价值学说相关)的这一命题，可视为本书所陈述的更普遍命题的一个有限事例。

那块土地的价值。在这种情况下,适用于"地租规律"的是劳动力。但是,当我们问地租规律为何适用于任何特定情况,或如何发现其适用时,关于这块土地的自然属性、劳动力或产品的任何知识,都无法给我们提供答案。它取决于理论性的地租规律中所陈述的主观因素;只有当我们能够找出在相关的方面,相关的人有什么知识和信念时,我们才能预测产品价格的变化会以什么方式影响各种要素的价格。这对于地租理论是正确的,对一般价格理论也是正确的:它对铁或羊毛,或有这样那样的自然属性的东西的价格变动无话可说,它只讨论那些人们对其持有某种信念、希望以某种方式加以利用的东西。因此,对我们有关某种具体价格现象的解释产生影响的,绝对不是我们(观察者)所掌握的有关该商品的任何附带知识,而只能是那些有关人们对其有什么想法的附带知识。

56 对于经济学理论所研究的更为复杂的现象,以及近几年这个领域同主观主义的发展关系密切的进步,我们这里不能进行类似的讨论。我们只能指出这些发展使其变得日益突出的一些新问题,例如不同的人的意图和预期之间的协调性问题,他们之间的知识分工问题,以及获得相关知识并形成预期之过程的问题。[①]我们这里所讨论的,毕竟不是经济学的专业问题,而是一切研究自觉的人类行为之后果的学科的共同特点。我们所要强调的几点是,在所有这些研究中,我们必须从人们的想法和行为,即从如下事实入手:组成社会的个人的行为,是受着事与物的某种分类的支配;这种分类与结构相同的感觉性质和观念的体系相一致;我们知道这些性质或观念,是因为我们也是人;不同的个人所拥有的具体知识在一些重要方面是不同的。不但人们针对外在事物的行为,而且人与人之间的全部关系和所有社会制度,只能根据人们对它

① 对这些问题的深入讨论,见我的"经济学与知识"一文,载*Economica* (February 1937),重印于*Individualism and Economic Order* (《个人主义和经济秩序》)(Chicago: University of Chicago Press, 1948)。

们的想法去理解。我们所了解的现实的社会，是由人们所持的各种观念
和想法而形成的；我们能够认识社会现象，它对我们有意义，仅仅是因 57
为它们反映在人们的心智中。

人类心智的结构，它们划分外在事件的共同原则，为我们提供了有
关重复性要素的知识，不同的社会结构就是由这些要素建立起来的，我
们只能根据这些要素去描述和解释它们。[1]观念或想法当然只能存在于
个人的心智中，尤其是它只在个人的心智中对另一些想法产生影响；不
是极为复杂的个人心智之和，而是个人的观念、人们对他人以及对事物
所形成的观点，是构成社会结构的真正要素。如果社会结构在经历了相
继出现于特定时刻的不同个人后依然能够保持不变，这并不是因为相
继出现的个人完全一致，而是因为他们相互继承了与别人的特定关系、 58
对待别人的特定态度，并且他们是另一些人所持的特定观点的对象。个
人仅仅是这个关系框架中的焦点，个人相互之间的各种态度（或看待物
质对象的相同或不同的态度）构成了这个结构中可重复、可辨认和熟悉
的因素。如果一个警察接替另一个警察出现在特定岗位上，这并不意味
着新来的这一位在所有方面都跟前一位相同，这仅仅意味着在对待其
同胞上他沿续着前者的某种态度，这与他身为警察的职责有关。不过，
这足以维持一种能够加以区分并单独予以研究的稳定的结构性要素。

我们能够辨识人类关系中的这些要素，完全是因为我们通过自己心智的机制而知道它们。然而这并不是说，我们肯定立刻就能看到它们

---

① 见C. V. Langlois and C. Seignobos, *Introduction to the Study of History*（朗格卢瓦和塞格诺博斯：《历史研究导论》），trans. G. G. Berry (London, 1898), p. 218：“一切言行都有这种特点，它们都是个人的言行；想象力只能呈现个人的行为，是对我们通过直接观察看到行为的复制。由于这是生活于社会中的人的行为，所以它们的大多数是分别由个人同时做出，或是受共同目的支配的行为。这是一些集体行为；但不管利用想象还是直接观察，它们总是被归结为个人行为的总和。一些社会学家所看到的‘社会事实’，只是一种哲学建构，而不是历史事实。”

组合成一种把不同个人联系在一起的特殊模式的含义。只有通过系统
而耐心地寻找持有一定观点的许多人的意图，我们才能理解甚至才能
学会去看社会中分散而又相互关联的个人行为在无意中产生的、常常
59 是尚未完成的结果。在重建这些不同的社会关系模式的努力中，我们切
不可把个人行为与他的行为所针对的人与物的客观性质联系起来，我
们的研究素材，必须是我们打算解释其行为的那些人眼中的人和物质
世界，这样做是由于一个事实：只有人们的知识或信念，能够成为其自
60 觉的行为之动机。

四

社会科学的个人主义和“综合”方法

为防止以上讨论可能造成的误解,现在必须暂时停下主要的论证。我们所强调的事实是,在社会科学中,我们的素材或“事实”本身是一些想法或观念,但切不可把这理解成我们在社会科学中所研究的一切观念都具有这种性质。如果真是如此,就没有任何科学工作的存身之地了。社会科学和自然科学一样,其宗旨是修正人们对它的研究对象所形成的流行观念,或是用更恰当的概念取代它们。社会科学的特殊难题,以及有关其性质的大量混乱思想,恰恰是来自这样的事实:观念在社会科学中呈现出两种作用,它既是研究的对象,又是有关这种对象的观念。在自然科学中,我们的研究对象与我们对它的解释之间的区分,与 61
观念和客观事实之间的区分相一致。而在社会科学中,则必须区分出两种观念,其一是那些构成我们打算研究的现象的观念,其二是我们自己或我们打算解释其行为的那些人所持的有关这些现象的观念,它们不是社会结构的成因,而是关于社会结构的理论。

给社会科学造成这种特殊困难的不仅是这样一个事实:我们必须对作为我们研究对象的人的观点与我们对他们的观点加以区分;而且还有另外一个事实:作为我们的研究对象的人,他们自身不但由各种观念产生动机,而且对于其行为的未经设计的结果,还有自己的想法——

有关不同社会结构或形态的各种流行学说，我们与他们共享并且我们的研究必须予以修正和改进的学说。在社会科学中，用“概念”（或“理论”）代替“事实”的危险并非不存在，在避免这种危险时的失败，在这里就像在自然科学中一样起着有害的作用；[①]然而它是出现在一个不同的层面上，却被非常不恰当地用观念和事实之间的区分来表示。正确的区分是两种概念之间的区分，一方是由于被人们所持有而成为社会现象
62 之成因的观念，另一方是人们就这种现象所形成的观念。对这两种观念的划分（虽然在不同的背景下，对它们的划分也许有所不同）[②]不难加以说明。我们把人们对某种特定商品的想法发生的变化视为该商品价格发生变化的原因，这种想法在类属上显然不同于这些人对价格变化之原因或“价格的一般性质”所持的观点。同理，导致一些人经常重复某种行为——例如生产、销售或购买一定数量的商品——的信念和意见，完全不同于他们对自己属于其中一员、他们的全部行为总和所构成的“社会”整体或“经济体系”所形成的观念。前一种意见和信念是“整体”存在
63 的条件，没有它们整体不可能存在；正如我们所说，它们是“构成性的”（constitutive），是人们所说的“社会”或“经济体系”这些现象得以存在的要素，但是不管人们对这些整体形成了什么观念，它们都会存在。

一方面是动机性的或构成性的意见，另一方面是人们对各种整体

① 见W. Eucken, *The Foundations of Economics*（奥伊肯：《经济学基础》）(London, 1950), p. 51 及以下。他在这里对“观念实在论”（Begriffsrealismus）的作用做了出色的讨论。

② 在某些背景下，被另一门社会科学仅仅作为有待修正和改进的理论的观念，也可以被当作素材看待。例如，可以设想这样一种“政治科学”，它说明对社会性质持有某种观点的人会产生哪一类政治行为，就这些行为而言，必须把这些观点作为素材。在人对待社会现象的行为中，即在解释他的政治行为时，虽然我们必须把他对社会结构的观点视为既成事实，但是我们也可以从另一个分析层面研究这种观点是否正确。一个特定的社会有可能认为它的各种制度是由神发明的，我们在解释这个社会的政治时必须接受这个事实；然而这未必能阻止我们证明，这种观点很可能是错误的。

所形成的推测性或解释性的观点，对此我们应仔细加以区分，这一点非常重要；对它们的混淆是一种持久危险的根源。民众的心智对社会、经济体系、资本主义、帝国主义以及诸如此类的集合体所形成的观念，社会科学家不是必须把它们视为暂时的理论和通俗的抽象，而不可错误地把它们当成事实吗？他不断克制自己，不把这些虚假的东西当作事实，他系统地以支配个人行为的观念而不是他们对自己行为的理论结论作为起点，这是与社会科学的主观主义关系密切的方法论个人主义的典型特征。另一方面，唯科学主义的立场因为不敢把决定着个人行为的主观观念作为起点，所以正如我们这里所看到的，它经常陷入一种它 64
试图避免的错误，即把那些只不过是普遍的、经过概括了的集合体当成事实。在可以清楚辨识个人所持的观念并明确按其原样加以引介的地方，受唯科学主义观点培养的人，却试图避免把这些观念当作素材，于是他们经常幼稚地把民众惯用的推测性观念，当作他们所熟悉的那类明确事实而加以接受。

对于唯科学主义立场所固有的这种集体主义偏见，我们只能在下一部分再做更充分的讨论。

对于同社会科学中系统的主观主义和个人主义相一致的特殊理论方法，必须再做几点说明。我们直接了解的个人所持的观念和观点，构成了我们解释更复杂现象的要素，从这个事实中又产生出社会科学方法和自然科学方法的另一个重要差别。在社会科学中，我们所熟悉的要素是个人的态度，我们通过组合这些要素，尝试着重建复杂现象，即个人行为的那些我们所知不多的结果——这个过程经常导致人们发现一些不是(大概也无法)通过直接观察而建立的复杂现象之结构统一性的原理，而自然科学则必须从自然界的复杂现象入手，再回过头来推导出 65
那些构成它们的要素。人类个体在事物的秩序中所处的位置造成的结果是，一方面他所感知到的是他加以分析的复杂现象，另一方面是一些

66 构成这种现象的、他不能直接进行整体观察的既定因素。[①]从这个意义上说，自然科学的方法是分析的，而社会科学的方法最好称为综合的（compositive or synthetic）。[②]我们可以从观察到的现象总体中分离出的

---

① 见Robbins, *An Essay on the Nature and Significance of Economic Science*（罗宾斯:《论经济科学的性质和意义》), 2d ed. （1935), p. 105:“在经济学中……我们的基本通则中的最终成分,是直接获知的。在自然科学中,它们是通过推理获知的。”我本人过去的一篇文章《集体主义的经济计划》(*Collectivist Economic Planning*, 1935, p. 11）中的一段话，大概有助于进一步解释这里的观点:“人的位置处在自然现象和社会现象之间——他是其中一种现象的结果,又是另一种现象的原因。由此造成的情况是,我们的解释所必需的要素性的基本事实,是共同经验的一部分,是我们的思维材料的一部分。在社会科学中,我们知道构成复杂现象的要素,这一点无可争议。而在自然科学中,它们充其量只是推测出来的。”另见C. Menger, *Untersuchungen über die Methoden der Sozialwissenschaften*(门格尔:《社会科学方法研究》)(1883), p. 157n.: “对自然现象的任何一种精确的理论说明,都必须以‘原子’和‘力’为最基本的要素,而这种东西是无法靠经验观察到的。我们根本无法把‘原子’和‘自然力’想象成一幅统一的图景,并且实际上我们总是把那些引起实际运动的、我们并不清楚的原因当成最终原因。对自然现象进行精确说明的特殊困难就是由此而产生的。精确的社会科学研究则与此有根本的不同。在这里,人类个体及其意图,是我们进行分析的基本要素,它们是通过我们的经验就可以观察到的东西。因此与精确的自然科学研究相比,精神的社会科学理论具有一个巨大优势。‘知识的局限’以及由此产生的对自然现象进行理论解释的困难,实际上不存在于社会科学研究之中。当奥古斯特·孔德把社会当成一个自然有机体——当然是格外复杂的有机体——看待时，他的理论解释当然会暴露出一个无比复杂和困难的科学问题,于是他陷入了严重的谬误。他的理论也许只对社会科学研究者而言是正确的,对于任何一个关注理论自然科学新进展的人来说,孔德的如下想法都显得有些荒诞不经,他认为不应对社会现象进行专门的社会科学研究,而应当用自然科学的原子论的方式加以说明。”

② 我从卡尔·门格尔一份手写的批注中借用了“compositive”一词。施姆勒对《社会科学方法研究》[Schmoller, *Methoden der Sozialwissenschaften*（*Jahrbuch für Gesetzgebung,* etc., n. f. 7, 1883, p. 42)]有一个评论,门格尔在他自己对这份评论的批注中,把这个词写在了施姆勒所采用的“deductive”一词上面。在写下这段话后,我又注意到恩斯特·卡西尔在《启蒙哲学》(Ernst Cassirer, *Philosophie der Aufklärung* [1932], pp. 12, 25, 341)中采用

所谓整体、有着结构性关系的要素集,仅仅是我们把具有常见属性的要素加以系统匹配的结果,它们是我们利用已知要素的属性建立或重 67
构的。

各种类型的个人信念或态度本身并不是我们的解释对象，它们只是我们用来建立个人之间可能的关系结构的要素，认识到这一点十分重要。我们在社会科学中分析个人的思想，其目的并不是解释这种思想,而仅仅是区分各种要素的可能类型,我们在重建社会关系的不同模式时必须考虑这些要素。认为社会科学家的目的是“解释”自觉的行为,这种看法是错误的，社会科学家经常在不经意的言论中暴露出这种错误。即使能够这样做,它也是一项不同的任务,即心理学的任务。对于社会科学来说,各种类型的自觉行为只是素材[①],它对这种素材所能够做的,就是对它们进行有序的排列,使它们能够被社会科学的任务有效利
用。[②]社会科学试图回答的问题之所以出现,仅仅是因为许多人的自觉 68
行为造成了未经设计的后果，是因为可以观察到不属于任何人的设计结果的规则。假如在社会现象中除了自觉设计的秩序,未表现出任何秩序,理论社会科学也就没有存在的必要,正像有人常说的那样,这里只

“compositive”一词,他是为了正确地指出,自然科学研究的前提是相继采用“resolutive”(解析的)和“compositive”(综合的)方法。这种观点是有益的,并且可以把它同如下观点联系在一起:既然在社会科学中我们直接知道各种要素,所以我们在这里能够以综合的研究为起点。

① 正如罗宾斯(《论经济科学的性质与意义》,p. 86)正确指出的,经济学家尤其认为,“心理学所研究的事物,是他们自己进行推论的素材。”

② 这项工作从经济学家那儿汲取了大量能量，但我们因此而忽视了一个事实:这种“纯粹的选择逻辑”(或“经济核算”)本身没有解释任何事实。关于纯粹的经济计算理论同它在解释社会现象中的作用之间的确切关系,我再次推荐自己的“经济学与知识”一文。也许应当补充说明,经济理论对于一个彻底的计划体制的领导者可能很有用处,能够帮助他了解他为了达到自己的目的应当作些什么，但是它无助于我们解释他的行为——除了他实际上受它指导之外。

存在心理学问题。完全是因为产生了一种作为个人行为的结果但不是哪个人设计的结果的秩序,才出现了需要进行理论解释的问题。被唯科学主义偏见所左右的人,虽然经常倾向于否定存在着这种秩序(因此也否定存在着理论社会科学的对象),但是几乎没有人打算一贯如此:起码没有谁可以怀疑,语言表现出一种明确的秩序,它不是任何自觉设计的结果。

自然科学家感到难以承认社会现象中存在这种秩序,其原因是,这种秩序不能用自然科学的语言加以表述;即使我们用这种语言去定义其要素,这种秩序也是看不见的;而且表现出有序格局的单位没有(或至少不必具有)任何共同的自然属性(除了人们以“相同的”方式对它们做出的反应——然而不同的人做出的反应的“相同性”,也不能用自然
69 科学语言来定义)。它是这样一种秩序,其中的物质发挥相同的作用,是因为它们对于人意味着相同的东西。如果不考虑事物在行动的人看来相同或不同,而是接受科学对我们的单位物质所证明的相同或不同,我们从社会现象中就很可能找不到任何秩序——至少在尚未出现如下情况以前是如此:自然科学把所有的自然现象分析为其最终要素的任务已告完成,心理学也完成了相反的任务:详细解释了自然科学的这些最终单位在人们眼中的样子,即我们的感官形成的分类机制如何运作。

只用极简单的例子,不必借助于任何技术手段,就能证明个人的独立行为会产生其意图之外的秩序;从这些事例中得出的解释通常明白易懂,所以我们从来不去深究导致我们这样解释的理由。乡村原野上形成小路的过程就是这样一个例子。最初,人人都想给自己找一条在他看来最好走的道路。但是这条道路被再次利用的事实有可能使它变得更易于行走,从而也更有可能被再次利用。于是逐渐出现了一条越来越清晰的道路,它逐渐得到人们的接受并排斥了其他可能的道路。人们在一个地区的活动逐渐遵守某种明确的模式,虽然它是许多人仔细考虑的
70 结果,却不是任何人自觉设计的结果。这种对于该现象如何发生的解

释，适用于成百上千个历史事例的一种基本“理论”；这种解释的说服力，并非来自观察任何一条甚至许多条道路的逐渐出现，而是来自我们有关自己和别人在某种处境下会如何行动的一般知识；不断有人处在这种寻找自己道路的处境中，他们通过其行为的累积作用，创造了这条道路。我们在日常经验中，对这类复杂事情中的要素十分熟悉，然而只是通过自觉的、有目标的思想努力，我们才逐渐认识到许多人的这类行为结合在一起所产生的必然结果。我们“理解了”使我们观察到的结果得以产生的方式，尽管我们也许从未处在一个观察全过程或预见其确切进展和结果的位置上。

这是一个十分漫长的过程，如货币进化或语言形成的情形，抑或是一个不断重复的过程，如价格的形成或竞争下的生产管理，就我们这里的论题来说没有什么不同。前一种事例提出了理论（即类属的）问题（有别于我们下面必须限定其确切含义的特殊的历史问题），从本质上说，71
它类似于价格的确定这类一再出现的现象所引起的问题。在研究货币或语言这类“制度”的任何特定的进化事例时，虽然理论问题经常被相关的具体环境的考虑（恰当的历史任务）所掩盖，然而这并未改变一个事实，即在对历史过程的任何解释中都包含着有关能够造成某种后果的某种环境的预设——既然我们必须研究的不是哪个人直接有意造成的结果，所以我们只能用类属图式（generic scheme）的形式，即一种理论，来表示这种预设。

那些在理解社会科学问题时打算仿效自己领域的自然科学家，必须想象存在着一个他通过直接观察原子的内部而了解的世界，他既不可能用大量物质进行试验，也没有机会观察到有限时间内相对较少的原子间的相互作用之外的现象。他能够利用自己对不同类型的原子的知识，建立起这些原子组合为更大单位的所有不同方式的模式，并使这些模式越来越接近于再现少数事例的所有特征，他借此可以去观察更复杂的现象。但是，他从自己的微观知识中能够推导出来的宏观规律，

永远只是“演绎的”(deductive);由于他对复杂状况的知识有限,这些规
72 律几乎不可能使他预测特定状况的确切产物；他也不能通过可控实验去证实它们——虽然有可能由于观察到按其理论不可能出现的事件而否定它们。

从一定意义上说,理论天文学的一些问题,与社会科学而不是实验科学的问题更为相似。不过它们之间仍然存在着重要差别。天文学家是想搞清楚组成其宇宙的全部要素,而对于研究社会现象的人来说,除了组成其世界的要素的类型外,他不能期望知道更多的东西。他很少知道其中的全部要素,他肯定绝对不知道每种要素的全部相关属性。人类心智无可避免的不完美，在这里不仅成了一个与解释对象有关的基本素材;并且由于这种不完美也适用于观察者本身,所以也限制了他努力解释被观察的事实所能取得的成就。在一切社会现象中,决定着具体变化之结果的分散的变数,其数量通常极为庞大,不是任何人类心智所能实际掌握或操纵的。[①]因此,我们有关这些现象的产生所遵循之原理的知
73 识,几乎不可能使我们预测任何特定状况的确切结果。我们能够解释某些现象的产生所遵循的原理,能够根据这种知识排除某些结果,例如某些事件一起出现的可能，然而我们的知识从某种意义上说只能是消极的知识;也就是说,它只能让我们排除某些结果,而不能使我们把可能性的范围缩小到只剩下一种可能性。

仅仅对一种现象的发生做出的原理性解释，与能够使我们预测确切结果的解释，它们之间的不同对于理解社会科学的理论方法极为重要。我认为,在其他一些领域,例如生物学,也是如此,心理学就更是如此。然而它并不太为人所知，并且我也没有找到对它有充分解释的领

---

① 参见M. R. Cohen, *Reason and Nature*(柯恩:《理性与自然》), p. 356:“如果决定着社会现象的因素多于随时受着我们控制的因素，那么普遍决定论的教条就不能确保可以得出有关支配社会生活具体现象的规律的表述。社会现象虽然受着决定,但对于有限时间内的有限的心智来说,它有可能不表现出任何规律。”

域。社会科学领域中的最佳阐述，大概是由譬如说瓦尔拉或帕累托的均
衡体系所阐述的一般价格理论。这些体系仅仅展示了构成该体系的不
同类型商品的价格之间的内洽原理(principle of coherence)；但是，如果
不知道出现于其中并且我们绝不可能知道的所有常数的量值，它不可 74
能使我们预测任何变化可能导致的确切结果。[1]除了这种特殊情况外，
一组仅仅表示一种关系体系的形态，但不能为其中的常数提供数值的 75
均衡算式，大概是纯粹解释现象产生之原理的最佳事例。

对社会科学的典型问题的实证性描述，只能止步于此。以下各章对
社会科学的特殊方法与模仿自然科学去研究其对象的尝试的最典型表
现进行对比，那时我们将更清楚地认识到这一点。 76

---

① 帕累托本人对此十分清楚。在说明在他的均衡系统中决定价格的因素的性质后，他又补充说：“这里应当指出，这种决定并不意味着达到了对价格进行量化计算的目的。我们可以给这种计算做出最有利的假设，我们可以假设我们已成功克服了寻找相关数据的所有困难，我们知道不同的商品对每个人的诱惑力以及所有商品的生产条件，等等。做出这种假设已经是很荒谬的了。然而这还不足以使问题的解决变得可能。我们已经知道，在100个人和700种商品的情况下，会出现70,699种条件(其实，被我们忽略的许多条件还会使这个数字变大)；因此我们必须为有70,699个方程式的系统提供一个解。这实际上超出了代数分析的能力，如果想想为4,000万人口和数千种商品而得出的方程式的庞大数量，事情就更是如此。在这种情况下，角色就发生了变化：不是数学在帮助政治经济学，而是政治经济学能够帮助数学。换言之，如果有人真的知道所有这些方程式，人类的能力可以用来解决它们的唯一方法，就是观察市场实际给出的解。”见V. Pareto, *Manuel d'-économie politique*(帕累托：《政治经济学教程》), 2d. ed. (1927), pp. 233—234。另参见A. Cournot, *Researches into the Mathematical Principles of the Theory of Wealth*(科尔诺：《财富理论的数学原理之研究》)(1838), trans. N. T. Bacon (New York, 1927), p. 127, 作者在这里说，如果我们在自己的方程式中把整个经济系统考虑在内，“这将超出数学分析以及我们的实际计算方法的能力，即使能够把所有常数的值都用数字置入其中”。

五
唯科学主义立场的客观主义

自然科学和社会科学的典型方法之间的重要差别，可以解释自然科学家在转向社会现象专业研究者的工作时，为何时常有这样的感觉：他来到了这样一群人中间，他们习焉不察地犯下他极力避免的一切致命错误；与他的标准相符的社会科学，迄今尚不存在。这种感觉距创立一门符合其科学观的新社会科学的尝试，只有一步之遥。在过去四代人的时间里这种尝试从未间断；虽然没有产生预期的成果，甚至没有成功建立起作为一门健全学科之特征的连续性传统，但是那些希望成就一场社会思想革命的人，几乎每个月都在重复着这种尝试。这些努力的大
77 多数虽然互无关联，却表现出我们这里必须予以重视的某些典型特征。这些方法论的特征，可以方便地放在“客观主义”、“集体主义”和“历史主义”的名目下进行讨论，与它们相对应的，则是“主观主义”、“个人主义”和发达的社会研究学科的理论品格。

由于没有更恰当的名称，我们姑且把这种态度称为对人和社会的唯科学主义研究的“客观主义”，它最典型的表现，见于讨论我们有关人类心智机制的主观知识的各种企图，它们以不同的形式几乎影响着社会研究的所有分支。从奥古斯特·孔德对“内省”(introspection)之可能性的否定，经过创建一门“客观心理学”的各种尝试，直到华生的行为主义

和纽拉特的“物理学至上主义”，有一系列作者试图避开“内省”的知识从事这项工作。然而很容易证明，这些避免利用我们所拥有的知识的企图，是注定要失败的。

为了做到前后一贯，行为主义者或物理学至上论者的起点不应是观察人们对其感知到的相似之物做出的反应，而应当把自己局限在研究人类对严格的自然意义上相同的刺激物做出的反应。比方说，他不应当研究人在看到一个红圈或听到某种声调时的反应，而应当研究人的 78
视网膜某一点上特定频率的光波，等等。可是没有哪个行为主义者严肃地考虑过要这样做。他们天真而想当然地认为，在我们看来相似的东西，在别人眼里也一样。他们虽然没有理由那样做，却总在利用我们的感官和我们的心智把外部刺激物分成相同或相异的东西，而我们只是从我们的个人经验中才知道这种分类，并且它不是建立在证明这些事实在相互关系中也具有相同表现的任何客观检验的基础上。大体上说，这既适用于我们一般视为简单感觉的性质，如色彩、音调、味道等等，也适用于我们的格式塔知觉(perception of Gestalten)，我们用这种方式，把自然属性大不相同的东西，归类为特定的“形态”，比如归类为“圈”或某种“音调”。在行为主义者和物理学至上论者看来，我们认为这些东西相似，是一个不成问题的事实。

然而，这种幼稚的态度，从自然科学的发展教给我们的知识中，却找不到任何根据。如我们前面所知[①]，这种发展的一项重要成果就是，在我们看来相同的东西，从任何客观的角度看可能并无相同之处，也就是说，可能没有任何其他共性。但是，一旦我们认识到对我们的感官有不同作用的东西，在它们的相互作用中未必有不同的表现，我们便不能再 79
想当然地认为，在我们看来相同或相异的东西，在别人眼里也是如此。通常这是个重要的经验事实，它一方面要求解释(一项心理学任务)，另一方面必须被视为我们对人类行为的研究中的一个基本素材。不同的

① 见本书31页以下。(此为原文页码，见中文本边码，以下皆同。——编注)

客体对不同的人意味着相同的东西，不同的人用不同的行为表示相同的东西，这依然是个重要的事实，尽管自然科学可以证明这些东西不具备其他共性。

不错，除非利用感官知觉，即利用对自然事实的观察，我们对别人的心思一无所知。然而这并不意味着我们只知道自然事实。我们在一门学科中必须研究哪些事实，不取决于我们的学科所研究的特定对象所具有的全部属性，而仅仅取决于我们为了这门学科的目的而分离出的那些属性。举个自然科学中的例子：我们能够知道的所有杠杆或钟摆，都具有化学和光学属性，但是当我们研究杠杆或钟摆时，我们并不讨论化学或光学事实。使个别现象成为某一种类型的事实的，是我们为将其作为一类加以研究而挑选出来的那些属性。我们有可能关心的一切社
80 会现象都具有自然属性，然而这不意味着对于我们的目的来说，它们只能是自然事实。

我们在社会科学中研究的人类活动的对象以及这些人类活动本身的重要之处是，在解释人类活动时，我们不假思索地把可能没有任何共性的大量自然事实中的任何一个，归类为相同客体或相同行为之实例。我们知道别人跟我们一样认为，从自然角度看有所不同的许多东西a，b，c，d……中的某一个属于同类；我们知道这一点，是因为别人和我们一样，用某种行动α，β，χ，δ……对这些东西中的某一个做出反应，而且这种行动也可以没有任何物理上的共性。但是，我们不断据以采取行动的、必然先于同别人的交往并且以这种交往为前提的这些知识，从我们能够一览无遗地清点我们毫不迟疑地辨识出的属于同类的全部不同的自然现象这个意义上说，不属于自觉的知识：我们不清楚我们能够把自然属性的多种组合可能中的哪一种，视为一个名称、一张“友好的面孔”或一种“威胁姿态”。大概至今尚无任何证据表明，对于我们毫不迟疑地
81 视为对我们以及对别人意味着相同东西的那些不同现象，经验研究在准确划定其范围上已经取得了成功；但是我们不断根据这样的假设成

功地采取行动:我们确实在用着和别人一样的方式,把这些东西加以分类。我们没有——并且可能永远不会——处在这样的位置上:用从自然角度定义的客体取代我们在讨论别人的行为时采用的精神范畴。[①]凡是在我们这样做时,我们所提到的自然事实,其意义不在于它是自然事实,这就是说,不在于它是有着某些共性的类别中的一员;而在于它是有可能完全没有自然共性、对我们却"意味着"相同东西的类别中的一员。

这里有必要澄清一种考虑,它隐含在我们有关这个问题的全部论证之中,虽然它来自于对自然科学研究之特点的现代认识,然而一直不是十分为人所知。这就是,不仅"概念"或"观念"这类精神实体一般被视为一些"抽象",而且所有的精神现象、感官中的知觉和意象,就像更抽象的"概念"和"观念"一样,也必须被看作由大脑完成的分类行为。[②]当 82

① 经常出现规避这个难题的努力,如用举例法列出某些物理属性,我们借此可以认识到对象属于这些精神范畴之一。然而这会带来问题。用表示某些生理标记的概念来描述某人的愤怒,对我们几乎无所助益,除非我们能够一览无余地列出我们据以辨识的所有标记,而且当它们出现时它们总是意味着表现出这种标记的人是在发怒。我们只有做到这一点,才可以合理地说,我们在使用这个概念时,仅仅是指某种生理现象。

② 这肯定也可以用来为一种似乎很不严格的方式进行辩护,我们在列举精神实体时,用这种方式把感觉、知觉、概念和观念不加区分地堆积在一起。这些不同的精神实体的共性在于它们都是对可能的外在刺激物(或这种刺激物的复合体)的分类。这种主张同五十年前相比也许不那么让人感到奇怪了,因为我们已从格式塔的性质中了解到了处在原来的"基本"感觉属性与概念之间的某种东西。可以补充说,根据这种观点,格式塔学派的许多成员从他们所感兴趣的观察对象中得出的那些未经证实的本体论结论,无论如何是没有根据的。没有理由认为,我们所感知到的"整体"有着外部世界的属性,而不是我们的心智在分析刺激物复合体时采用的纯粹方法。就像其他的抽象一样,这样分离出来的成分之间的关系,有可能重要,也有可能不重要。

这里也许还应当指出,没有理由认为价值是唯一的纯精神范畴,因此它们并不出现在我们对自然世界的意象中。只要我们所关心的是有意图的行为,价值肯定会占据中心位置,然而它们未必是我们解释人类活动时所利用的唯一的纯精神范畴:对真伪的区分,至

然，这只是如下认识的另一种说法：我们所感知到的性质，不是客体的
83 属性，而是我们（个人或作为一个种群）学会归纳或区分外部刺激物的
手段。所谓感知，就是指定一个（或多个）熟悉的范畴：我们无法感知与
我们过去感知到的东西全然不同的东西。然而这并不是说，我们实际上
归为一类的东西，除了我们是用相同的方式对它们做出反应这个事实
外，肯定还具有别的共性。一个既常见而又危险的错误观点是，被我们
的感官或心智视为同类来对待的东西，除了被我们的心智以同样的方
式记录外，肯定还有另一些共性。我们为何认为某些东西是相同的，虽
然可能存在着某种客观的理由，但事情并非总是如此。当我们研究自然
时，对于那些不是基于对象相互之间的表现之任何相同性而做的分类，
必须被当作我们应当摆脱的“骗局”，但是在我们理解人类行为的努力
中它们却有着正面意义。这些精神范畴在这两个领域中的作用的重要
差别是，当我们研究外部自然的运动时，我们的感觉和思维没有与受观
察的事物联系在一起，它们仅仅是关于这些事物的，而在社会机制中它
们却构成其基本的环节，在这里起作用的力量，是通过我们直接知道的
这些精神实体而运行的：外部世界的事物不因为在我们看来相同或不
84 同而有相同或不同的表现，然而我们确实是因为事物在我们看来相同
或不同，而以相同或不同的方式行动。

行为主义者或物理学至上论者在研究人类行为时，真诚地希望避免使用我们随时都能在自己心智中找到的那些范畴，他试图把自己限制在研究用严格的自然科学语言定义的人类对事物的反应。因此，为了做到始终如一，他只能拒绝讨论人类行为，直到他通过实验确定了我们的感官和我们的心智如何把外部刺激物分为相同和不同。在他能够严肃地研究人类对这些事物的行为之前，他必须先搞清楚哪些物质对象

少提供了在这个方面十分重要的纯精神范畴的另一个例子。在这个方面，当我们选择我们所研究的社会生活的某些方面时起指导作用的，未必是价值上的考虑。关于这一点，参见122页注。

在我们看来相同,哪些在我们看来不相同(以及它们为何如此)。

我们并不认为，我们的思维或我们的大脑如何把自然事实转变为精神实体,解释其中的原理是不可能的。认识到这一点十分重要。一旦我们把它视为一个分类过程,那就没有理由说,我们不应当学习理解它据以运行的原理。分类毕竟是一个机械的过程,即能够用一架机器来完成的过程,它可以根据一定的属性,对事物进行"划分"和归类。[①]我们的论点是,第一,对于社会科学的任务来说,对精神实体的形成以及它们跟它们所表示的自然事实的关系所做的这种解释不是必不可少的,而 85
且这种解释对我们的任务没有任何帮助；第二，这种解释虽然可以设想,但是不仅就现在而言做不到,在很长一段时间内也做不到,而且它不大可能超出分类机制据以运行的"对原理的解释"。[②]可以说,任何分类机制所具有的复杂程度,总是要大于它进行分类的不同事物;如果这是正确的,那就应当说,对于我们的大脑本身区分外部刺激物的具体方式,同一个大脑不可能形成完整的解释(不同于单纯的原理解释)。我们下面还会谈到这个难题的含义,即"解释"我们自己的知识,要求我们的所知多于我们的所知,这显然是自相矛盾的说法。

不过,我们不妨暂时假定,我们已经成功地把所有精神现象简化为物理过程。假定我们知道我们的中枢神经系统把任何一种(单一的或复杂的)刺激因素a, b, c, ……或l, m, n, ……或r, s, t, ……分成明确类别的方式,而这些类别又是由如下事实所决定的:对于一个类别中的任何 86
成员,我们会用相应的类别或反应α,β,γ……或ν,ξ,o……或ϕ,χ,ψ……中的某一种做出反应。这种假设意味着,这个系统不仅为我们所熟悉,它就是我们自己心智的运行方式,而且我们明确知道对它起决定作用的一切关系,我们知道分类的实际运行机制。于是我们能够在精神实

① 如我们所知,这当然不是说,它总是只处理那些我们作为有共性的东西而归为同类的因素。

② 见本书第73—74页。

体和自然事实的明确类别之间建立起严格的联系。这样我们就具备了“统一的”科学,但是就社会科学的特殊任务而言,我们的处境并不比现在更好。我们仍然需要利用旧有的范畴,即使我们能够解释它们的形成,即使我们知道它们“背后的”自然事实。虽然我们知道,对自然事实的另一种排列,更适用于解释外部事件,可是在诠释人类行为时,我们还是必须利用这些事实实际出现于行动者的心智中的那些分类。就我们在社会科学中必须承担的任务而言,我们没有更好的装备。

在孔德的科学等级表[①]和许多类似的论证中,都包含着这样的观
87 点:社会科学在某种意义上必须以自然科学为“基础”,只有当自然科学大有进展,足以使我们能够用物理概念、“物理语言”来研究社会现象时,社会科学才有望取得成功。这种观点可谓荒唐透顶。用物理过程来解释精神过程的问题,与社会科学的问题完全不是一回事,它是一个生理心理学的问题。然而不管它是否得到解决,对于社会科学来说,都必须以既有的精神实体为起点,不论它们的形成是否得到了解释。

对于唯科学主义特有的“客观主义”的其他一切表现形式,以及它们在社会科学中导致的谬论,我们这里不能一一加以评说。在我们的历史研究的过程中,我们会看到这种寻找隐藏在人们的观点背后的人类活动之对象的“真实”属性的倾向,它们有着五花八门的表现形式。这里只能做个简单的介绍。

几乎和各种行为主义一样重要,而且同它们有着密切关系的,是存在于社会现象的研究中的一种普遍的趋势,即试图不考虑“单纯”的质的现象,而是按照自然科学的模式,只关注那些量的、可计算的方面。我
88 们前面已经说过[②],在自然科学中,这种倾向是其特殊任务的必然结果,即用完全根据明确的关系加以定义的单位,去取代那些具有感觉性质的世界图式。这种方法在那个领域的成功所导致的结果是,它现在被普

① 参见门格尔对它的评论,见第4章注释3中引文。(参见中文本36页注①。——编注)

② 见本书第38页。

遍奉为一切真正科学工作的圭臬。然而,它的“raison d'être”(存在的理由),即用更恰当的事件分类代替我们的感官和我们的心智所提供的分类的必要性,并不存在于我们试图理解人类的领域,这种理解之所以成为可能,是因为我们有着和别人一样的心智,是因为只有利用我们和他们共享的精神范畴,我们才能重建我们所研究的社会复合体。把寻找量化手段[①]的做法盲目移植到不存在那些特殊条件——这赋予了它在自然科学中的重要性——的另一个领域,是一种毫无根据的偏见所造成的结果。它很可能要对唯科学主义在社会科学中所造成的那些最恶劣 89
的偏见和谬论负责。这不但经常导致从现象中选出一些因为恰好能够计算但最不相关的因素进行研究,而且导致对一些根本没有意义的数值的“计算”和排列。一位杰出的哲学家最近对心理学所发的议论,至少对于社会科学也同样正确:“不考虑从事计算的是我们或我们正在计算什么,便匆忙进行计算”,这未免也太容易了;“在这个方面,最近的一些计算与柏拉图的如下断言属于同样的逻辑类型:正义的统治者比非正义的统治者幸福729倍。”[②]

根据人类活动对象的“真实”属性而不是根据它们在行动者看来如何进行研究的倾向,与它密切相关的另一种嗜好是,认为社会研究者具有超人的头脑,具有某种绝对的知识,这使他不必以他所研究的那些人的知识为起点。形形色色的社会“能量学”(energetics)便是这种倾向最典型的表现之一,从恩斯特·索尔维、威廉·奥斯特瓦尔德和索迪的早期努力直到我们今天[③],这种理论一再出现于转向社会组织问题的科学家 90

① 也许应当强调,在社会科学中采用数学,与把社会现象数量化的尝试并没有必然联系,可是那些只有初级数学知识的人却喜欢这样认为。在描述某些类型的复杂结构的关系时,数学也许——在经济学中极有可能——绝对不可缺少,尽管有可能根本没有机会知道在描述这些结构的公式中出现的具体数量(被错误地称为“常数”)的数值。

② 柯恩:《理性与自然》, p. 305。

③ 参见L. Hogben, *Lancelot Hogben's Dangerous Thought*(《奥格本的危险思想》)(1939), p. 99:“丰富性是指不必付费的能量超过了人类为保障人人具有的需求而做的努力之热量总和。”

和工程师中间。作为这种学说之基础的观点是，既然科学的教导是，万物皆可最终归结为能量，那么人类在自己的计划中，对于各种事物，也应当不去考虑它们对知道如何利用它们的人的目的有何具体用途，而应把它们看作抽象能量的可相互转换的单位，“从实质上说”，它们就是这种能量。

这种倾向的另一个几乎同样粗陋，而且可能更为普遍的事例，是有关生产的“客观”可能性的观点，即有关据说自然事实使其成为可能的社会产出和产量之“客观”可能性的观点。在对所谓全社会的“生产能力”的量化评估中，经常可以看到这种观点。这种评估通常不是在谈论人类利用现有的组织能生产出什么，而是从不加限定的客观角度，谈论“能够”用现有资源生产出什么。大多数这样的断言，没有任何可以确定的含义。它们并不表示x或y或任何具体的人类组织能够制造出这些东西。它们所计算的是，散布于众人中间的全部知识，假如能够被一个头脑所掌握，假如这个主宰的头脑(mastermind)能够像他所希望的那样，让所有的人在任何时候行动起来，就能够达到某种结果。然而，除了这个主宰的头脑外，当然没有任何人知道这种结果。几乎不必指出，取决
91 于这种条件的“可能性”断言，跟现实了无干系。脱离了具体的组织形式，根本就不存在抽象的社会生产力这种东西。我们能够视为既定的唯一事实是，有一些特定的人，他们具备能把特定事物用于特定意图的办法的具体知识。这种知识从来不是作为一个整体而存在，或存在于一个头脑中；从任何意义上说，唯一能够存在的知识，就是这些分散于不同人中间、经常彼此不一致甚至相互冲突的观点。

时有所闻的有关人们之客观需要的说法，也有着十分类似的性质。这里的“客观”，只是某人对人们应当需要什么所持的观点的一个代名词而已。在这一部分结束时，我们要从唯科学主义本身转而谈谈典型的工程师世界观的后果，那时我们还会进一步讨论这种客观主义的表现。他们的“效率”观一直是一股最强大的势力，那种态度借助于它，影响着
92 有关社会问题的流行观点。

六
唯科学主义立场的集体主义

与唯科学主义立场的客观主义密切相关的，是其方法论上的集体主义，即它的这样一种倾向：把社会或经济、资本主义（作为一个既定历史“阶段”）或特定产业、阶级和国家这类整体，视为一个有着严格规定性的客体，我们通过观察其整体运行，能够发现各种规律。如我们所知，社会科学所特有的主观主义立场，是以我们对这些社会复合体的内在知识、对构成其结构要素的个人态度的知识为起点，而自然科学的客观主义则试图从外部观察它们；[①]它不把社会现象看作人类思维也是其中 93
一部分的现象，而是把它看作仿佛我们能够直接整体感知的对象。

此一倾向为何经常见于自然科学家，这有若干原因。他们习惯于首先从受着直接观察的相对复杂的现象中寻找经验规律，只有在发现这种规律之后，他们才试图把这种现象解释成常常是纯粹假设性的另一些要素组合（构造）的产物，而这些要素遵循着较为简单而普遍的规律运动。因此，当他们在社会领域里觉得需要进行理论解释之前，也倾向

① 把这种差别描述为内在观点和外在观点的差别，虽然只是一种比喻，但它不像一般的比喻那样容易导致误解，并且也许是指出这种差别的最简捷的方式。它表明了社会复合体直接被我们感知的仅仅是它的各个部分，整体是根本不可能直接感知的，而总是需要利用我们的想象力加以重建。

于先去寻找存在于复合体运动中的经验规律。这种倾向被这样的经验进一步强化：对于个体的行为，以严格的客观方式只能确定很少的规律。于是他们转向整体，希望它们也能表现出这样的规律。最后，还存在着一种模糊看法，既然研究对象是“社会现象”，显而易见的方法就是从直接观察这些“社会现象”入手。于是，存在着“社会”和“经济”这类概念
94 的流行用法，便被天真地当作肯定存在着同它们相对应的明确“客体”的证据。人们都在谈论民族或资本主义，这个事实所导致的信念是，研究这些现象的起点，必须先搞清楚它们可能是什么，正如我们在听说有某种具体的声音或具体的动物时应当做的一样。[1]

这种集体主义思路的荒谬之处在于，普通人的头脑为了解释我们观察到的某些个别现象之间的关系而建立的、仅仅是临时性的理论和模式，被它错误地当成了事实。然而正如我们所知[2]，它的自相矛盾之处是，那些被唯科学主义偏见引入歧途，用这种方式看待社会现象的人，由于他们极力避免一切纯粹的主观因素，让自己囿于“客观事实”，结果他们犯下了自己要极力避免的错误，即把顶多是含糊不清的流行理论当成了事实。他们甚少怀疑它，于是他们成了“观念实在论”（conceptual realism）[因怀特海称其为“错置具体性的谬误”（fallacy of misplaced
95 concretencss）而为人熟知]这种谬误的牺牲品。

幼稚的实在论不加批判地认为，既然存在着普遍使用的概念，一定也存在着它们所描述的明确的“既定”事物。这种实在论在当前有关社会现象的思想中如此根深蒂固，因此我们必须做出自觉而果断的努力才能摆脱它。大多数人随时都会同意，在这个领域，辨识明确的整体可

① 当然，认为社会现象研究者的第一本能就是“先去看看”的观点是错误的。大众语言表明其存在的、教他直接去寻找整体的那种明显而长期的经验的无知，不会导致一无所获。事实上，根本不可能把“社会”或“国家”说成是以某种方式运动或行动，永远且唯一需要考虑的是行动的个人，这已成为社会现象研究者学会的（或应当学会的）第一定理。

② 见本书第64页。

能存在着一些具体困难,因为我们从来没有许多标本摆在我们面前,所
以不可能方便地把它们的不变属性与它们仅仅是偶然的属性区分开,
但很少有人明白还存在着一个更为根本的障碍:对于我们的观察而言,
整体本身从来就不是既定的,它们无一例外是我们心智的建构。它们不
是“既定事实”,不是我们因其相同的自然属性而自动视为相同的同类
客观素材。缺少表达我们可观察的众多单个事实之关系的精神图式,它
们便完全不可感知。当我们必须研究这种社会整体时,我们不能(如我
们在自然科学中所做的)从观察某些实例入手:我们因其相同的感觉属
性自动地把它们当作“社会”或“经济”、“资本主义”或“民族”、“语言”或
“法律体系”的实例,并且只是在我们收集到了数量充足的实例以后,我
们再着手寻找它们所遵循的共同规律。社会整体不同于我们认为与我 96
们的感觉相一致的所谓的“自然单位”,例如花朵或蝴蝶、矿石或光束,
甚至森林或蚁群,它对于我们不是固定不变的,在我们没有搞清楚在我
们看来相同的东西也以相同的方式运动之前,它们并不作为相同的东
西呈现于我们。我们随便用来表示集合体的概念,并不是指我们通过检
验而承认其相同的感觉属性的稳定集合这种意义上的明确的东西,它
们指的是我们能够在一定空间和时间范围内加以观察的众多事物之一
部分之间的某种结构,我们分离出这些事物,是因为我们认为自己能够
辨识它们之间的相关性——事实上既可能存在也可能不存在的相
关性。

我们作为相同的集合体或整体而放在一起的实例,是个别事件之
不同的复合体,它们本身可能大不相同,但我们相信它们以某种方式相
互联系在一起;它们是根据某种有关其一致性的理论,从一个复杂图式
中选择出来的某些要素。它们并不表示明确的物或物类别(如果我们从
物质的或具体的意义上理解“物”这个词的话),而是代表着一种可以使
不同物相互联系在一起的模式或秩序——它不是一种空间或时间秩
序,而是只能根据可以理解的人类态度之关系来定义。这种秩序或模式 97

就像这些关系一样，很难作为自然事实而被感知；只能通过找出特定的关系组合之意义去研究。换言之，只有当我们所建立的理论是正确的，才存在着我们所说的这种整体；它是有关各部分所包含的关系之理论，是我们只能用那些关系所形成的模式加以明确表述的理论。[①]

可见，社会科学并不研究“既定”整体，它的任务是通过用常见因素建构各种模式，来建立起这种整体——这种模式是对我们在现实生活中同时观察到的众多现象中的一部分之间的关系结构的再现。日常语言中的流行用语中反映的那些有关社会整体的大众观念，情况也和这差不多，它们也是指精神模式。然而它们不是精确的描述，而只是传达着有关使某些现象具有相关性的方式的模糊提示。有时，理论社会科学所建构起来的整体跟流行观念所指的整体大体一致，因为流行的惯用语已大体上成功地把重要因素和偶然因素分离开了；有时，理论建构起
98 来的整体是指我们在着手系统的研究之前一无所知的全新的结构关系，在日常语言中甚至没有它们的名称。假如我们接受流行的概念，譬如“市场”或“资本”，这些字眼的流行含义至少在一定程度上，与我们为了理论目的而形成的类似概念相一致，虽然在这种情况下，由于日常含义过于含混，在没有给出一个更精确的定义之前不能使用这些术语。假如它们在理论著述中得以保留，也是因为在这些情况下，甚至流行的观念也很久不再描述可从自然角度加以定义的特定的具体事物，而是涵盖了大量的不同事物；它们被归为一类，仅仅是因为它们在人与物的关系结构中有着公认的相似性。比方说，“市场”已经很久不再单纯表示人在固定场所的定期聚会：把自己的产品带到这里，在临时性的货摊上出售；它现在指的是为能够出售的任何东西的潜在买主和卖主之间的有
99 序接触所做的任何安排，不管这种接触是通过个人、电话、电报还是广

① 见F. Kaufmann, “Soziale Kollektiva”（考夫曼：“社会集体”）, *Zeitschrift für Nationalökonomie 1*（1930）。

告等等。[1]

然而，当我们谈到譬如说作为一个整体的价格体系的运行，讨论某些条件下与利润率下降相对应的相关复杂变化时，我们不是在谈论一个能够引起大众注意，甚至有着明确稳定性的整体，我们只能根据众多个人对最初的变化及其直接后果做出的反应，去重建这个整体。在这种情况下，某些变化“属于一个整体”——它们是在任何具体情况下总是同它们一起出现的大量其他变化的一部分，并且后者经常掩盖了我们所关心的、构成该复合体之一部分的变化，即形成一个较为严密的相互关联复合体的少数变化——我们无法通过观察知道这些特定的变化有规律地一起出现。其实这是不可能的，因为在不同的环境下必须视为同一组变化的现象，不可能根据物品的任何自然属性，而只能通过分离出人们对这些物品的态度之某些相关方面来加以确定；这只有借助于我们建立的模式才能做到。

把仅仅是建构而成的、除了我们用各种要素建构它们的方式以外没有其他属性的整体，当作明确的客体，这种错误最常见的表现形式，大概是各种有关“社会”或“集体”意识[2]的理论，并且造成了这方面所有 100
类型的伪问题。同样的观点也经常不尽完美地掩盖在赋予社会的人格或个体性的属性中。不管有什么名称，这些字眼总是意味着，不是根据

① 应当指出，虽然观察有助于我们理解人们使用的概念所表示的事物，但它绝对不能告诉我们“市场”和“资本”等等实际是指什么；也就是说，哪些重要的关系可被分离出来组成一种模式。

② 关于这个问题，见M. Ginsberg, *The Psychology of Society*（金斯伯格：《社会心理学》）(1921)，第4章。这里的讨论当然不排除这种可能性：我们对个人心智的相互作用方式的研究，可以为我们揭示出在某些方面与个人心智类似的某种结构。也许能够证明，“集体思维”这个说法是描述这种结构的最佳用语——尽管它的优点几乎不可能胜过它的缺点。然而即使如此，我们也不应当因为采用这个术语而错误地认为，它指的是能够直接加以研究的可观察的客体。

我们有直接了解的个人心智之间的关系重建整体，而是把一个笼统地理解的整体当作类似于个人心智的东西。在社会科学中，正是毫无道理地以这种方式采用拟人论概念的做法，造成了像自然科学运用这种概念一样有害的后果。这里值得注意的事情是，那些实证主义者，拟人论观念——甚至当它恰如其分时——的死敌，他们的经验主义经常导致他们推导出这种形而上学实体，正如孔德所做的那样，把人类当作一个“社会存在”，一种超人。但是，既然只存在两种可能，即要么用个人的头
101 脑构想这个整体，要么参照个人的头脑臆造出一个超级头脑；由于实证主义者拒绝前一种选择，他们必然会做出后一种选择。我们在这里看到了十九世纪的实证主义与黑格尔主义的奇怪结盟的根源，这也是我们下面要研究的问题。

看待社会现象的集体主义立场，并不是经常受到像社会学奠基人奥古斯特·孔德那样大张旗鼓的宣扬。他在谈到这些现象时断言，就像生物学一样，“在这里，客观整体肯定”比其组成部分“更容易了解，更容易直接获知”。[①]这种观点对他试图建立的唯科学主义社会研究产生了持久的影响。但是，在生物学对象和社会学对象之间所特有的相似性，虽然在孔德的科学等级表中很恰当，其实并不存在。在生物学中，我们当然是先认识作为一个自然单位的东西，它是感觉属性的稳定组合。我们可以发现它的许多实例，自然而然地认为它们具有相似性。于是我们可以从这样的问题入手：这一组明确的属性为何总是一起出现。可是当我们面对的是社会整体或结构时，观察到某些自然事实经常同时存在，
102 这并没有告诉我们它们是一起的或构成了一个整体。我们不是先观察到各部分总是一起出现，然后再问把它们联系在一起的是什么；只是因为我们知道把它们联系在一起的纽带，我们才能够从我们周围极为复杂的世界中，选出少数要素作为一个相关整体的组成部分。

我们马上就会看到，孔德等许多人认为社会现象是既定的整体，有

① *Cours de philosophie positive*(《实证哲学教程》), 4th ed., vol. 4, p. 258。

着另一种不同的含义。他们主张，只有考虑到在一定时空范围内发现的全部事物，才能理解具体的社会现象，任何打算选出有着系统关联性的部分或方面的努力，是注定要失败的。这种论证形式等于否定了譬如说由经济学建立一种社会现象理论的可能性，并且直接导致了措辞不当的"历史主义方法"；方法论的集体主义当然同它关系密切。我们下面还会在历史主义的题目下讨论这种观点。

从整体上把握社会现象的努力，在获得一种远距离的完整视野的愿望中，有着最典型的表现。人们希望这可以使那些在近距离中晦暗不明的规律暴露出来。不论是遥远星球上的观察者的观点——这历来就 103
是从孔多塞到马赫[①]这些实证主义者的偏好，还是长时间的研究——人们希望固定不变的格式或规律会因此而显现，都是同样的努力，即摆脱我们对人类事务的内在知识，获得这样一种视野，它被假定为由个人所掌握，然而这个人本身并不是一个人，他跟人的关系，恰如我们同外部世界的关系一样。

唯科学主义立场所向往的这种对人类事务的远距离的完整视野，如今经常被称为"宏观视野"。不过最好还是把它称为望远镜视野（这表示它仅仅是一种远距离视野——除非它是能反转的视野），因为它的目的是故意忽略我们只能从内部观察到的东西。在这种立场试图观察的"宏观场景"（macrocosm）中，在它试图创立的"宏观动力"（macrodynamic）学说中，要素不是个人，而是集体，是能够从严格的客观角度加以定义和描述的恒定结构。

在大多数情况下，这种信念，即整体观能够使我们用客观标准区分 104
出整体，可以说纯粹是一种幻想。这是显而易见的，只要我们严肃地努

① 参见Ernst Mach, *Erkenntnis und Irrtum*（马赫：《认识与谬误》）, 3d ed.（1917）, p. 28。但是他在这里也正确指出，"我们能够对人类进行远距离的鸟瞰式观察，比如从月亮上观察人类。这样一来，许多细节以及它们所产生的特殊作用和影响，就常常被忽略了。我们甚至无从察觉到，我们作为人，是遵循着某种自然秩序在生长、发育、繁殖。"

力设想一下构成这个宏观场景的是什么，仿佛我们真的不具备我们关于事物对行动的人意味着什么的知识，只像观察蚁群或蜂巢那样观察人们的行为。在这种研究所能提供的图景中，不可能出现器物或工具、商品或货币、犯罪或惩罚、词语或句子；它只能包含着要么从其提供给观察者的感觉属性，要么从纯粹关系角度定义的物质客体。人类对待客观物质的行为，实际上不可能呈现出这种观察者可以检测到的规律性；在大多数情况下，人们对于这个观察者视为相同的东西不会做出相同的反应，也不会对他认为不同的东西做出不同的反应，既然如此，那么除非他首先细致地重建人们的感官和心智摹写外部世界的方式，否则他便不能指望对他们的行为做出解释。换言之，这个火星上的著名观察者，在他能够像普通人那样理解人类事务之前，必须根据我们的行为，
105 重建我们心智中的那些直接素材，而后者是我们解释人类行为的起点。

假如我们对于不具备人类心智的观察者所面对的难题不是十分清楚，这是因为我们从未严肃地设想过这种可能性：我们所熟悉的某种动物，也许掌握着我们所不具备的感性知觉或知识。不管是对是错，我们倾向于假设，我们遇到的其他人的头脑之所以不同于我们的头脑，只能是因为它更低等，因此它所感知到的任何东西，也能被我们所感知。假如我们必须跟一种像我们一样复杂但组织原则不同于我们的有机体打交道，因此我们无法用模仿我们自己心智的方式再现它们的机制，对于我们这时是处在一种什么样的境况下，唯一能够形成一种大体相近的看法的途径就是，设想我们必须用一种比我们的知识远为高级的知识去研究这些有机体的行为。比方说，假如我们已经发展出现代科学技术，但依然被限制在我们这个星球的某个地方，后来我们必须跟另一个地方发生交往，那里居住着具有更先进知识的另一个物种，那么仅仅观察他们在做些什么，而不去直接学习他们的知识，我们显然无法理解他们的许多行为。我们不能从观察他们的行动中获得他们的知识，我们只能通过了解他们的知识，学会理解他们的行为。

还有一个我们必须简单讨论的论点,它支撑着"从外部"观察社会现象的倾向,而且很容易跟我们已经说过、实际上同它有所区别的方法论集体主义混为一谈。也许有人会问:社会现象按其定义来说,不就是一种群体现象(mass phenomena)吗?因此,我们只有采用为研究群体现象而提出的方法即统计学去研究它们,才有望找出它们的内部规律,这不是显而易见的事情吗?就研究某些现象而言,这样说当然不错,譬如那些构成生物统计学之对象的现象,并且如前所说,它们有时也被称为社会现象,虽然它们同我们这里所关心的现象有着本质的区别。 106

最有教益的做法,莫过于把这些统计学整体——有时"集体"一词也适用于它——的性质,与我们在理论社会科学中研究的整体或集体的性质加以比较。统计学的研究也涉及个体的属性,虽然它关心的不是具体的个体的属性,而是我们只知道在我们的"集体"或"人口"的全部个人中有一部分可以从数量上确定的人所具有的属性。任何一群个人要想形成一个真正的统计学群体,我们研究其频率分布的那些个体属性甚至不应当有系统的相关性,或至少当我们对构成这个"群体"的个 107
体进行选择时,我们不受有关这种相关性的任何知识的引导。统计学的群体,即我们据以研究"大数量法则"(law of large numbers)所产生之规则的那个群体,显然不是我们把社会结构称为整体时所说的那种整体。从以下事实中可以最清楚地看到这一点,假如我们是从全部要素中随机选取某一部分,这对统计学所研究的那种集体的性质肯定不会有任何影响。统计学远不是在研究关系结构,反而是故意系统地不考虑个体要素之间的关系。再说一遍,它所关心的集体的要素的性质,不是特殊要素的性质,而是具有某种性质的要素以一定比例出现在整体中的频率。此外,它假定这些性质与使要素彼此联系在一起的不同方式之间没有系统地相关性。

结果是,在对社会现象的统计学研究中,理论社会科学所关心的结构实际上消失了。统计学可以给我们提供我们用来建立这种结构的原料，但它不能告诉我们有关这种结构本身的任何事情。在有些领域，只用一句话就可以使它显而易见。对词语的统计不能告诉我们有关语言
108 结构的任何东西，这一点是很难否认的。但是，尽管有时会有相反的主张，对于另一些有着系统相关性的整体，比如价格体系，这种观点也同样正确。有关各种要素的统计信息，不可能为我们解释相关整体的性质。统计学能够产生有关整体性质的知识，仅仅在于它使我们了解到统计学的集体，而它的要素是各种整体；也就是说，我们得具备有关许多语言、许多价格体系等等的统计学信息。但是，除了我们所了解的实例的数量之有限性给我们造成的实际限制外，对这些整体的统计学研究还有个更严重的障碍，即我们已讨论过的一个事实：这些整体及其性质对于我们的观察而言并不是固定不变的，而是只能由我们利用其各种部分去构想或组合而成。

不过，我们的这些论点并不适用于社会科学中以统计学名义所做的一切。从统计学这个词的严格的现代意义上说，被冠以这种称呼的许多东西并不是统计学；它们根本不是在研究群体现象，只是从这个词更为陈旧和宽泛的意义上，才把它们称为统计学，即用它来称呼有关国家和社会的一切描述性信息。今天，虽然只有当描述性材料具有量化性质时才使用这个词，然而这不应当导致我们把它同狭义的统计科学相混淆。我们平常看到的大多数经济学统计，比如贸易统计、有关价格变动
109 的数字、大多数“时间序列”或“国民收入”统计，都不是适合于群体现象研究的技术所能应用的素材。它们仅仅是在前面第五章结尾时所讨论的那种“计算”和频率计算。假如它们指出了重要的现象，它们作为有关存在于特定时刻的状态的信息可能很有意义。不过与统计学本身——它可以帮助发现社会领域中的重要规律（虽然是与理论社会科学研究的领域完全不同的秩序中的规律）——不同，除了事情发生的具体时间和地点外，没有理由指望这种计算能够向我们揭示任何重要的东西。它们不能提供各种概括，当然不意味着它们没有用处，它们甚至有很大的

用处。它们常常提供给我们一些素材,我们的理论概括若想具有实践用途，就必须被运用于这些素材。它们是有关具体状况的历史信息的实例,而我们在下面几章所要讨论的,便是这种信息的意义。 110

七
唯科学主义立场的历史主义

看到我们现在所要讨论的"历史主义"被说成是唯科学主义立场的产物,人们也许会感到奇怪,因为通常它被视为遵照自然科学模式研究社会现象的对立面。但是更为严密的思考可以证明,适用这个术语的那种观点(切莫把它跟真正的历史研究方法相混淆),正是与有关社会现象的典型唯科学主义谬见相同的另一种偏见的结果。历史主义是唯科学主义的一种形式,而不是它的对立面。如果这种主张看上去仍然自相矛盾,这也是因为这个概念的用法,有着两种不同的、在某些方面甚至截然相反却时常混在一起的含义:其一是一种较为古老的观点,它对历史学家的特殊任务与科学家的任务做了正确的区分,否认历史的理论科学之可能性;而另一种观点与此相反,断言历史是能够导致有关社会
111 现象的理论科学的不二法门。这两种有时被统称为"历史主义"的观点之间的对立不管多么鲜明,假如我们看看它们的极端形式,它们所具有的共性,却足以使历史学家的历史方法逐渐变成一种唯科学主义的历史主义,它试图把史学变成一门"科学",而且是有关社会现象的唯一科学。

早先的历史学派的发展过程,最近已由德国史学家梅尼克做过出

色的描述，它虽被冠以“Historismus”[①]这个错误的名称，主要是针对某些十八世纪（尤其是法国人）的观点中那种概括的和“实用主义”的倾向而兴起的。它强调一切历史现象之独有的或唯一的（individuell）性质，只有从发生学的角度，把它们视为众多因素在长时间里发生作用的共同结 112
果，才能加以理解。它对“实用主义”的解释，即把社会制度视为自觉设计之产物的解释的强烈反对，事实上包含着对“综合性”（compositive）理论的运用，它解释了这些制度如何能够作为众多分立的个人行为之不期然的结果而产生。有意义的是，埃德蒙·伯克是这种观点的创立者中最重要的人物之一，亚当·斯密也在其中占有可敬的位置。

然而，这种历史方法虽然有着理论的意味，即对社会整体之结构严密性的理解，然而运用它们的那些史学家，不但没有系统地阐述这种理论，而且很少意识到自己在运用它们；他们对一切有关历史发展的概括性观点的正当厌恶，易于使他们的教诲染上一种反理论的偏见，它最初只是为了对抗错误的理论，却造成了这样的印象：适合于研究自然现象的方法与适合于研究社会现象的方法之间的主要差别，与理论和历史之间的差别是一样的。这种与绝大多数社会现象研究者的理论的对抗，造成了一种假相，仿佛理论研究和历史研究之间的差别，是自然科学对象和社会科学对象之间的差别的必然结果；对普遍规律的寻找，只能局

---

① F. Meineck, *Die Entstehung des Historismus*（梅尼克：《历史主义的形成》）(1936). 梅尼克在讨论早先的历史学派时使用“历史主义”一词，是不恰当和有误导性的，因为它是门格尔在说明经济学中以施姆勒及其助手为代表的更为年轻的历史学派时采用的。见门格尔：《社会科学方法研究》, p. 216—220。他指的是Gervinu和Roscher; 另见*Die Irrthümer des Historismus*（《历史主义的谬论》）(1884)。施姆勒比这更加清楚地说明了这个较为年轻的历史学派同它继承了其名称的早期运动之间的差别，他曾指责门格尔是“伯克—萨维尼学派”的门徒。参见G. Schmoller, “Zur Methodologie der Staats-und Sozialwissenschaften”（施姆勒：“政治科学和社会科学的方法论”）, *Jahrbuch für Gesetzgebung*, etc., n.f. 7 (1886), p. 250。

限于对自然现象的研究，对社会现象的研究则必须以历史方法为主导，
113 这种信念变成了后来的历史主义得以成长的基础。不过，历史主义虽然保留了这个领域以历史研究为主导的主张，却颠倒了早先历史学派对待历史的态度，在那个时代唯科学主义风气的影响下，逐渐把历史说成是一种对社会的经验研究，从中将会产生出终极性的通则。历史成了将会诞生一门新社会科学的来源，这门科学既是历史的，同时又能提供我们希望获得的有关社会的理论知识。

这里我们关心的不是早先的历史学派向更新颖的历史主义的转变过程的实际步骤。也许可以公正地指出，这里所指的那些意义上的历史主义，不是由史学家，而是由专业的社会科学研究者，尤其是经济学家创立的，他们希望借此找到一条通向有关其主题的理论的经验主义之路。不过，细致地探寻这一发展过程，揭示对它负有责任的人实际上如
114 何被他们那个时代的唯科学主义观点所左右，只能留待后面的历史说明。①

我们只能给予简单考虑的第一点是，任何主题的历史研究和理论研究之间的差别的性质，事实上使得要求历史成为一门理论科学，或理论应当永远是“历史”理论的观点，成了一种自相矛盾的说法。假如我们理解这种差别，那么十分明显，它同这两种研究方法所处理的具体对象之间的差别，并无必然的联系；为了理解任何具体现象，不管它是自然的还是社会的，对这两种知识有着同样的需求。

人类历史所研究的是各种事件和状况，如果我们在回答我们就它们所提出的问题时，考虑到与这种回答相关的所有方面，则它们就是独特的或唯一的。然而这当然不是人类历史特有的现象。假如我们只考虑

---

① 虽然就其德国的起源而言，历史主义与实证主义的关系大概不像英国的追随者如英格拉姆或阿什利的情况那样突出，但是这种明显的关系受到忽视，完全是因为历史主义被错误地同老一代历史学家的历史方法，而不是同罗舍尔、希尔德布兰特尤其是施姆勒及其圈内人联系在一起。

数量适当的方面——或者说，只要我们不是故意只从现实中选出那些方面，它们适合我们视为理论科学的任何一种相关命题体系，那么解释具体现象的任何尝试都是如此。假如我对自己数月不加修整的花园里的一块地，观察并记录它被杂草逐渐覆盖的过程，我就是在描述这样一个过程，它在细节上的独特性不亚于人类历史的任何事件。如果我想解释在这个过程的任何阶段不同植物表现出的特殊形态，我就必须对不 115
同时间影响着我这块地的不同位置的一切相关因素做出说明。我必须考虑，我能够从这块地的不同位置的土壤差别、阳光辐射、水分、空气流动等等方面的差别中发现什么，为了解释所有这些因素的作用，除了关于所有这些事实的知识外，我还得利用物理学、化学、生物学和气象学理论的不同内容。这一切工作的结果，就是对一种特殊现象的解释，然而它并不是一门花园内的地块如何被杂草覆盖的理论科学。

在这一类事例中，事件的具体过程，它们的原因和结果，很可能不具备足够的普遍意义，值得用文字把它记录下来，或是把对它的研究发展成一门明确的学科。不过有许多公认的学科所代表的自然知识领域，其方法论特点与此并无不同。譬如在地理学以及至少在大部分地质学和天文学的研究中，我们主要关心的是地球或宇宙的具体状况。我们的目的是解释一种独特的状况，其方法是揭示它如何在众多因素的作用下产生，而这些因素服从着理论科学所研究的一般规律。从一般规律体系——在使用“科学”一词时通常指的就是这种体系[①]——这个特殊含 116
义来看，这些学科不是科学，也就是说，它们不是理论科学，而是把理论科学所发现的规律运用于解释具体“历史”状况的工作。

可见，探究发生原理与解释具体现象之间的差别，跟自然研究和社会研究之间的差别并无必然的相关性。在这两个领域，为了解释具体的

① 应当指出，“科学”一词的这种仍受到限制的用法［德国人在说“Gesetzeswissenschaft”（规律科学）时表示的含义］，仍然比一种更为狭隘的含义宽泛，在后一种含义上，它仅限于指理论自然科学。

特殊事件，我们都需要通则。假如我们想理解或解释一种具体现象，我们只能承认它或它的局部是某类现象之一，解释具体现象要以通则的存在为前提。

不过，侧重点上的差别却有着十分充足的理由，即一般说来在自然科学中寻找普遍规律的工作地位崇高，但通常很少讨论它们被应用于具体事件，而且这也很少具有普遍意义；而对于社会现象来说，对具体的独特状况的解释却像任何通则一样重要，而且经常比后者具有更重
117 要的意义。在大多数自然科学中，具体的状况或事件一般只是大量的类似事件之一，它们作为具体事件，人们只有局部的和暂时的兴趣，几乎不值得公开讨论（除非是作为普遍规律之正确性的证据）。在它们看来，适用于一切反复出现的特定事件的普遍规律才是重要的。而在社会领域，人们却对具体或独特的事件经常具有普遍兴趣，而认识它的所有重要方面又是如此复杂和困难，以至于对它的解释和讨论，成了一项需要专家投入全副精力的主要任务。我们在这个领域研究特定事件，是因为它们对形成我们生活于其中的特定环境起着作用，或因为它们是这个环境的一部分。罗马帝国的建立和解体、十字军运动，法国大革命或现代工业的成长，都是独特的事件复合体，在它们的帮助下形成了我们生活于其中的特定环境，所以对它们的解释意义重大。

此外，也有必要简单谈谈这些唯一的或独特的研究对象的逻辑性质。在这个方面出现的无数争论和混乱，其中的大多数很可能得归因于有关什么东西可以构成“一个”思考对象的一般看法的不明晰，尤其要归因于这样的谬见：一种具体状况的整体（即一切可能的方面）总可以
118 构成一个单独的思考对象。这里我们只能触及这种认识所引起的少数几个逻辑问题。

我们必须切记在心的第一点是，严格地说，其实所有的思想在一定程度上都是抽象的。我们前面已经知道，对现实的一切知觉，包括最简单的感觉，都包含着根据某种或某些属性对对象的分类。从这个意义上

说,我们在一定的时空限制内发现的同一个现象复合体,可以从许多不同的方面加以思考;我们对事件进行分类或归类所遵循的原则,可以不但在一个方面而且在若干不同的方面互有不同。各种理论科学只研究现象中那些能够适合一个相关命题的单一体系的方面。有必要强调的是,这对于理论自然科学和理论社会科学都是正确的,因为那些有着历史主义倾向的作者,经常提到自然科学的所谓研究真实事物之"整体"或"总体"的倾向,用来为社会领域中同样的工作进行辩解。①任何知识
学科,不管是理论的还是历史的,只能研究从现实世界中选择出来的某 119
些方面;理论科学中的选择原则,是把这些方面纳入有逻辑关系的规则体系的可能性。同样一件东西,对于这一门科学来说可能是个钟摆,对于那一门科学是个铜块,对于第三门科学则是一面凸镜。我们已经知道,一个钟摆有化学和光学属性这个事实,并不意味着我们在研究钟摆的规律时,必须用化学或光学方法去研究它——虽然当我们把这些规律运用于具体的钟摆时,我们也许必须考虑到某些化学或光学定律。同样,正如已经指出的,一切社会现象都具有自然属性这个事实,并不意味着我们必须用自然科学的方法研究它们。

然而,对一个现象复合体中那些能够用相关规则体系加以解释的
方面的选择,并不是科学家必须采用的唯一的选择或抽象方法。当研究 120
方向不是建立普遍适用的规律,而是回答周围世界中的事件所引起的

---

① 参见E. F. M. Durbin, "Methods of Research—A Plea for Cooperation in the Social Sciences"(杜尔宾:"研究方法——社会科学合作的呼吁书"), *Economic Journal* (June 1938), p. 191。作者在这篇文章中认为,在社会科学中,"不同于自然科学,我们的细分项主要是(虽然不全是)实在的抽象,而不是实在的局部",而对于自然科学,他认为"在所有这些情况下,研究对象是真正独立的客体和组合。它们不是某种复合体的局部。它们是真实的事物"。令人难以理解的是,对于——比方说——结晶(这是杜尔宾举的例子)也真能这样说吗?在德国经济学的历史学派的成员中,这种论点极为流行,虽然应当补充说,杜尔宾本人很可能完全不清楚他的态度与这个学派中的"讲坛社会主义者"是多么相似。

某个具体问题时,他就必须选择与这个具体问题有关的那些特征。不过重要的是,他仍然要从他在有限的时空中能够看到的无限多的现象中,选择数量有限的现象。在这种情况下,我们有时可以说他在思考他所看到的“整体”状况。不过我们所指的并不是能够在一定时空限制内观察到的全部事物的巨细无遗的整体,而是被认为跟提出的问题相关的某些特征。如果我问,我花园里的杂草为何以这种特定方式生长,那么任何单一的理论科学都回答不了这个问题。可是这不意味着为回答这个问题,我们必须知道发生这种现象的时空范围内的全部知识。当我们提出的问题是针对有待解释的现象时,只有借助于理论科学的规律,我们才能选出与它的解释相关的另一些现象。科学研究的对象绝对不是在一定时间和空间内可以观察到的全部现象的总和,它永远只能是被选择出来的某些方面:根据我们所提出的问题,同一个时空内的状况,可
121 以包含着无数不同的研究对象。人类的心智其实根本不能掌握某个真实状况的一切不同方面这种意义上的“整体”。

把这些思考运用于人类历史中的现象,导致了非常重要的结论。它不折不扣地意味着,某个历史过程或时期,根本就不是一个单一而明确的思考对象,它所以能够成为这种对象,只是因为我们对它提出的问题。这就是说,根据我们提出的问题,我们习惯于视为一个历史事件的东西,能够成为无数个不同的思考对象。

正是这方面的思想混乱,要对如今甚为流行的一种教条负责:一切历史知识必然是相对的,是由我们的“立场”决定的,注定会随着时间的流逝而变化。[①]这种观点是如下信念的自然结果:各个历史时期或事件复合体的通用名称,如拿破仑战争,“大革命时期的法国”,或英国的共和时期,代表着明确而固定的对象、独一无二的个体[②],它对于我们是既

① 对现代历史相对论的出色介绍,见M. Mandelbaum, *The Problem of Historical Knowledge*(曼德尔鲍姆:《历史知识问题》)(New York, 1938)。

② 见本章注9。(参见中文本71页注。——编注)

定的,就像呈现为生物物种或植物的自然单位一样。其实,这些历史现 122
象的名称仅仅是在限定着某个时期和地点,而对于我们对出现在该时期和地点的相关事件所能提出的问题的数量,它几乎未做任何限制。不管怎么说,只有我们提出的问题规定着我们的研究对象;人们为何在不同的时候会对同一个时期提出不同的问题,这当然有许多原因。[①]可是这并不意味着历史学在不同的时间,以同样的信息为基础,会对同一个问题提供不同的答案。不管怎么说,只有这一点能够使我们断定历史知识是相对的。有关历史知识之相对性的主张的正确性,其精髓在于历史
学家在不同的时间会对不同的对象感兴趣,而不在于他们一定会对同 123
一个对象持不同的观点。

我们必须对历史学家所研究的整体的性质稍微多说几句,虽然我们必须做出的说明大都是对前面已经就整体所做的论述的应用,有些作者认为这种整体是理论概括的对象。我们前面的论述,同样适用于历史学家所研究的整体。在他看来,它们从来就不是既定的整体,而是他利用其中那些唯一能够直接感知的要素重建的。不管他讨论的是曾经存在过的政府、川流不息的贸易、调动中的军队、得到保存或传播的知识,他从来不是指一个有着自然属性、能够直接观察的既定的集合体,而是指某些可观察因素之间只能做出推断的一个关系结构。像"政府"、"贸易"、"军队"、"知识"这些字眼,并不是指可观察的单一物品,而是指

① 此处不可能深入讨论这个有趣的问题,即历史学家提出特定问题、在不同时候对同一时期提出不同问题的原因。不过我们可以简单地指出一种有着广泛影响的观点,因为它自称不但适用于历史,而且适用于一切Kulturwissenschaften(文化科学)。这就是李凯尔特的主张,他认为社会科学完全是根据某些价值去选择对其有重要意义的研究对象,它们只能采用历史的方法。除非所谓的"价值考虑"(Wertbezogenheit)是指对某个问题的任何实际兴趣都包含着我们——譬如说——研究坎布兰地理的理由,不然的话情况就未必一定如此。如果我想知道尼克先生在某年如何当选为剑桥市长,这同样也是一项历史学的工作,虽然当选者是尼克先生而不是别人这个事实,可能不会对任何已知的价值产生影响。使一个问题成为历史问题的,不是我们对这个问题产生兴趣的原因,而是这个问题的性质。

各种关系结构，只有利用图式再现(schematic representation)，或利用有关不断变化的不同因素之持续的关系体系的“理论”，才能描述它们。①
124 易言之，离开我们用来建构它们的理论，离开我们重建观察到的诸因素之关系，以及寻找这种特定组合之意义的精神机制，这些“整体”便不存在。

可见，理论在历史知识中的作用，是形成或建构历史研究的整体；它先于这些整体，除非找出连接着各部分的关系体系，不然是看不到这些整体的。然而，理论的概括并不像老一代历史学家相信的那样(他们以此为由反对理论)，它既不是也不能指明历史学所研究的特定整体，即特定的要素组合。理论提供给向史学家使用的现成的整体模式、结构关系模式(甚至它们也不是理论概括的不变要素，而是理论工作的结果)，与历史学家所思考的整体并不是一回事。任何一种理论社会科学所提供的模式，肯定是由某种类型的要素所组成，选出这些要素，是因为它们的相关性可以用一个严密的原理体系来解释，而不是因为它们有助于解答有关具体现象的某个特殊问题。为了后一个目的，历史学家
125 通常必须利用属于不同理论领域的概括。所以说，他的工作跟解释特殊现象的一切努力一样要有理论前提；就像对具体现象的一切思考一样，是运用类属的概念去解释特殊现象。

如果社会现象的历史研究对理论的依赖并不总是得到承认，这主要是因为历史学家采用的大多数理论图式十分简单的性质，这使对借助于它们得出的结论不会存在争议，而且他几乎意识不到自己是在利用理论推理。然而这并没有改变一个事实，历史学家必须采用的有关社会现象的概念，就其方法论的性质和有效性而言，从本质上说跟系统的社会科学所建立的更为精致的模式属于同一类。他所研究的一切独一无二的历史对象，其实要么是稳定的关系模式，要么就是其中的诸要素

① 这并没有改变一个基本事实：史学家的材料通常已经为他做了理论化的工作。他在讲述“事实”时，会使用“国家”或“城镇”这类字眼，而它们是不能用物理特点来定义的，而是指一种关系复合体，说白了，后者就是有关该主题的一种“理论”。

具有类属性的可重复过程。当历史学家谈论某个国家或某一场战役、某个城镇或市场时,这些字眼所表示的是一个个体现象的黏合结构,而我们只有理解能动的个体的各种意图,才能理解这些现象。假如历史学家谈论某种制度,比方说延续了一定时期的封建制度,他指的是连续存在的某种关系结构,某种行为类型在不断重复,某种他只有对组成该结构的个体态度进行精神重构才能加以理解的结构。简言之,历史学家所研 126
究的这种独特整体,对于他来说,并不像他能够观察有哪些特征的自然单位一样,是固定不变的个体[①],而是用理论社会科学系统所提供的技巧建立的一种构造。不管他对一种特定的制度如何出现进行发生学的解释,还是对它如何发挥作用进行描述,除非结合适用于构成独特境况之因素的类属性考虑,他都无法从事这种工作。虽然在这项重建工作中,他不能利用除了从经验中发现的要素以外的任何要素,然而并不是观察,而是"理论"重建工作才能够告诉他,他所能发现的哪一些东西是一个相关整体的组成部分。

因此,理论工作和历史工作是既有逻辑差别而又相辅相成的活动。 127
假如对它们的任务有正确的理解,它们之间便不存在冲突。虽然它们都有独特的任务,缺了对方却没有多大用处。可是这并没有改变一个事实,即理论不可能是历史的,历史也不可能是理论的。尽管普遍性的意

① 在对此问题的讨论从未间断的德国出现的一种纯粹的语言混乱,显然助长了这个领域甚嚣尘上的混乱。在德国,唯一性或独特性被称为"个别性"(individuelle),这几乎难免使人进一步把它同表示"个体"(individuum)的单词错误地联系在一起。"个体"是一个我们用来表示自然单位的词,在自然界,我们的感官能够从环境中分离出它们作为一个关系整体。这个意义上的个体,不论是人类个体还是动物、植物、石头、山峦、星辰,是具有稳定的感觉属性的集合体,我们的感官自动把它们作为独立的关系整体,它们要么能在空间中相对于其环境同时移动,要么由于其同源性,被我们的感官自动地当做联系在一起的整体。然而历史研究的对象恰恰不是这样。它们虽然跟个体一样具有唯一性,可是它们并非这个词用于自然物体时所指的那种界线分明的个体。它们对于我们不是固定的整体,而是我们所发现的整体。

义只在于它能解释特殊，尽管特殊性只能从类属的角度加以解释，但特殊绝对不是普遍，普遍也绝对不是特殊。出现在历史学家和理论家之间的不幸误解，主要源于“历史学派”这个名称，它被一种最好还是称为历史主义的混杂的观点所篡夺，后者其实既不是理论，也不是历史。

把历史所研究的复合体视为既定整体，这种幼稚的观点，自然而然导致了如下信念：对它们的观察能够揭示这些整体的发展“规律”。这种信念是唯科学主义历史学最典型的特征之一，它以历史主义的名义，试图为一种历史理论或（用“理论”的旧义中所包含的“哲学”义）“历史哲学”找到经验基础，试图确定清晰的“阶段”或“时段”，确定“制度”或“类型”在历史发展中相继发生的必然顺序。这种观点一方面想找出由其性
128 质所定在独特和唯一的历史现象中不可能找到的规律，另一方面又否认某种理论的可能性。但是只有这种理论能协助我们理解独特的整体，向我们揭示常见的要素能够结合为我们在现实世界中看到的独特组合体的不同方式。可见，经验主义的偏见导致了一种方法遭到颠覆，而唯有这种方法能够使我们理解历史的整体并用其成分重建这些整体。它诱使学究们把那些只是来自于本能的理解的有关整体的模糊观念，当做客观事实看待；这最终导致了一种颠倒的观点：我们能够直接认识的事物、我们赖以重建整体的那些因素，只有通过整体才能理解；在我们能够理解这些因素之前，必须先明白这些整体。

人类历史是不计其数的人类心智相互作用的结果。如今有如此之多的人认为它必定遵循着人类心智可以发现的简单规律，以至于几乎没有人意识到，它其实是个多么令人惊骇的主张。这些伪历史学说的作者，不是耐心而谦逊地劳作，用直接获知的因素重建我们在现实世界中发现的复合体和独特结构，从各个因素关系的变化中探求整体中的变
129 化，而是谎称可以走一条思想捷径，直接洞察到即刻把握到的各种整体之发生规律。这些发展理论的地位不管多么令人怀疑，它们对公众想象力所取得的控制，却远非任何真正系统的研究所能望其项背。这些历史

“哲学”或“理论”[①],其实已经成了十九世纪的典型特征和“可爱的恶习”[②]。从黑格尔和孔德尤其是马克思,到松巴特和施宾格勒,这些伪造的理论逐渐被人们看成社会科学的代表性成果;利用一种“制度”一定会被新的不同制度所超越是历史的必然现象这种信念，它们给社会演化造成了深远的影响。它们能够做到这一点,主要是因为它们看上去就像是自然科学所确立的那种规律；在一个根据自然科学来确立衡量一切知识努力的标准的时代，这些历史理论关于能够预见未来发展的声明,便被当做它们有着突出科学性的明证。马克思主义虽然只是十九世 130
纪的这类众多典型产品之一,然而它脱颖而出,变成了使这种唯科学主义成果影响广大的传播工具，甚至使一些反对马克思主义的人也跟它的支持者一样,从它的角度去思考问题。

然而，这种发展除了建立起一种新的理想外，还有一种消极的作用,它使过去作为理解社会现象之基础的已有的理论,失去了人们的信任。由于它认为我们可以直接观察社会整体或任何有着特定变化的社会现象整体中的变化,并且认为整体中的一切也必然同它一起变化,于是得出结论说,对于形成这些整体的因素,不可能存在着永恒不变的通则,对于它们可能结合成整体的方式,不可能存在普适性的理论。也就是说，任何社会理论必然都是历史的，是“zeitgebunden”(有时代局限的),只具有相对于一定历史阶段或制度的真实性。

根据这种严格的历史主义,一切有关个体现象的观念,都得被视为纯粹的历史范畴,只有在特定的历史背景下才是正确的。它认为,十四

① 我们可以说,历史理论其实也有其合理的含义,这里的“理论”是用作“事实之假设”的同义词。从这个意义上说,对特殊事件的未加证实的解释,经常被称为一种历史理论,不过这种理论当然完全不同于那些冒充道出了历史发展所遵循之规律的理论。

② L. Brunschvicg, *Philosophy and History, Essays Presented to E. Cassirer*(布兰斯维克:《哲学和历史，献给卡西勒的论文集》), ed. R. Klibansky and H. J. Paxton (Oxford, 1936), p. 30。

世纪的物价，或公元前四百年埃及的垄断现象，与今天的物价或垄断是
131 不相同的“事情”，因此，用我们今天解释价格或垄断的同一种理论去解释那种价格或垄断者的政策的任何尝试，都是徒劳无功的。这种论点是建立在对理论之功能的全盘误解上。不错，我们若是问一种价格在特定日期为何被采用，或一个垄断者为何在当时有某种特定的行为方式，这属于任何一种理论学科都无法提供完整回答的历史问题；回答这种问题，我们必须考虑到当时当地的具体环境。然而这并不意味着我们在选择与解释这种特定价格有关的因素时，不可以利用跟我们考虑今天的价格时相同的理论思想。

这种主张所忽略的是，价格和垄断并不是明确的“物品”，不是有着自然属性的固定集合体的名称，我们能够通过其部分属性而认识到它们属于同类，并且能够通过观察确定它的其他属性。它们是只能根据一定的人类关系加以确定的对象，除了因据以定义它们的那些关系而具有的属性外，它们不可能有任何其他属性。我们能够认识到它们是价格或垄断，仅仅是因为我们能够认识到这些个人态度，并由此认识到它们是构成我们称为价格或垄断的那种关系模式的要素。当然，“整体”状况，甚至能动的人的“整体”，彼此之间在不同时间和地点大不相同。然
132 而，仅仅是因为我们有能力认识构成这种独特状况的常见因素，才使我们能够赋予这种现象以某种意义。我们要么不可能认识个人行为的意义——对于我们，它们只是物理事实，传递着某种物质；我们要么就必须把它们纳入我们所熟悉但不能从自然角度定义的精神范畴。如果前一种主张是正确的，这意味着我们根本无从知道过去的事实，因为在那种情况下我们无法理解那些文献，但我们有关那些事实的全部知识，都是来自这些文献。①

---

① 参见C. V. Langlois and C. Seignobos, *Introduction to the Study of History*（朗格卢瓦和塞格诺博斯：《历史研究导论》），trans. G. G. Berry（London, 1898），p. 222：“如果过去的人类与今人没有相同之处，那么文献就是不可理解的。”

始终如一地奉行历史主义，必然导致这样的观点：人类的心智本身是可变的，脱离其历史背景，我们不但无从理解人类心智的大多数或全部表现，而且从我们有关整体状况如何按顺序出现的知识中，我们能够知道那些人类心智发生变化所遵循的规律，并且惟有对这些规律的认识，能够使我们理解人类心智的任何具体表现。历史主义由于拒绝承认普遍适用的综合理论，因此无法理解相同因素的不同模式可以造成完全不同的复合体，由于同样的原因，它也无法理解这些整体为何不可能
是人类心智自觉设计的产物。因此它注定要从人类心智自身的变 133
化——它要求根据直接认识的整体中的变化去加以理解和解释的变化——中，寻找社会结构变化的原因。从一些社会学家所持的极端主张，即认为逻辑本身也是可变的，还有他们关于原始人思维的“前逻辑”性质的看法，到现代“知识社会学”的更为精致的观点，这种立场一直就是现代社会学最典型的特点之一。它以较之过去更为鲜明的方式，引起了“人类意识之稳定性”这个古老的问题。

当然，这段话过于含糊，不给它提供进一步的精确性，关于它的一切争论都没有用处。不但处在既定历史复合体中的任何个人，而且特定时代或地点的某些主要类型，在一些重要的方面与另一些个人或类型有所不同，对此当然不存在异议。然而这并没有改变如下事实：我们若是有能力理解这些人或心智，就必须存在某些不变的特征。我们无法抽象地认识“心智”。当我们谈论心智时，我们是指某种现象可以通过类比
于我们自己的心智而得到解释，我们自己的思维所熟悉的范畴的作用， 134
就在于为我们观察到的事物提供一种满意的解释。但是这意味着，把某种东西确认为心智，也就是确认它类似于我们自己的心智，而这种认识心智的可能性，只限于那些和我们自己的心智有相似性的方面。谈论一个跟我们的心智在结构上有根本差异的心智，或声称我们能够观察到人类心智的基本结构中的变化，不仅是在宣称不可能做到的事情：这根本就是一种无稽之谈。这种意义上的人类心智是否固定不变，根本就不

成其为问题——因为所谓的认识心智，并没有别的意思，它仅仅是指认识某种和我们自己的思维运行方式一样的东西。

认识某个心智的存在，总是意味着我们对我们自己的感知做了补充，意味着我们是根据自己的心智去解释这些现象，或是发现它们适合我们自己现有的思维模式。对人类行为的这种解释并非总能成功，而且更加令人难堪的是，我们也许根本不可能绝对肯定地说，这种解释在任何具体情况下都是正确的；我们所知道的仅仅是，它在绝大多数场合下有效。然而这是我们理解我们所说的其他人的意图或行为意义的唯一根据；而且这肯定是我们的全部历史知识的唯一基础，因为它们全是来自对各种符号或文献的理解。如果我们从我们这类人转向另一种类型
135 的生物，我们当会发现，我们能够这样理解的东西变得越来越少。并且我们不能排除这样的可能，有一天我们也许会发现这样的生物，它们在生理上可能跟人相似，其行为方式却是我们完全不能理解的。对于它们，我们当然应当回到行为主义者要求我们对一般人所从事的那种“客观”研究。但是，赋予这些生物以不同于我们的心智是没有意义的。对于我们这种能够称为心智的东西，我们一无所知，除了自然事实外，我们对它们一无所知。利用意图、目的或意志这类范畴对它们的表现所做的任何解释，都是没有意义的。我们能够合理地加以讨论的心智，肯定跟我们自己的心智相似。

人类的心智具有可变性这种观点，完全是一种错误信念的直接后果，它认为心智是一个我们像观察自然事实一样加以观察的客体。然而，存在于心智和自然事实之间、使我们能够讨论心智的唯一不同之处，恰恰就在于只要我们谈论心智，我们就是在解释我们根据各种范畴所观察到的东西，而我们知道这些范畴，仅仅是因为它们是在我们自己的心智中运行的范畴。宣称一切心智必须根据某些普遍的思想范畴运行，这并不是个似是而非的说法，因为我们在谈论心智时，意味着我们能够通过把我们观察到的东西纳入这些范畴而成功地解释它们。能够

通过我们对别人的心智的理解而被理解的东西，我们认为人类所特有 136
的东西，必须是可以根据这些范畴理解的。

人类心智具有可变性的理论，是历史主义的稳步发展所导致的，然而它实际上却摧毁了自己立足的根基：它被引向一种概括某些事实时的自相矛盾的立场，因为如果这种理论是正确的，则那些事实就是不可知的。如果人的心智真的可变，那么正像历史主义的极端派所声称的，我们不可能直接理解另一些时代的人的具体陈述是什么意思，因此我们也不可能理解历史。据说能够使我们理解各种因素的整体，从来没有成为我们可观察之物。即使我们忽略理解文献的不可能性所引起的这个根本难题，历史学家若不首先理解个体的行为和意图，他也根本不可能把它们组合成整体并明确宣布这些整体是什么。就像历史主义的许多支持者一样，他将不得不退而谈论直观把握的整体，做出一些有关各种风尚或制度的不确定的和笼统的概括，对它们的性质无法给出准确的定义。

其实，作为我们的全部历史知识之基础的证据，由其性质可知，历史根本不能使我们超越某个阶段，我们在这个阶段能够理解能动的人
的心智的运行，是因为它跟我们自己的心智相似。当我们停止了理解 137
时，当我们不再能够辨识思想范畴跟我们赖以思考的思想范畴相似时，历史便不再是人类的历史。正是在这个时刻，也只有在这个时刻，社会科学的一般理论不再有效。既然历史和社会科学是以有关人类心智运行的同样知识、理解他人的同样能力为基础，它们的领域肯定也有着同质性。社会理论中的特定命题，有时也许会因为它们所指出的因素组合没有出现而不适用。[①]但它们仍然是正确的。不可能存在着适用于不同时代的不同理论，虽然有时需要用一种理论体系的某一部分，有时需要用它的另一部分去解释观察到的事实，这正像有关过低的温度对植物

① 参见W. Eucken, *Grundlagen der Nationalökonomie*（奥伊肯：《国民经济学基础》）(1940), pp. 203—205。

的作用的命题，虽然在热带可能没有意义，但仍然正确一样。社会科学的任何正确的理论陈述，只有当历史不再是人类史时才会失效。假如我们设想有个人在观察和记录他和我们都不能理解的另一个物种，他的记录可以是某种意义上的历史，譬如是一个蚁群的历史。这种历史只能
138 纯粹客观地加以叙述。它也许是很符合实证主义理想的那种历史，就像另一个星球的观察者可能对人类做出的记录一样。然而从我们理解人类历史这个意义上说，这种历史无助于我们理解它所记录下的任何事件。

当我们讨论人类时，我们必须暗示存在着某些人所熟知的思想范畴。人不是具有某种形状的一堆鲜肉，也不是有着我们能从自然角度定义的明确功能的某种单位。没有丝毫智力、我们对其行为完全不能理解的东西，对于我们来说不是人——他不可能被纳入人类历史，除非是作为另一些人的行为和思想的对象。当我们讨论人时，我们指的是我们能
139 够理解其行为的人。诚如德谟克利特所言："人也者，吾等皆识者之称谓也。"①

① 参见H. Diehls, *Die Fragmente der Vorsokratiker*（迪耶尔斯：《沃索科拉蒂克残篇》），4th ed.（Berlin, 1922），"Democritus", f.n. 165,vol. 2, p. 94。我这里能够引用德谟克利特这句话，得感谢Alexander Rüstow教授。

八

“有意图的”社会形态

在本文的结束部分，我们必须谈谈前面讨论的理论观点所引起的 140
一些实践态度。直接导致它们最典型的共同特征的是，由于缺少一种有关社会现象的综合理论，无法理解众多个人的独立行为如何能够产生内洽的整体，即虽然服务于人类的各种目标但不是为此目的而设计的持久结构。这导致了对社会制度的一种“实用主义”[①]解释，认为服务于
人类意图的一切社会结构都是自觉设计的结果，否认在任何不是如此 141
建立的事物中有可能存在着有序的或有意图的安排。

这种观点获得的强大支持，来自于对采用任何拟人论观点的惧怕，而这种惧怕是唯科学主义态度的典型特征。这种惧怕几乎彻底杜绝了在讨论自发的社会发展时采用“意图”(purpose)这个概念，并且常常使实证主义者陷入一种他们希望避免的谬误：由于认识到不能把似乎有表面意图的一切事物错误地视为出自某个心智的设计，于是他们认为，众多个人行为的结果不可能呈现出秩序或能够服务于有益的目的，除非它们是自觉设计的结果。这样他们便回到了一种本质上与一直存在

① 本章涉及的这种“实用主义”解释，参见门格尔：《社会科学方法研究》，bk. 2, chap. 2。就我所知，对于这里所讨论的问题，此书仍然是最为全面和细致的分析。

到十八世纪的观点相同的观点，它试图使人们相信，语言和家庭都是出自“发明”，而国家是按照一份详细的社会契约建立的，后来有关社会结构的综合理论，就是为了反对这种观点而提出的。

由于日常语言中的用语有一定的误导性，因此在讨论自发社会形态的“意图”的性质时，必须谨慎行事。情不自禁地采用“意图”一词的拟人论含义，否认“意图”的概念在这方面具有重要意义，有着同样大的危
142 险。就其严格的本义而言，“意图”当然要以自觉追求某个目标的行动者为前提。而且正如我们前面所说[①]，像“规律”或“组织”这类概念也是如此，由于缺少其他恰当的用语，我们才在非拟人论的含义上使用它们。同样，我们也可以发现，对“意图”一词进行仔细定义，是必要的。

这个问题的性质，首先可以用一位杰出的当代哲学家严格的实证主义话语来说明，他宣称，“必须从生命现象的科学研究中完全排除意图的概念”，但是他也承认存在着某种“在心理学和生物学等领域里经常证明其正确的原则，即不自觉的或本能的过程之结果，常常和理性的计算所导致的结果完全相同”[②]。这十分清楚地说出了该问题的一个方面，即：假如有一种有意争取的结果，只能以有限的方式达到，它实际上可以通过那些方法之一达到，虽然没有人自觉致力于那样做。但是这仍然留下一个悬而未决的问题：为什么应当认为，用这种方式取得的特定
143 结果有别于其他结果，所以应当把它称之为“意图”？

如果我们考察一下另一些领域，在那里我们总是倾向于把现象描述为“有意图的”，虽然它们不受自觉的心智的支配，那么有一点就会变得十分明显：这些被说成是有“目的”或“意图”的现象，总是为了维持某个“整体”，维持某个持久的关系结构，在我们没有理解使部分结合为整体的机制的性质以前，我们把它的存在视为理所当然。这种整体的一个最熟悉的例子是生物有机体。有机体的功能是维持整体的基本条件，这

① 见本书第2章注3。（参见中文本14页注②。——编注）

② 参见M. Schlick, *Fragen der Ethik*（石里克：《伦理学问题》）（Vienne, 1930）, p. 72。

种认识已经证明有着极大的启发价值。不难理解,假如科学偏见在生物学中实际禁止采用任何目的论概念,譬如阻止直接探究一种新器官有什么目的或功能而去发现它,那么这会使研究变得多么无所作为。①

在社会领域,我们虽然遇到一些在这方面引起类似问题的现象,但以此为由把它们称为有机体却是危险的。这种有限的比喻本身并没有 144
为寻常的问题提供答案,借用外来概念有可能模糊同样重要的差别。我们现在无需深入讨论一个类似的事实,即社会整体不同于生物学的有机体,它并不是作为一个自然单位呈现给我们,它不是日常经验向我们展示的那种属于一体的稳定的复合体。我们只有通过一个精神重构过程才能认识到它们,或认识到社会整体的组成部分不同于真正的有机体的组成部分,它们能够脱离其在整体中的特定位置而存在,并且在很大程度上是移动的和可交换的。不过,我们虽然不能过于强调相似性,某些一般的观点仍适用于两者。就像生物有机体的情况一样,我们在自发的社会形态中,也经常看到部分的行为似乎是以维持整体为目的。我们一再发现,即使有人有着维持整体结构的自觉目的,即使他具备这样做的知识和能力,他也只能用诱发这种现象的方式来这样做,但它们并不是在任何自觉的支配下出现的。

此外,在社会领域,这些使各部分维持着结构关系的自发过程,以一种特殊的方式和我们的个人意图联系在一起:这样维持的社会整体,是达到我们个人当作目标的许多事情的前提条件,是理解我们的大多 145
数个人欲望、使我们有能力做到这些事情的外部环境。

例如,货币和价格体系使人们能够得到他们想要的东西,虽然它们并不是为此目标而设计的,而且在使它们有可能出现的文明没有出现

① 关于目的论概念在生物学中的运用,请参阅J. H. Woodger, *Biological Principle*(伍奇:《生物学原理》)(1929)中的讨论,尤其是pp. 429—451: “目的论和因果性”一文。另可参见该书前面的讨论(p. 291):“科学思维的习惯”导致了生物学家的“劣行”,他们不是严肃地研究有机体,而是“急匆匆要变成物理学家,忽视了自己的任务”。

之前,几乎不可能自觉设计它们——这个事实的最神奇之处在于,除非人们恰好发现了这些机制,他是不可能获得他已经具备的能力的。当我们谈论在这里发挥作用的有意图的力量时所提到的事实,也就是创造了我们视为理所当然并构成我们生存条件的持久的社会结构的那些事实。自发成长的制度是"有用的",因为它们是人的进一步发展的基础条件——人类所运用的力量是它赋予的。用亚当·斯密的表述形式,人在社会中"不断促进着不属于他们意图的目标",这句话成了让唯科学主义头脑不断产生烦恼的根源,却道出了社会科学的中心问题。在亚当·斯密去世百年以后,卡尔·门格尔比任何人都更加清楚地表述了亚当·斯密这段话的含义,他说:"如果不存在建立服务于共同福祉并对其发
146 展至关重要的各种制度的共同愿望,那么如何能够让这些制度产生"的问题,便依然是"一个重要的甚至最重要的社会科学问题"。[①]

这个问题的性质,甚至它的存在,几乎一直得不到承认[②],这与我们谈到人类制度是由人所建立时其含义的普遍混乱密切相关。从一定意义上说,这制度虽然是人为的东西,即完全是人类行为的结果,但它们未必是人类设计的,未必是这些行为有意造成的产物。在这个方面,"制度"一词易于引起误解,因为它暗示着某种制定的东西。如果让这个概
147 念只限于指具体的发明物,例如为特定目的而制定的具体法规或创立的组织,而用"形态"(formations,与地质学家采用的含义类似,与德语中

① 门格尔:《社会科学方法研究》,p. 163:"或许这是个真正值得注意的社会科学问题:在尚未形成法律意义上的公共意志的情况下,如何能够产生一种服务于共同福祉并促进其增长的极重要的制度呢?"如果用"作为人达到其自觉目标之必要条件的制度"来代替这段话中的"共同福祉",则几乎可以毫不夸张地说,这些"有意图的整体"的形成和维持方式,正是社会理论特有的问题,就像有机体的存在和维持是生物学的问题一样。

② 只要把经济和政治科学对这个问题的讨论与语言学研究做一比较,就可以认识到政治热情多么严重地妨碍了知识进步:前者仍在争论不休的事情,后者已视为常识,没有谁还想入非非地要提出怀疑。

的“Gebilde”一词相同)这种更为中立的概念,去指称货币或语言等等不是出于自觉创造的现象,事情也许就会好得多。

凡是未经自觉设计的东西，不可能用于达到人类的意图甚至成为其基本前提，这种观点很容易变成如下信念：既然制度都是由人创造的,我们必定也完全有能力以我们喜欢的任何方式去改造它们。[①]这个结论虽然看似不证自明,其实完全是建立在“制度”概念的歧义性上的无根据的梦呓。只有在一切“有意图的”形态都是设计的结果这种条件下,它才是正确的。但是,像语言、市场、货币或道德准则这类现象,并不是真正的人工制品,不是自觉创造的结果。[②]它们不但不是出自任何心 148
智的设计，而且它们是由不受维持这种制度的欲望所指引的人们的行为维持的,并且它们的正常运行取决于这些行为。既然这些制度不是出于设计,而是取决于我们未加控制的个人行为,因此我们至少不能想当然地认为我们能够用各组成部分受到自觉控制的组织来改进它们的表现,甚至不能认为可以做到和它们旗鼓相当。如果我们学会了理解自发的力量,我们也许希望利用它们,通过正确调整作为一个更大过程之构成部分的机制，去改进它们的表现。但是这样去利用和影响自发的过程,与试图用受到自觉控制的组织来替代它们的做法,有着天壤之别。

---

① 门格尔(《社会科学方法研究》,p. 208)在这个问题上正确地谈到“一种实用主义,和其代表人物的愿望相反,它不可避免地导致社会主义”。今天这种观点最常见于美国“制度学派”的著述,以下这段话[见汉弥尔顿教授的“制度”一文,载*Encyclopedia of the Social Sciences*(《社会科学百科全书》), vol. 8, pp. 87—89]就是个很好的例子:“人称资本主义的这种混乱现象,根本就未经设计或符合蓝图。但是当代学者却把它构想成一个有目的和自我调节的普遍福祉的工具。”显然,这离“对难以驾驭的社会实施秩序和命令”的要求,只有一步之遥。

② J. Mayer, *Social Science Principles in the Light of Scientific Method* (迈耶尔:《符合科学方法的社会科学原理》)(Durham, N. C., 1941), 此书提供了一个把社会制度当作真正人工制品的典型事例,例如该书第20页把社会明确说成是“设计的‘人工制品’,它很像一辆汽车或一家钢铁厂,也就是说,它是人工制造的”。

如果我们把人类文明完全说成自觉的理性的产物或人类设计的产物，或者我们自以为完全有能力自觉地重建或维持我们在不知道自己做了什么的情况下建立起来的东西，我们就太不自量力了。我们的文明虽是个人知识积累的结果，然而获得这种结果，靠的并不是自觉地把所有这些知识集中在哪个人的头脑中，而是由于它包含着我们在并不理
149 解的情况下使用的符号，包含着各种习惯和制度、工具和观念[①]，这使社会中的人能够不断从一个知识整体中获益，但不管他是什么人，都不可能完全掌握这个知识整体。它大于任何个人的行为过程，恰恰是因为它产生于知识的组合，它的范围之广，是没有哪个单一的头脑所能掌握的。

不幸的是，认识到这一点的人经常得出结论说，它所引起的问题是纯粹的历史问题，这样一来，他们便放弃了有效否定他们所反对的观点的手段。其实正如我们所知[②]，早期的"历史学派"的许多言论，本质是对我们正在讨论的这种错误的理性主义的反击。如果它失败了，那也是因
150 为它把解释这些现象的问题完全当成了一个有关一定时空范围的偶然事件的问题，于是拒绝系统地探讨一种逻辑过程——我们只有以它为根据，才能得出一定的解释。这里我们没有必要回到已经讨论过的观点。[③]对社会整体的诸因素之间相互依赖的方式的解释，虽然经常采取发生学的形式，但说到底它只能是一种"图式化的历史(schematic history)"，真正的历史学家有理由否认这是真正的历史。它所要研究的不是个体过程的特定环境，而是产生某种结果的特定步骤，是至少从原则上说可以在另一些地方或不同时间反复出现的过程。就像所有的解

① 我们如何不断利用别人获得的经验或知识，最好的例子也许是我们通过学习语言掌握以某种方式进行分类的过程，在我们的自觉的知识中，隐藏着大量我们没有自觉意识到而在自己的行动中不断加以利用的知识，虽然我们很难说自己"掌握"它们。

② 参见本书第7章。

③ 见本书第6章的相关内容；另见门格尔：《社会科学方法研究》，pp. 165 及以下。

释一样,它必须从类属的角度讨论问题,它应当探讨有时被称为“事件的逻辑”的东西,而忽略那些在独特的历史事件中十分重要的内容;它所关心的是该现象中各组成部分的相互依赖性,而这种相互依赖性未必与它们在历史中发生的顺序一样。简言之,它不是历史,而是综合的社会理论。

这个问题中一个很少得到评价、令人费解的方面是,只有利用个人主义的或综合的方法,我们才能对那些有关社会过程和形态的、被严重滥用的词语给出明确的定义,我们才能理解人际关系结构如何发生,它 151
使个人的共同努力取得任何个人都无法事先计划或预见的有益结果。另一方面,集体主义者拒绝通过系统地探索个人努力之间的互动来解释整体,他们自称能够直接理解社会整体本身,他们根本不可能准确界定这些整体的确切性质或它们的运行模式,于是他们经常不由自主地按照个人心智的模式去理解这些整体。

集体主义理论更为严重的内在弱点,是它的极端自相矛盾:它的信奉者从社会在某种意义上大于个人的总和这个断言,经常一个筋斗就翻到这样的观点上:为了维护这个更大的整体的凝聚力,必须让它服从自觉的控制,也就是说,最后必须服从某个头脑的控制。因此,理论上的集体主义者在实践中通常赞美个人理性,要求一切社会力量服从某个唯一的伟大头脑的领导,而个人主义者因为认识到个人理性的能力有限,所以提倡自由,认为它才是使人际互动过程的力量得到最充分发
展的手段。 152

九
“自觉”支配与理性的成长

普遍要求“自觉地”控制或支配社会过程，是我们这一代人最典型的特征之一。它大概比任何其他常见的套话更明确地反映着这个时代所特有的精神。凡是没有完全受到自觉支配的，就被视为有缺陷的，是其不合理性的证明，因而需要用特意设计的机制彻底取而代之。然而，在那些十分随意地使用“自觉”一词的人中间，似乎没有几个人明白它的确切含义是什么；大多数人似乎都忘了，“特意”和“自觉”这些字眼，只有把它们用于个人时才是有意义的，因此，要求进行自觉的控制，等于是要求让某个单一的头脑进行控制。

这种信念，即自觉控制的过程肯定优于任何自发的过程，是一种毫
153 无根据的迷信。相反，怀特海在谈到别的事情时提出的论点也许更正确：“文明通过扩展我们不假思考就能采取的重要行为的数量而进步。”[①]假如各种社会要素自发的相互作用，有时确实解决着任何个人心智都不能自觉解决甚至认识到的问题，假如它们由此创造出一个有序结构，它不是出于任何个人的设计，却能增进个人的能力，那么这些要素便优于自觉的行动。可以说，任何能够用“社会”(social)一词来形容，以区别

① A. N. Whitehead, *An Introduction to Mathematics* （怀特海：《数学导论》）, Home University Library (1911), p. 61。

于个人行为的社会过程，由其性质所定，几乎都不是自觉的。既然这些过程能产生自觉的支配所无法创造的有益秩序，因此任何想让它们服从这种支配的做法，肯定意味着我们会把社会活动所能取得的成果限制在个人心智的较为逊色的能力范围内。[①] 154

这种进行全面的自觉控制的要求，我们只要先考虑一下它最具野心的表现，就可以理解其全部含义，虽然它至今仍然只是一种含糊不清、主要作为一种象征而有重要意义的抱负：对人类的心智提出这种自觉控制的要求。这种狂妄的想法，是理性成功征服外部自然界所带来的最极端的后果。它已经成为当代思想一个最突出的特征，在乍一看完全不同甚至截然相反的思想体系中都有表现。不管是霍布豪斯——他执意让我们相信“这样的理想：集体的人类自主决定自身的进步，是人类活动的最高目标和判断行为规则的最终标准”[②]；还是李约瑟——他认为“对人类事务的自觉控制越多，人类就能变得越真实、越像超人”[③]；不管是步步紧随黑格尔的——黑格尔预见到主子的理性观正在变得具有 155
自我意识并开始支配自身的命运；还是曼海姆——他认为“人的思维已经变得比过去更有自主性和绝对性，因为它现在认识到了支配自身的

---

① 对此不能反驳说，所谓的自觉支配不是指单一心智的控制，而是指用所有心智或所有最优秀的心智协调一致的“合作”努力，来代替它们偶然的相互作用。这种自觉协调的说法，只是把个人心智的工作转移到另一个舞台上，而最终责任仍然要由参与协调的心智来承担。为了方便交流而建立的委员会之类的机构，在协助个人尽可能了解情况方面，是很出色的工具。能够以这种方式加以自觉协调的知识，仍然局限于个人心智所能实际吸收和消化的知识。凡是有委员会经验的人都知道，它的效用仅限于其中最优秀的心智所能掌握的事情；如果讨论的结果没有被个人的心智最终变成一个统一的整体，则它很可能还不如单一的个人心智所产生的结果。

② L. T. Hobhouse, *Democracy and Reaction*（霍布豪斯：《民主与反动》）（1904），p. 108。

③ Joseph Needham, *Integrative Levels: A Revaluation of the Idea of Progress*（李约瑟：《整合的层面：重估进步观》），Herbert Spencer Lecture（Oxford, 1937），p.47。

可能”[①],他们的基本态度都是一样的。这些信念分别来自黑格尔主义或实证主义的观点,所以坚持这种观点的人形成了不同的团体,他们认为彼此截然不同而且大大优于对方,然而他们共同的观点,即人类的心智确实能够提着自己的鞋带不断上升,却是来自同一种普遍信念:从外部研究作为一个整体的人类“理性”,而不是从内部耐心地开发它的潜力,实际追寻个人心智相互作用的过程,我们能更完整、更全面地掌握它的
156 运动规律。

其实,这种自以为能够通过自觉支配人类心智的发展而增强其能力的观点,是建立在宣称能够充分解释这种发展的同一种理论观点上,而这种宣称意味着这样宣称的人拥有一个超人的头脑,难怪持这种理论观点的人,也希望看见心智的发展受到这样的控制。

这种认为能够“解释”现有知识和信念的主张,必须从某种确切的意义上加以说明,才能使建立于其上的雄心壮志言之成理,准确理解这层意义是十分重要的。为此目的,我们只拥有对心智的成长起作用的原理做出解释的恰当学说是不够的。这种局限于原理的知识(无论是一种知识理论,还是一种有关相关社会过程的理论),有助于创造利于心智发展的条件,却不可能为自觉支配其发展的要求提供依据。这种主张的前提是,我们能够对我们为何持有特定观点,以及我们的实际知识怎样受着特定条件的规定,做出详细的解释。这就是“知识社会学”和形形色色的“唯物主义史观”所要做的工作,譬如它们把康德哲学“解释”成十八世纪后期德国资产阶级物质利益的产物,或诸如此类。

这里我们不能讨论以下现象的原因,甚至对于这些现在被视为错误的观点或这些在我们更好的知识基础上我们从某种意义上能够做出解释的观点,这种方法也不能真正提供一种解释。关键在于,对我们目前的知识而言,做到这一点涉及一个矛盾:假如我们知道制约或决定着

① Karl Mannheim, *Man and Society in an Age of Reconstruction*(曼海姆:《重建时代的人与社会》)(1940), p.213。

我们当前知识的因素是什么，那么它也就不是我们当前的知识了。声称 157
我们能够解释我们自己的知识，等于声称我们知道的东西多于我们的实际所知，从知识一词的严格含义上说，这种说法纯属无稽之谈。[①]也许这样的说法还有点儿意义：在一个非常优秀的头脑看来，我们当前的知识只是“相对的”，或肯定受着不同环境的制约。然而我们由此应当得出的唯一结论，却与“精神进化的提鞋带理论”的结论相对立：在我们当前的知识基础上，我们做不到支配它的成长。由此得出的任何其他结论，例如根据人类的信念受环境制约的观点得出应当赋予某人决定这些信念的能力，都包含着这样的主张：被假定为掌握这种能力的人，拥有一个超级头脑。持这种观点的人常有一种怪论，认为他们自己的观点处在同样的解释之外，这使他们成了绝对知识的拥有者，因此是个享有特权的阶层，或是个纯粹“超然的知识阶层”。

从一定意义上说，这场运动反映着一种超级理性主义，一种让某个 158
超级头脑控制一切事物的要求，然而它同时也为一种彻底的非理性主义奠定了基础。如果真理的发现不再是通过观察、推理和论证，而是通过揭示那些不为思想者所知但又决定其结论的隐蔽原因，如果决定一种主张之对错的，不再是符合逻辑的论证和对经验的检验，而是对主张者的社会地位的评价，所以成为一个阶级或种族的一员就能保证或妨碍真理的获得，最后竟至于宣称一个特殊阶级或人群的可靠本能总是正确的，那么理性也就荡然无存了。[②]这不过是一种信念的十分自然的结果，它首先宣称，运用一种比综合的社会理论所尝试的理性重建更为优越的方式，能够直觉地把握整体。

此外，个人主义者和集体主义者从不同的角度都会同意，假如社会

---

① 参见本书133—139页。

② 在E. Grünwald, *Das Problem der Soziologie des Wissens*（格伦瓦尔德：《知识社会学问题》）(Vienna, 1934)一书中，可以看到对这种谬见很有价值的长篇阐述。这是一位十分年轻的学者写下的一部身后才得以出版的手稿，至今仍是有关这个主题的文献中最全面的论述。

过程真能取得一些成果，它超越了个人的心智所能达到或计划的范围，并且个人的心智正是从这些社会过程中获得了它所具备的能力，那么
159 把自觉的控制强加于这些过程的做法，必然会带来更为致命的后果。理性应当支配自身的成长这种狂妄野心，在实践中只会起到限制理性自身成长的作用，它将把自己限制在受控制的个人心智所能预见的结果上。这种野心虽是某种理性主义的直接产物，其实却是一种被误解或使用不当的理性主义的结果，它没有认识到个人的理性是个人相互关系的产物。其实，要求一切事物，包括人类心智的成长在内，应当受到自觉的控制，这本身就标志着对构成人类精神生活和人类社会的各种要素之一般特征的错误认识。这是我们的现代"科学"文明中自我毁灭的力量，是滥用理性的极端表现，它的发展与后果，则是下面历史研究的主题。

人类心智的成长，就其最普遍的形式而言，是一切社会科学的共同问题，因此在这里也产生了最尖锐的思想分化，存在着两种有本质区别的、势不两立的态度：一方是谦虚为本的个人主义立场，它致力于尽可能理解使个人的努力实际结合在一起创造了我们的文明的原理，它根据这种理解，希望获得创造有益于进一步成长的条件的能力；另一方是
160 傲慢的集体主义，它的目标是自觉控制一切社会力量。

个人主义的态度明白个人心智的结构性限制①，只想揭示社会中的人如何通过利用社会过程的不同结果，在包含于这些结果之中但他们从不知晓的知识的帮助下提高自己的能力；它使我们认识到，离开了个人之间的交往过程，不可能存在任何被视为优于个人理性的唯一"理性"。在利用非个人的媒介的这一过程中，代代相传的或同代人的知识结合在一起并相互调整，而且这一过程是作为整体的人类知识的存在所能采取的唯一形式。

另一方面，集体主义的态度不满足于在这个过程中所有个人能够

① 参见本书136—137页。

获得的局部知识，它把自觉控制的要求，建立在自以为能够从整体上理解这个过程并以系统的方式利用全部知识的假设上。由此直接导致了政治上的集体主义；虽然从逻辑上说，方法论的集体主义有别于政治上的集体主义，但不难理解前者如何导致后者，而且如果没有方法论的集 161
体主义，政治集体主义其实也失去了它的思想基础：假如不是虚妄地认为自觉的个人理性能够掌握“社会”或“人类”的一切目标和一切知识，那么相信自觉的集中控制能够最好地达到这些目标的想法，也就失去了根据。坚持不懈地追求这种目标，必然导致这样一种制度：全体社会成员变成仅仅是一个从事控制的头脑的工具，对心智的成长有益的一切自发社会力量都会归于毁灭。[①]

人类的理性要理性地理解自身的局限性，这也许是一项最为艰难但相当重要的工作。我们作为个人，应当服从一些我们无法充分理解但又是文明之进步甚至延续所必需的力量和原理，这对于理性的成长至关重要。[②]历史地看，造成这种服从的是各种宗教信仰、传统和迷信的势力，它们通过诉诸人的情感而不是理性，使他服从那些力量。在文明的 162
成长中，最危险的阶段也许就是人类开始把这些信念一概视为迷信，于是拒绝接受或服从任何他没有从理性上理解的东西。这种理性主义者，因为其理性不足以使他们认识到自觉的理性力量有限，因而鄙视不是出于自觉设计的一切制度和风俗，于是他们变成了建立在这些制度和风俗上的文明的毁灭者。这大概很好地证明了一道障碍的存在，人们一再向它发起冲击，却只会退回到野蛮状态。

我们这个时代的这种典型倾向还表现在另一个领域，即道德的领

① 或许事情还没有显而易见到使我不必指出，人们喜欢蔑视无论是“为科学而科学”还是“为艺术而艺术”的活动，要求一切事情都要“有自觉的社会目的”，其实也是这种普遍倾向的表现，而且是建立在这里所讨论的有关全面知识的相同幻觉上。

② 对于这里所触及的重大问题，我曾在《通往奴役之路》（*Road to Serfdom*, 1944）中做过讨论，尤见该书第6，14章。

域,不过在这里较为细致地讨论它未免离题太远。在这个领域,对那些没有确切证明其理由的普遍的和形式化的规则如果表示服从,也会遇到同样的反对。但是,要求对一切行为的判断应当根据对其全部后果的全面考虑,而不是根据任何普遍规则,这是因为人们没有认识到,面对眼前可以确定的环境而服从普遍的规则,是只有有限知识的自由的人能够与最低限度的必要秩序结合在一起的唯一方式。共同接受形式化的规则,是迄今为止所发现的受单一意志支配之外的唯一选择。普遍接受这样一套规则,并不会因为它们没有理性的基础而失去丝毫的重要
163 性。至少值得怀疑,用这种理性方式能否制定出一部有望被人们所接受的新道德法典。不过,只要我们尚未做到这一点,那么仅仅因为其益处未被理性所证实,便普遍拒绝现存的道德原则(这不同于另一种情况:批评者相信他在一种具体情况中发现了更好的道德原则,于是决心不
164 顾公众的反对来验证它),这无异于毁灭我们文明的根基之一。①

① 当孔德说“得到证实的道德必优于宗教启示的道德”[见*Système de politique positive*(《实证政治学体系》), vol. 1, p. 356]时,他表达着典型的时代精神,具体说就是实证主义精神。这种典型性尤其包含在它的一个假设之中:用理性建立的道德体系,是神启道德之外唯一的选择。

十
工程师和计划者

对社会现象进行自觉控制的理想,在经济领域里影响最大。①当前“经济计划”的流行,可以直接追溯到我们前面讨论过的唯科学主义观念的得势。这个领域中的唯科学主义理想,是以应用科学家、尤其是工程师所采取的特殊形式表现出来的,因此我们不妨把讨论这种影响与 165
评价工程师的典型理想结合起来。我们将会看到,他们的唯技术论立场或工程学观点对社会组织问题的影响,要大大超出一般人的想象。大多数全面改造社会的方案,从早期的乌托邦到现代社会主义,都有这种影响打上的烙印。近年来,这种用工程技术解决社会问题的欲望,已经变

① 对于想深入了解前一章所讨论的问题的读者,我可以补充本文发表后出现的几篇文献。除了前面提到的 *Selected Writings of Edward Sapir*(《萨皮尔选集》)(ed. D. G. Mandelbaum, Berkeley: University of California Press, 1949; 尤见pp. 46 f., 104, 162, 166, 546ff., 553)之外,读者还可参考G. Ryle, “Knowing How and Knowing That”(赖尔:“知其所以然和知其然”), 载*Proceedings of the Aristotelian Society*, n.s., vol. 46 (1945), 以及同一作者的*The Concept of Mind*(《心智的概念》)(London, 1949); K. R. Popper, *The Open Society and Its Enemies*(波普尔:《开放社会及其敌人》)(London, 1946); M. Polyani, *The Logic of Liberty*(博兰尼:《自由的逻辑》)(London, 1951)。

得十分明显[1]；“政治工程”和“社会工程”，已经成了时髦的口头禅，它们
166 就像当前这一代人对“自觉”控制的迷恋一样，也是他们的世界观的特点；在俄国，艺术家甚至为斯大林授予他们“灵魂工程师”的称号而自豪。这些名称反映着对工程师的任务与大规模社会组织的任务之间的根本差别的混乱看法，因此有必要更全面地思考一下它们的性质。

这里，我们只能限于谈谈工程师的专业经验常常造成并决定着其世界观的特殊问题的几个突出特点。首先，他的典型任务通常有着完全自足的特点：他只关心单一目标，对为此目标而做的所有努力进行控制，并为此而支配范围明确的现有资源。这使他的工作有可能获得一个最典型的特点，即至少从原则上说，复杂的操作过程的各组成部分，事先就在工程师的头脑里完成了，作为其工作基础的全部“数据”，已被清楚地纳入了他事先的计算，并被绘制成蓝图，以此支配整个方案的实
167 施。[2]换言之，工程师完全控制着这个他所关心的特定的微观世界，对其

① 这种倾向一个最佳实例也是由曼海姆提供的，见《重建时代的人与社会》(1940)，尤其是240—244页，他在这里解释说，“功能主义最初是出现在自然科学领域，可以被称为一个技术观点。最近它才被移植到社会领域。……一旦把这种技术方法从自然科学转移到人类事务中来，它注定会给人类本身带来深刻的变化。……这种功能主义方法不再把观念或道德标准视为绝对价值，而是视为社会过程的产物，如果有必要，是可以通过科学的指导和政治实践相结合而加以改变的。……我在本书中所提倡的技术至上论的扩张，在我看来是不可避免的。……组织技术的进步，不过是把技术观念运用于社会合作的形式。被视为社会机器一个部件的人，经过训练和教育，其各种反应具有了一定程度的稳定性，他新近学会的各种活动，在一个组织框架内根据明确的效率原则得到协调。”

② 我能够找到的由一位工程师对这种工程学立场的最好描述，出现在伟大的德国光学工程师恩斯特·阿贝的一篇演说中：“在实际行动之前，一个建筑师是如何完成他的建筑活动的？在此之前，他早就在头脑中将其完成了。他只需借助画笔、钢笔将自己的想法加以落实，在纯理智的层面，用玻璃、金属等等材料，构筑一幅复杂的图画，直到确定下每个部分，都是纯粹的精神劳动，在将各个部分的设计付诸行动之前，它们之间的相互作用都只是从理论上加以说明的。除了计算和测定全部建筑要素的详细的作用和形式，人类用来劳动的双手将不再具有其他更多的功能，并且在经验中除了形成那些居于支配地位的方

相关的方方面面都有了解,而且他只能处理"已知数据"。①就解决他的工程问题而言,他并不参与别人在其中独立做出决定的社会过程,而是生活在他自己的一个孤立的世界里。他已经掌握的技术、已经掌握的分类原则的应用,当然是以有关这些客观事实的全部知识为前提;这些原则指出事物的客观属性,并且只有在所有特定的时空条件凑在一起并 168 受一个人的心智的支配时,才能加以应用。换言之,他的技术只适用于根据客观事实确定的典型环境,而不适用于如何找出什么资源可以利用,或不同的需求中哪一个更为重要这种问题。他在客观可能性上训练有素,这与特殊的时空条件无关,他知道事物的客观属性,它们在任何地方都是一样的,他知道的这些属性不涉及特定的人类状况。

然而指出一点是很重要的,工程师把他的任务视为一个自足的整体,这在一定程度上只是幻觉。他在一个竞争社会中的处境,使他能够这样看待自己的任务,这是因为他能够把他当作自己的素材之一的、来自于整个社会的帮助视为既定的,他不必为此操心。他能够以既定的价格买到他所需要的物料和人力,只要他发给手下人薪水,他们便可保证自己的食物和其他必需品,他通常把这视为理所当然。由于他是把自己的计划建立在市场为他提供的条件上,这些计划才适应更为复杂的社会活动。由于他不必关心市场如何提供他所需要的东西,他才能把自己

法和辅助手段,也没有其他的功能,而这些方法和手段对于最终付诸行动是非常适用的。"转引自Franz Schnabel, *Deutsche Geschichte im neunzehnten Jahrhundert*(施纳贝尔:《19世纪德国史》)(1934), vol. 3, p. 222。此书是有关十九世纪德国思想史中这个以及其他许多问题的宝库。

① 限于篇幅,这里不能详细解释在准备一份工程蓝图时不管能够做到什么样的劳动分配或分工,它在一些重要方面仍是十分有限的,大大不同于非个人的社会过程所依靠的知识分工。我只能满足于指出,对于拟定工程计划的人必须达到的结果,不但要确定其准确的性质,而且为了使这种分工成为可能,还必须知道这种结果是能够以不超过最大成本而取得的。

的任务视为自足的。只要市场价格不出现意外的变化，他在自己的计算
169 中就能够以它们为指南，而不必过多考虑它们的意义。但是，即使他不得不对此有所考虑，它们也不具备与他所理解的其他事物相同的属性。它们不是事物的客观属性，而是反映着既定的时间和空间内的特定的人类状况。他的知识并不解释为何出现了对他的计划有影响的价格变动，任何这样的变动在他看来都是不合理的（即不受自觉支配的）因素，他讨厌不得不把注意力放在对他没有意义的大量因素上。因此，他一再提出的典型要求，是用“符合自然的”（in natura）计算[1]，即对事物的客观属性做出明确说明的计算，去代替以价格或价值为根据的“人为”（artificial）计算。

工程师觉得“不合理的”经济因素妨碍了他根据对事物之客观属性的研究实现自己的理想，而这种理想通常是具有普遍有效性的纯技术的最优方案。他很少认识到，他对这些特殊的方法有所偏爱，完全是他经常解决的那类问题所造成的结果，这种偏爱只有在特定的社会条件下才是正确的。机器的制造者最常见的问题是，利用受他支配的各种不
170 同机器，让既有资源提供最大的能量，于是这种能量最大化便被确立为一个绝对理想，一个自足的价值。[2]然而，以另一些要素为代价而去利用

① 有意思的是，这种“符合自然的”计算最坚定的支持者是奥托·纽拉特博士，他也是现代“物理学至上论”和“客观主义”的鼓吹者。

② 参见B. Bavinck, *The Anatomy of Modern Science*（巴温克：《剖析现代科学》），trans. H. S. Hatfield (1932)，其中的一段典型言论（见p. 564）是：“当我们的技术仍在研究用比现在的蒸汽和其他热力机更好的办法把热转变为功这种问题时……这并不是直接为了使能源生产更便宜，而首先是因为这种做法本身就是一个目的，即尽量增大热力机的热效能。如果提出的问题是把热能转化为功，那就必须以让尽可能多的热得到转化的方式去这样做。……因此这种机器设计者的理想是卡诺循环（Carnot cycle）的效率，即一个释放出最大理论效能的理想过程。”

不难理解，这种态度，以及想得出确定的计算的欲望，为什么经常使工程师希望建立一种“能量学（energetics）”体系。有人十分正确地说，“工程师世界观的特征，就是这种

众多限制着可能成就的要素之一,这当然算不上一项特殊的功劳。工程 171
师的“最优技术方案”,经常被证明仅仅是在资本供应不受限制或利率等于零时才能采用的方法,在这种条件下,我们当然可以致力于使当前的投入最大限度地转化为当前的产出。但是以此作为直接目标,等于忘记了只有把为当前需要服务的资源长期转移到设备的生产上,才能达到这种状态。换言之,工程师的理想是以不考虑最基本的经济事实为基础,而这种事实,即资本的匮乏,却决定着我们当下的处境。

利率虽然是个最少被人理解因此也最让人讨厌的因素,它却是作为非个人的因素起指导作用的价格之一,工程师的计划如果打算适应

能量学的世界观。”[L. Brinkmann, *Der Ingenieur*(布林克曼:《工程师》), Frankfurt, 1908, p. 16.]我们已经指出过这种唯科学主义的客观主义的典型表现,这里就没有必要再详细讨论它了。不过还是值得指出这种观点具有多大的普遍性和典型性,以及它的影响有多大。E. Solvay, G. Ratzenhofer, W. Ostwald、P. Geddes、F. Soddy、H. G. Wells、“技术派”以及L. Hogben这些人,不过是有影响的作者中的少数几位,“能量学”在他们的著作中都多少有着突出的作用。法国人和德国人对这场运动有若干研究:Nyssens, *L'énergetique*(尼森斯:《能量学》)(Brussels, 1908); G. Branich, *Principes de politique positive base sur l'energetique sociale de Solvay*(布兰尼奇:《以索尔维的社会能量学为基础的实证政治学原理》)(Brussels, 1918); Schnehen, *Energetische Weltanschauung*(施纳亨:《能量学的世界观》)(1907); A. Dochmann, *F. W. Ostwald's Energetik*(杜克曼:《奥斯特瓦尔德的能量学》)(Bern, 1908); 最杰出的文献则是Max Weber, “Energetische Kultlurtheorien”(马克斯·韦伯:“能量文化学”)(1909), 重刊于*Gesammelte Aufsätze zur Wissenschaftslehre*(1922)。它们都是不充分的研究,而且就我所知,它们都不是用英文写成的。

在我前面引用过的巴温克的著作的一节,列出了有关“技术哲学”的大量文献,大多数是德文,它们曾风行一时,其中最著名的是E. Zschimmer, *Philosophie der Technik*(齐默尔:《技术哲学》), 3th ed. (Stuttgart, 1933)。(类似观点也充斥于美国人Lewis Mumford的那些名著中。)这些德文文献作为一种心理学研究还是很有教益的。它们的共同特点是敌视一切经济考虑,试图实现技术理想以及赞美用管理工厂的方式对全社会进行组织。关于最后这一点,可特别参见F. Dessauer, *Philosophie der Technik*(德索威尔:《技术哲学》)(Bonn, 1927), p. 129。

172 整个社会活动的模式，他就必须服从这样的指导，他对这种价格限制感到不满，是因为它们反映着其“合理性”(rationale)不为他所理解的因素。它是自动记录人类各种复杂的知识和需求的符号(虽然这不是说它们不会出错)，如果个人希望跟系统内的其他人保持协调一致，他就必须予以注意。假如他不利用这种价格体系以简约的形式传达给他的信息，而是在所有情况下都回到客观事实，自觉地对它们进行考虑，这等于摈弃一种使他有可能自己局限在眼前的环境中的方法，而用另一种方法取而代之，它要求把全部知识集中于一个中心，并将其明确而自觉地纳入一个统一的计划。把工程学的技术运用于全社会，这当然要求那个领导者具备有关社会的全部知识，就像工程师具备其微观世界的全部知识一样。集中的经济计划不过是把这种工程学原理运用于整个社
173 会，它所依据的假设是，所有相关知识的全面集中是可以办到的。[①]

在继续思考这种合理组织社会的观点的含义之前，简单介绍一下商人或生意人的工作，大概有助于说明工程师的典型观点。这不但能进一步澄清利用分散在众多个人中间的知识这个问题的性质，而且有助于解释对商业活动的厌恶态度——表现出这种态度的不但有工程师，而且是我们整个一代人——以及相对于被不太正确地称为“分配”的活动而言，对“生产”的普遍偏爱。

跟工程师的工作相比，商人的工作更具有“社会性”，也就是说，它同另一些人的自由活动交织在一起。他为今天这样明天又那样的一些目标的取得做出一份贡献，他很难掌握服务于某种最终需求的全过程。他所关心的，不是他参与其中的整个过程的最终具体结果，而是最好地

---

① 鼓吹这种观点的人完全同意这一点，这可由它普遍存在于从圣西门到马克思和列宁的所有社会主义者中间得到证实，即整个社会应当完全按照现在管理一家工厂的方式进行管理。参见V. I. Lenin, *The State and Revolution* （列宁：《国家与革命》), Little Lenin Library (1933), p. 78: “整个社会应当变成一个机关和一间工厂，实行同工同酬”；关于圣西门和马克思，参见本书第12章注18。(参见中文本130页注③——编注)

利用他所了解的具体手段。他的特殊知识几乎完全是特定的时空环境内的知识,或是在某个既定领域内搞清楚这种环境的技能。虽然这种知 174
识不是可以用因果命题加以表述的知识,由于这个原因,它在科学时代只被视为一种低等知识,然而就一切实践的目的而论,它的重要性丝毫不亚于科学知识。可以把全部理论知识集中在几个专家的头脑中,因此可以被某个中央权力机构所利用,这也许并非不可想象之事。但是这种具体的知识,有关一时一地之情况的知识,除非分散在众多的个人中间,是不可能存在的。一种具体的原料或设备在什么时候能够最有效地得到利用,或在什么地方能够最迅速或最便宜地获得,这方面的知识对于具体问题的解决,就像有关最好的材料和设备的知识一样重要。这种知识同工程师所研究的事物的不变属性毫无关系,而是涉及到具体的人类条件的知识。以考虑这些事实为职责的商人,有可能和工程师的理 175
想、他的计划和他的厌恶态度不断发生冲突。[①]

可见,保证我们的资源能够得到有效利用的问题,在很大程度上是如何使一时一地的具体知识得到最有效利用的问题;合理的社会秩序的设计者所面对的任务,是要找出如何使这些分散的知识得到最好的利用。这使得人们通常把这个问题说成是如何利用"现有"资源以满足"现有"需求的问题。但是,不管是"现有"资源还是"现有"需求,都不是工程师在自己有限的领域里所处理的事实那种意义上的客观事实:一个从事计划的机构,根本不可能直接掌握它们的全部相关细节。只有通过一些了解它们的人,对实践目标有用的资源和需求才有可能存在,所有的人加在一起所知道的事情,要大大多于哪怕是最有能力的权力机构所能知道的事情。[②]因此,成功的做法不能以直接处理客观事实的权

---

① 关于这些问题,参见我的"知识在社会中的利用"一文,载*American Economic Review 35*, no. 4 (September 1945), 后收进*Individualism and Economic Order*(《个人主义与经济秩序》)(Chicago: Univeristy of Chicago Press, 1948), pp. 77—91。

② 在这个方面切莫忘记,经常被视为中央政府能够据以做出决策的统计学总量,是在故意不考虑特殊时空环境的情况下得出的。

力机构为基础，而是必须以利用分散在社会所有成员中的知识的方法为基础,在任何特定的场合,这个权力机构既不知道谁拥有这种知识,也不知道它存在于何处。因此,要想使它得到利用,就不能自觉地把它
176 纳入一个统一的整体,而是只能利用某种机制,它把具体的决策留给拥有这种知识的人去做,并为此向他们提供有关一般环境的信息,使他们能够最好地利用只有他们自己了解的那些具体条件。

这正是各种不同的"市场"所发挥的作用。虽然它们的每个参与者只知道一种商品可能的供应来源或其用途的一小部分，他们却是直接或间接地联系在一起，他们的相互关系使价格记录下了影响供需之全部变化的相关净结果。[①]我们若想理解市场和价格的功能,就必须把它们视为以简约或浓缩的形式向关心某种具体商品的所有人提供信息的手段。它们使众人的知识得到利用,而无需先把它们集中于某个单一机构，它们使我们在一个竞争系统中看到的决策分散化和决策的相互调整成为可能。

要想取得这种不是以某个全面的唯一知识系统或设计者的缜密推
177 理为基础,而是只能以许多人的分立的知识为基础而产生的结果,那么社会组织者的任务就与组织现有物质资源的任务有着根本的不同。单独一个头脑顶多只能知道全体个人所知道的事情中的一部分，这个事实限定了对不自觉的社会过程之结果进行支配的范围。人类并没有自觉设计这一过程,而只是在它形成之后,才逐渐认识到这一过程。但是,有些不但不依靠自觉控制其运动过程，而且不是出于自觉设计的事情,也可以带来可取的结果,这是个让自然科学家觉得似乎难以接受的结论。

178 道德科学倾向于向我们表明我们的自觉控制受到这些限制，而自

---

① 对这个问题的有益的讨论,见K. F. Mayer, *Goldwanderungen*（迈耶尔:《黄金的流通》）（Jena, 1935）, pp. 66—68, 也可参见我的论文“经济学与知识”, *Economica*（February 1937）, 后收入*Individualism and Economic Order*, pp. 33—56。

然科学的进步则不断拓宽自觉控制的范围，于是自然科学家经常发现自己跟道德科学的教诲发生冲突。尤其是经济学，在受到采用的方法不同于自然科学的指责后，又因为它揭示了自然科学家用来不断拓展我们征服和主宰自然的技能的局限性而受到加倍的指责。

道德科学与这种在科学家和工程师那儿被大大强化了的人类强烈本能之间的冲突，使它的教诲十分不受人欢迎。伯特兰·罗素对这种立场有出色的描述："有计划的建设所带来的欢愉，是那些要把智力与权力结合在一起的人最强大的动机之一；只要是能按计划来建造的东西，这种人就会努力建造它……创造的欲望本身并不是理想主义的，因为它是热爱权力的一种形式，当存在这种创造的权力时，有人就会打算利用这种权力，即使不假外力的大自然所产生的结果，能够胜过任何精巧的意图。"[①]不过这段话是见于题为"人工创造的社会"一章，而罗素本人似乎支持这种趋势，他认为，"任何社会，除非精心建立起一种达到特定目标的结构，不然就不能被视为一个完全科学的社会。"[②]大多数读者都能理解这段话的意思，它准确表达了一种唯科学主义的哲学。由于它的普及，它对当前的社会主义倾向的形成起着比任何经济利益的冲突更大的作用；那些冲突虽然造成某种问题，但未必意味着一种具体的解决办法。就社会主义运动中的大多数知识分子领袖而论，也许至少可以正确地说，他们所以成为社会主义者，正如德国社会民主党领袖倍倍尔所言，是因为在他们眼里社会主义是"可以把清醒的意识和全面的眼光运用于人类活动全部领域的一门科学"。[③]这种社会主义方案实际上来自 179

① 罗素：《科学的世界观》，1931, p. 211。

② 同上。假如这段引文中的"特定目标"这个说法，不是被用来指事先确定的具体结果，而是指个人在任何时候希望提供的东西的能力，即假如计划的内容是一种能够服务于众多目标和需要的机制，而它们又不受针对特定目标的"自觉"支配，那么对它也可以从无可反驳的角度加以解释。

③ A. Bebel, *Die Frau und der Sozialismus* （倍倍尔：《妇女和社会主义》），13th ed.

于唯科学主义的哲学，对这一点的证明只能留待详细的历史研究。我们在这里主要是想表明，在这个领域，纯粹的知识谬误可以在多大程度上深刻影响人类的整个前景。

不愿意放弃任何自觉控制能力的人似乎无法理解，放弃控制的权力（它肯定总是一些人对另一些人的权力），对于整个社会来说只是一种表面的放弃，是要求个人做出的自我否定，以便增强物种的能力，释放无数的个人知识和能力——一个从上面进行自觉支配的社会，是根
180 本无法利用它们的。我们这一代人的巨大不幸是，自然科学令人称奇的进步所导致的对支配的兴趣，并没有帮助我们理解这个我们只是其中一部分的更大过程，或使我们认识到在不支配这个过程也不服从别人命令的情况下，我们如何不断地为共同的努力做着贡献。要想理解这一点，需要做出一种与控制物质材料所必需的努力有着不同性质的认知努力，传统的“人文科学”在这种努力中至少有一定的实践作用，而如今盛行的教育形式所提供的这种教育似乎越来越少。我们的技术文明越是进步，不同于对人及其观念的研究的对物的研究越是获得更为重要而有影响的地位，这两种类型的心智之间的分裂就变得越发严重：一种类型的代表是这样的人，他们最大的雄心是把自己周围的世界改造成一架庞大的机器，只要一按电钮，其中每一部分便会按照他们的设计运行；另一种类型则是以这样的人为代表，他们主要关心的是人类心智的全方位发展，他们从历史或文学、艺术或法律的研究中认识到，个人是一个过程的一部分，他在这个过程中做出的贡献不受支配，而是自发的，他协助创造了一些比他或其他任何单一的头脑所能筹划的东西更

（1892）, p. 376:“社会主义是一种具有明确的意识和丰富的知识、可广泛应用于人类日常生活各个领域的应用科学。” 另见E. Ferri, *Socialism and Positive Science*（费里:《社会主义与实证科学》）, trans. from Italian ed., 1894。第一个明确认识到这种关系的人，似乎是M. Ferraz, *Socialisme, naturalisme et positivisme*（费拉茨:《社会主义、自然主义和实证主义》）（Paris, 1877）。

伟大的事物。可悲的是，单纯的科学或技术教育未能提供的，正是这种 181
身为社会过程一分子的意识，这种个人的努力相互作用的意识。难怪许多受过这种教育的更为活跃的人，迟早会强烈反抗他们的教育所包含的缺陷，产生出在社会中贯彻一种秩序的热情，然而他们用自己所熟悉的手段，根本没有能力发现这种秩序。

最后，也许有必要再次提醒读者，我们这里所说的话，只是反对滥用科学；不是反对专业领域中合格的科学家，而是反对在他没有资格的领域运用他的思维方式。在我们的结论与合理的科学之间不存在冲突。我们得出的主要教训，跟科学方法最敏锐的研究者通过考察知识的全部领域所得出的教训是一样的，即："科学教会了我们谦卑，我们根本不可能全知全能，无所不通，这就像一切伟大宗教的教诲一样：人不是神，
也绝对不可能变成神，在神的面前，他必须俯首称臣。"① 182

① 柯恩：《理性与自然》，p. 449。有意思的是，我们所讨论的这场运动的主要成员之一，德国哲学家费尔巴哈，明确选择了"人就是人的上帝"这个相反的原则作为他的座右铭。

第二部分

科学的反革命

时代偏好于理智的统治,而非自由的统治。

——阿克顿勋爵

十一
唯科学主义狂妄态度的根源：巴黎综合工科学院

一

当人们沿着一条给他们带来巨大胜利的道路继续走下去时，他们也有可能陷入最深的谬误。对自然科学成就的自豪感,以及对其方法万能的信念,在十八世纪末和十九世纪初得到了无与伦比的辩护,在聚集着几乎当时全部大科学家的巴黎尤其如此。因此,十九世纪的这种对待人类社会现象的新态度，如果说应当归因于由思索并从物质上征服自然中产生的一种思维习惯，我们便可以期待它出现在现代科学大奏凯歌的地方。对此我们是不会失望的。在十九世纪改变了社会思想的两股强大的精神力量——现代社会主义和我们更乐于称为唯科学主义的现 185
代实证主义——是在巴黎形成的一个专业科学家和工程师团体的直接产物，更具体地说，是一个体现着这种独特新精神的新机构的直接产物,它就是巴黎综合工科学院。

人所共知,法国启蒙运动的特点,在于它对自然科学表现出一种前所未有的普遍热情。伏尔泰堪称牛顿崇拜的鼻祖,后来圣西门又把这种崇拜推到了荒唐可笑的地步。这种新的热情不久便结出了伟大的硕果。最初的兴趣是集中在和牛顿的巨大声望相关的题目上。从克莱劳和达朗贝尔，还有欧拉这些当时最伟大的数学家那儿，牛顿很快便找到了杰出的继承者，继他们之后的拉格朗日和拉普拉斯，亦是毫不逊色的巨人。随着拉瓦锡——他不但是现代化学的奠基人，还是伟大的生理学家——和略逊一筹的生物学家布丰的出现，法国开始在自然知识的所有重要领域中独领风骚。

伟大的《百科全书》，是把新的科学加以统一和通俗化的一次重要尝试，而达朗贝尔为这本巨著所写的"序言"（1754），力求追溯各门科学
186 的兴起、进步和亲缘关系，不仅可以视为此书的导论，而且是整个时代的序言。这位伟大的数学家和物理学家，为开辟力学革命的道路做了大量工作，到十八世纪末时，他的学生拉格朗日沿着这条道路，终于把数学从所有形而上学观念中解放出来，对整个学科重新做了阐述，完全不提终极原因或隐蔽的力量，仅仅描述使各种作用联系在一起的定律。① 在任何科学中，再没有哪一步如此清楚地反映着那个时代科学运动的趋势，或是有着比它更大的影响或象征意义。②

但是，当这一步还在它得到最著名表现的领域中酝酿之时，达朗贝

---

① 达朗贝尔充分意识到了他所支持的这种趋势的意义，而且预见到后来的实证主义，认为它会明确谴责一切不是以提出实证真理为目的的行为，甚至会建议"应把一切纯粹思辨的主题作为毫无益处的工作，排除在健康状态之外"。但是他并没有把道德学说包括在内，甚至像他的老师洛克一样，认为它是和数学一样的先验科学，其中包含着同样的确定性。关于这些问题，见G. Misch, "Zur Entstehung des französischen Positivimus"（米什："法国实证主义的形成"）, *Archiv für Philosophie, Abt. 1, Archiv für Geschichte der Philosophie, vol. 14* （1901），特别是pp. 7, 31, 158; M. Schinz, *Geschichte der franz(sischen Philosophie selt der Revolution, Bd. 1, Die Anfänge des französischen Positivismus* （辛茨：《大革命后的法国哲学史》，第一卷：《法国实证主义的起源》）(Strasbourg, 1914), pp. 58, 67—69, 71, 96, 149; H. Gouhier, *La jeunesse d' Auguste Comte et la formation du positivisme*（古耶：《孔德的青年时代和实证主义的形成》）(Paris, 1936), vol. 2, introd.。

② 参见E. Mach, *Die Mechanik in ihrer Entwicklung*（马赫：《力学的发展》）, 3d ed. (1897), p. 449。

尔的同代人杜尔哥已经注意到它所反映出的一般趋势，并对此做了描述。这位二十三岁的年轻人，在索邦巴黎大学1750学年开始和结束时发表的那些语惊四座、才华横溢的演说，以及在同一时期的《论普遍史》的 187
草稿中，概述了我们的自然知识的进步如何伴随着一个逐渐摆脱各种拟人论的过程；这种拟人论当初曾使人们根据自己的形象，把自然现象解释成由于某个与自己类似的头脑而获得生命的世界。这种后来成为实证主义主要论点，并最终被错误运用于有关人类自身的科学的观点，因被德·布罗斯校长冠以“拜物教”(fetishism)之名而广为人知[①]。它一直以这个名称流传于世，直到后来被拟人论和万物有灵论所取代。但是杜尔哥走得更远，而且在这一点上完全是孔德的先辈，他描述了这个解放过程如何经历三个阶段，对自然现象的解释，先是假设它们是由某个看不见的、与我们相似的理性生物所创造，然后又采用了本质和功能这类抽象概念，最后是“通过观察物体相互间的力学作用，提出了能够用数学加以表述并由经验加以证实的假设”。[②] 188

不时有人指出[③]，达朗贝尔、杜尔哥以及他们的友人和学生拉格朗日和孔多塞，已经对法国实证主义的大多数主要观点做过阐述。就这种学说中大多数正确的和有价值的思想而言，这无疑是正确的，尽管他们的实证主义因一种强烈的法国理性主义色彩而不同于休谟的思想。由于没有机会更全面地讨论这个方面，这里也许应当强调一下，在法国实证主义的整个发展过程中，或许是由于笛卡尔的影响，这种理性主义因

---

① 见他的名著*Du culte des dieux fétishes*（《物神崇拜》）(1760)。

② *Oeuvres de Turgot*（《杜尔哥著作集》）, ed. Daire (Paris, 1844), vol. 2, p. 656。也可参考该书601页处的内容。

③ 详细的分析，请特别参见本章注1（参见中译本108页注①——编注）中提到的米什的文章以及辛茨和古耶的著作。另见M. Uta, *La théorie du savoir dans la philosophie d'Auguste Comte*（乌塔：《孔德哲学中的知识理论》）(Paris: Alcan, 1928)。

189 素始终发挥着重要作用。①

然而必须指出，十八世纪的这些伟大的法国思想家，几乎没有表现出把这种唯科学主义的思想方法毫无根据地推行到社会现象中去的任何迹象，而这后来却成为那个学派的典型特征——也许杜尔哥有关哲学史的某些观点除外，孔多塞的最后建议中的一部分内容就更不在此列。不过，他们谁也不怀疑用抽象的理论方法研究社会现象的合理性，他们仍然是忠实的个人主义者。观察一下杜尔哥——休谟也是如
190 此——是件特别有意义的事情，他既是实证主义的奠基人之一，又是抽象经济理论的奠基人之一，但后来人们却用实证主义来反对这种经济理论。不过，在某些方面事与愿违，这些人中的大多数所开启的思想训练，造成了一种与他们自己的观点十分不同的对于社会问题的观点。

孔多塞的情况尤其如此。他和达朗贝尔和拉格朗日一样也是数学

① 为了避免让人产生错误的印象，这里也许还应当强调，法国大革命的自由主义当然不是建立在对市场机制的理解上，而是建立在自然法和对社会现象的理性主义—实用主义的解释上，它基本上是斯密以前的一种解释，卢梭的社会契约论是它的典型代表。随着圣西门和孔德成为古典经济学的公开反对派，人们当然可以把这种差别追溯到譬如说孟德斯鸠与休谟之间、魁奈与斯密之间或孔多塞与边沁之间的差异。像孔狄亚克和萨伊一类的法国经济学家，基本上追随着和亚当·斯密一样的趋势，从未对法国政治思想发挥过堪与斯密在英国的影响媲美的影响。由此造成的结果是，从早先的理性主义社会观，即把社会视为人类自觉的创造物的观点，到试图根据科学原理重建社会的新观点，这一发生在法国的变化，并没有经历一个社会自发力量的作用得到普遍理解的阶段。革命者的理性崇拜，反映着人们普遍接受实用主义的社会制度观——这与斯密的观点截然相反。从某种意义上确实可以说，这种把理性当作具有普适性的创造者加以崇拜，导致了科学的胜利和对社会问题的新态度；同样也可以说，它是受了科学技术的胜利所造成的新思维习惯的影响。唯科学主义即便不是法国大革命的直接产物，它至少也是从这种使休谟、斯密以及（在较小程度上）边沁和哲学激进派的英国自由主义与当时大多数法国政治思想家有所不同的理性主义中产生的。关于这一点，见我的*Individualism and Economic Order*（《个人主义和经济秩序》）（Chicago University Press, 1948）一书的第一篇文章。

家，却明确地转向政治理论与实践。虽然他把政治学理解为“人类科学中唯一可把我们带向普遍真理的手段”[1]，但是他不但十分关心用全面观察来协助这项工作，而且不时表露出这样的想法：自然科学的方法似乎是唯一合理的研究社会现象的方法。这尤其是因为他希望把自己所钟爱的数学，特别是刚创立的概率计算，运用于他的第二个兴趣领域，这导致了他日益强调对可以观察和计算的社会现象的研究。[2]早在1783年，在他成为法兰西学院院士时所做的就职演说中，便表达了后来逐渐受到实证主义社会学偏爱的观点，即关于一个观察者的观点，在这人看来，自然现象和社会现象出现在同一个视野之内，因为“这个观察者是我们这种动物的局外人，会像我们研究海狸和蜜蜂一样研究人类社 191
会”。[3]尽管他承认这是个难以企及的理想，因为“观察者本人也是人类社会的一员”，他却不断劝说学者“把自然科学的方法和哲学引入道德科学”。[4]

然而，他最为精华的建议见于他的《人类精神进步史表纲要》。正如人们所说，这是十八世纪的一部经典之作，当时那种无节制的乐观主义，在此书中得到了最新和最出色的表述。他在一幅有关整体历史的宏伟蓝图中追溯人类的进步，领悟到一门能够预见人类未来进步并可加快和引导这一过程的科学。[5]但是，若想确定能让我们预测未来的定律，

---

① 见Condorcet, *Esquisse d'un tableau historique des progrès de l'esprit humain*（孔多塞：《人类精神进步史表纲要》), ed. O. H. Prior (1793; Paris, 1933), p. 11。

② 参见他的*Tableau général de la science qui a pour object l'application du calcul ausx sciences politiques et morales, oeuvres*(《以把计算运用于政治和道德科学为目的的科学大纲》), ed. Arago (Paris, 1847—1849), vol. 1, pp. 539—573。

③ 同上，p. 392。

④ Condorcet, *Rapport et projet de dècret sur l'organization gènerale de l'instruction publique*（孔多塞：《关于公共教育之普遍组织方法的报告和方案》), ed. G. Compayre (1792; Paris, 1883), p. 120。

⑤ 孔多塞：《纲要》, ed. Piror, p. 11。

历史必须不再是个人的历史，而是要变成群体的历史，同时它还必须不再是对个别事实的记录，而是必须建立在系统的观察上。[①]对于这种把一幅有关人类未来命运的蓝图建立在人类历史成果上的努力，有什么
192 理由把它视为空想？“自然科学知识的唯一基础就是这样的认识：支配着万物的已知或未知的普遍规律，是必然而永恒的规律；这一原理对于人类的知识和道德能力，和它对于另一些自然行为相比，为何就应当少一些真实性呢？”[②]有关历史发展的自然规律的想法，以及集体主义的历史观就这样诞生了，它不仅是一种大胆的建议，而且在一个至今绵延不绝的传统中一直伴随着我们。[③]

二

孔多塞本人成了大革命的牺牲者。但他的著作在很大程度上指引着那场革命，尤其是它的教育改革，这只是新世纪之初巨大的、制度化和集权制的科学组织的一项成果，它创造了科学进步史上最为荣耀的一个时期，不但成为我们更为关心的唯科学主义的诞生地，而且对法国
193 的科学地位在这个世纪的相对衰落也可能负有很大责任，使它从无可质疑的世界第一的地位，变得不仅落后于德国，而且落后于其他一些民族。就像这类运动经常发生的情况一样，只是到了第二代或第三代，伟人的弟子们才惹下祸患，他们夸大老师的思想，错误地将其用过了头。

大革命的直接后果在三个方面对我们有着特别的意义。首先，现有

---

① 孔多塞：《纲要》，p. 200。

② 同上，p. 203。这段名言，也是穆勒《逻辑学》第六卷“论道德科学的逻辑”所引用的箴言。

③ 值得一提的是，这位对十九世纪后期被视为“历史意识”、即包含着所有形而上学副产品的“Entwicklungsgedanke”（发展观）思想的产生负有很大责任的人，也是在一篇著述中对销毁法国贵族史文献大加庆贺的人。“今天，理性焚毁了证明一个等级之虚妄的无数卷帙。还有一些遗物仍保留在公共和私人图书馆里。它们也必须被全部销毁。”

制度的崩溃，要求立刻运用正确反映着理性——它是那场大革命的女神——的全部知识。正如恐怖时期的末期涌现出的各种新科学杂志之一所言："革命把一切夷为平地。政府、道德观念、风俗，要进行全盘重建。这是建筑师的多么壮丽的工地！这是多么巨大的机会：利用一切仍停留在思考中的精致而出色的思想，利用过去无法利用的如此多的材料，去清除那些数百年来人们不得不加以适应的障碍。"[①]

对于大革命的第二个后果，我们只能做简短的讨论，即原有的教育 194
制度被彻底摧毁并建立了全新的制度，它对整个下一代人的世界观和一般观点造成了深远的影响。第三个更为具体的结果，即巴黎综合工科学院的建立。

大革命清除了主要以古典教育为基础的旧的学院和大学体制，在做了一些短暂的试验之后，大革命于1795年用新的"中心学校"(écoles centrales)取代了它们，成为中等教育的唯一中心。[②]与主流精神相一致，由于对旧学校的反对过于激烈，这些新学校有几年几乎完全只限于讲授科学科目。不但古代语言被减少到最低限度，实际上几乎完全被忽略，甚至文学、语法和历史教育也变得十分次要，道德和宗教教育当然无影无踪。[③]若干年后一次新的改革，虽然力求弥补某些最严重的缺
陷[④]，然而那些学科教育数年的中断，已足以改变整个知识气氛。圣西门 195
在1812年或1813年对这种变化的描述是："在这个方面，三十年前的状

---

① *Décade philosophie* (《哲学旬报》)(1794), vol. 1, 转引自Gouhier, *la jeunesse d'Auguste Comte*, vol. 2, p. 31。

② 见E. Allain, *L'oeuvre scolaire de la révolution, 1789—1802*(阿兰:《革命时代的学校工作，1789—1802》)(Paris, 1891); C. Hippeau, *L'instruction publique en France pendant la révolution* (希佩:《革命时期法国的公共教育》)(Paris, 1883); F. Picavet, *Le idéologues*(皮卡维:《意识形态学家》)(Paris, 1891), pp. 56—61。

③ 见阿兰:《革命时代的学校工作》, 前引书, pp. 117—120。

④ 1803年后，古代语言至少在拿破仑的公立中学(lycées)中得到了部分恢复。

况和今天的差别是,就在不久前,假如有人想了解一个人是否受过出色的教育,他会问:‘他对自己的希腊语和拉丁语作家的知识如何?’而今天他会问:‘他的数学如何?他了解物理学、化学和自然史的成就吗?一句话,他熟悉实证科学和观察性科学的成就吗?’”①

于是成长起了这样一代人,向他们传授的是社会智慧的伟大储备库,即最伟大的头脑所创立的理解社会过程的唯一形式,而所有时代的伟大文学,都成了一部合上的书。历史上首次出现了一种新型的人,后来这种人作为德国六年制学校(Realschule)和类似机构的产物,在十九世纪末和二十世纪变得如此重要和得势,即那些因为受过严格的学校教育而被视为有学问的技术专家,然而他们对于社会、对它的生命、它的成长、它的问题和价值,所知甚少或一无所知,因为只有历史、文学和
196 语言研究,才能提供这样的知识。

三

大革命时期的国民公会不仅在中学教育中,甚至在高等教育中,创立了一种新制度,它很快就变成固定的制度,并且成了普天效仿的楷模:综合工科学院(Ecole polytechnique)。大革命时期的征战,以及一些科学家能够在生产必要装备上提供帮助②,导致了对训练有素的工程师的新的赞赏态度;最初这是出于军事目的,但是工业进步也引起了人们对机器的新兴趣。科学技术的进步,使人们对技术研究表现出广泛的热情,这反映在一些社团的成立上,如“技术爱好者协会”(Association philotechnique)和“综合工艺协会”(Société polytechnique)。③在此之前,高

① H. de Saint-Simon, “Mémoire sur la science de l'homme”(圣西门:“关于人类科学的回忆”)(1813), 见*Oeuvres de Saint-Simon et d'Enfantin*(Paris, 1877—1878), vol. 40, p. 16。

② 尤其是生产火药用的硝酸钾。

③ 见Pressard, *Histoire de l'association philotechnique*(普雷萨德:《技术爱好者协会史》)(Paris, 1889), 另见古耶:《孔德的青年时代和实证主义的形成》, p. 54。

等技术教育一直局限于专科学校，如桥堤学校和各种军校。画法几何的创始人、革命时期的海军部长和后来拿破仑的朋友蒙日，就曾在一所这样的军校里教书。他鼓吹这样的构想：一所独一无二的庞大学校，所有层次的工程师都应在其中接受他们的共同学科的教育。[①]他把这个想法告诉了"胜利的组织者"、他昔日的学生拉扎尔·卡诺，此人并不是自然科学家和工程师。[②]这两人在1794年建立的新机构中留下了他们的印迹。这所新建的巴黎综合工科学院（不顾拉普拉斯的建议）[③]与同时创建并从事理论教学的巴黎高等师范学院相反，主要从事应用科学的教育， 197

① 关于综合工科学院的建立和历史，见A. Fourcy, *Histoire de l'Ecole polytechnique*（福熙：《综合工科学院史》）(Paris, 1828); G. Pinet, *Histoire de l'Ecole polytechnique*（皮耐：《综合工科学院史》）(Paris, 1887); G.-G. J. Jacobi, "Über die Pariser polytechnische Schule (Vortrag gehalten am 22. Mai 1835, in der physikalisch-ökonomischen Gesellschaft zu Königsberg)"（雅可比："巴黎综合工科学院"）, in *Gesammelte Werke*(Berlin, 1891), vol. 6, p. 355; F. Schnabel, *Die Anfänge des technischen Hochschulwesens*（施纳贝尔：《综合工科学院的起源》）(Stuttgart, 1925); F. Klein, *Vorlesungen über die Entwicklung der Mathematik*（克莱因：《数学发展讲义》）(Berlin, 1926), vol. 1, 63—89。

② 卡诺在1783年便出版了《机械通论》(*Essays on Machines in General*)[1803年第2版更名为《均衡运动基本原理》(*Principes fondamentaux de l'équilibre du mouvement*)]，他在该书中不但鼓吹拉格朗日的新机械观，而且提出了"理想机械"的构想，其中没有任何东西脱离使这架机器运动的力量。他的著作在很大程度上为其子萨蒂·卡诺这位"能量科学奠基人"的工作铺平了道路。他的另一位小儿子希波莱特，是圣西门团体的主要成员之一，也是我们后面还要谈到《圣西门教义》(*Doctrine de Saint-Simon*)一书的真正作者。父亲拉扎尔·卡诺终其一生都是圣西门的赞赏者和保护人。正如阿拉格在谈到拉扎尔时所说，他"总是用像他在论机器的著作中一样精确的语言，与（阿拉格）讨论社会的政治组织"。见F. Arago, *Biographies of Distinguished Men*（阿拉格：《名人传》）, trans. W. H. Smith, etc. (London, 1857), pp. 300—304, 另见E. Dühring, *Kritische Geschichte der allgemeinen Principien der Mechanik*（杜林：《普通力学原理批判史》）, 3d. ed. (Leipzig, 1887), pp. 258—261。

③ L. de Launay, *Un Grand français, Monge, fondateur de l'Ecole polytechnique*（德·劳耐：《法国伟人蒙日，综合工科学院的奠基人》）(Paris, 1933), p. 130。

198 而且在它存在的最初一二十年里一直如此。全部教学都围绕蒙日的学科，即画法几何或绘制蓝图的技能——我们可以证明它对工程师的特殊意义——甚至比同类学校更为严重。[①]这所学校最初基本上是按民间学校的思路组建的，但是后来拿破仑却赋予它一种纯粹军事组织的形式，他在其他方面不论多么喜欢它，却坚决反对自由设立课程，甚至连文学这种无伤大雅的学科，他也只是勉强表示同意。[②]

不过，尽管有这些学科上的限制，尽管在其早年的学生教育中限制更为严重，这所学院却招募到一批教员，他们的名望大概超过了古往今来欧洲的任何其他学校。拉格朗日是它的首批教授之一，虽然拉普拉斯不是那儿的常任教员，却与该校，包括它的理事会主席，有着千丝万缕的
199 联系。蒙日、傅立叶、普朗尼和庞索，都是它的第一代数学和自然科学教师；延续着拉瓦锡工作的贝托莱以及另一些名望稍次的人[③]讲授化学。在新世纪开始时接手的第二代人中间，包括这样一些名字：泊松、安培、盖—吕萨克、阿拉格、泰纳尔、柯西、菲涅耳、马吕——姑且只提其中最著名的人物。无独有偶，他们几乎全是该校的学生。这所学校只存在了几年就在全欧洲名声大噪，1801至1802年的第一次短暂和平，便吸引了沃尔塔、拉姆福德伯爵和亚历山大·冯·洪堡前往这所新的科学殿堂朝圣。[④]

① 参见A. Comte, "Philosophical Consideration on the Sciences and Men of Science"（孔德："对科学和科学人的哲学思考"）, in *Early Essays on Social Philosohy*, New Universal Library（London, 1825）, p. 272。他在此文中说，他知道的"唯一能够提供（有关适合于工程师阶层之特殊存在的典型学说的）准确思想的，就是启人心智的蒙日在其《画法几何》中的理论，他在该书中提出了建造工艺的一般理论。"

② 雅可比：《著作集》, p. 370。

③ 富柯罗伊、沃克兰、夏皮塔尔。

④ 1808年3月，洪堡抵达巴黎（表面上是为一项外交使命）后不久，便给他的一位朋友写信说："我在巴黎综合工科学院和杜伊勒利宫消磨我的时光。我游览了校内，晚上和早晨我都在那儿度过，我和盖—吕萨克同寝一室。"见K. Bruhns, *Alexander von Humboldt*（布伦斯：《亚历山大·冯·洪堡》）（1872）, vol. 2, p. 6。

四

这里不是长篇大论讨论与这些名字联系在一起的探索自然活动的地方。我们所关心的，只是它们所导致的这种盛极一时的普遍精神，以及它们所造成的一种印象，即人类的理性能力不存在局限性，人类有望 200
驾驭和控制过去一直威胁着他们、令他们胆战心惊的一切力量。最清楚地表达着这种精神的，也许莫过于拉普拉斯在其《论或然性哲学》中的一段著名言论，它表达了一种有关世界公式的鲁莽观点："一个在既定时刻知晓自然运动之全部因素以及组成自然的全部物体之位置的头脑，假如能够把这些素材全部纳入它的分析，它就能够把宇宙中的最大物体和最小原子的所有运动纳入一个唯一的公式；对于他来说，不存在不确定的东西；未来和过去在他眼里是一样的。"①如今已经十分明显的是，这种对有着唯科学主义头脑的一代人起着严重迷幻作用的思想②，不但是在描述一种无法实现的理想，而且是从我们为特定的自然现象所确立的原理中毫无道理地演绎出来的。如今，现代实证主义者自己也 201
认为，这是一种"形而上学虚构"。③

---

① Laplace, "Essai philosophique sur les probabilités"(拉普拉斯："关于概率的哲学论文")(1814), in *Les maitres de la pensée scientifique* (Paris, 1921), p. 3。

② 例如见Abel Transon, *De la religion Saint-Simonienne: Aux elèves de l'Ecole polytechnique*(特兰松：《圣西门教：综合工科学院的学生们》)(Paris, 1830), p. 27的引文。另见本书第12章注15(参见中译本129页注⑧——编注)。

③ 见O. Neurath, *Empirische Soziologie* (纽拉特：《经验社会学》)(Vienna, 1931), p. 129; K. Popper, *Logik der Forschung* (波普尔：《发现的逻辑》)(1935), p. 183; P. Frank, *Das Kausalgesetz*; and R. von Mises, *Probability, Statistics and Truth*(米瑟斯：《概率、统计学和真理》) (1939), pp. 284—294。这种实证主义精神同样典型的表现，而且在传播这种精神上有着同样大影响的，是拉普拉斯对拿破仑的回答。当被问及他的《天体力学》中为何没有出现上帝的名字时，他回答说："我不需要这个假设。"

巴黎综合工科学院的全部教学都渗透着拉格朗日的实证主义精神，它所采用的课程和教科书，统统以他的著作为范本，对此有人已做过很好的描述。[1]但是，就综合工科学院派的一般观点而言，大概更为重要的是，它的全部教学都贯穿着一种明确的实践倾向，即这样一个事实：它所讲授的所有学科，都侧重于在实践中的应用，全体学生都力求以军事或市政工程师的身份，运用自己的知识。于是培养出了一种有着自己的典型观念、抱负和局限性的工程师类型。助长了——随着时间的
202 推移，甚至取代了——年轻的综合工科学院派之革命热情的强大新因素，是不承认任何未经精心构筑的任何事物的意义的综合精神，是从军事和工程两方面的实践中产生的对组织的热衷[2]，是对优于“自然生长的”事物的自觉建立的事物的偏爱。这种新型的人，正如有人所说，“为他们在一切政治、宗教和社会问题上持有比任何人都更简明、更令人满意的解决方案而自豪”[3]，他们“敢于像在综合工科学院受过教育的人建造桥梁或道路那样，建造一种宗教”[4]。早就有人指出过他们的这些特点，也时常有人谈到他们成为社会主义者的倾向。[5]这里我们只限于指出，正是在这种气氛中，圣西门设想出了一些有关重组社会的最初的、也是最异想天开的计划，正是在综合工科学院里，在它存在的最初二十

---

① 杜林：《普通力学原理批判史》，569页及以下内容。

② 巴尔扎克在他的小说(《女人的另类研究》)中，在谈到不同时期的典型词汇[例如“organiser”(组织者)]如何丰富了法语之后，又补充说，这是个“令拿破仑极为着迷的帝国用语”。

③ E. Keller, *Le général de la Moricière* (凯勒尔：《莫里西埃的将军》)，转引自皮耐：《综合工科学院史》，p. 136。

④ A. Thibaudet语，转引自古耶：《孔德的青年时代和实证主义的形成》，vol. 1, p. 146。

⑤ 见阿拉格：《名人传》，vol. 3, p. 109; F. Bastiat, *Baccalauréat et socialisme* (巴斯蒂亚：《业士学位和社会主义》)(Paris, 1850)。

年里，奥古斯特·孔德、普罗斯佩·昂方坦和维克多·孔西德朗，以及成百上千的圣西门主义者和傅立叶主义者接受了教育，此后还有整个十九世纪一系列的社会改革家，直到乔治·索雷尔。[①]

然而，必须再次指出的是，这所学校的学生不管有什么倾向，那些使巴黎综合工科学院名扬四海的大科学家，并没有犯下这样的错误，即把他们的技能和思维习惯，毫无道理地扩展到不属于他们自己的领域。 203
他们本身很少关心人和社会的问题。[②]这是当时也颇有影响并受到赞赏的另一批人的领地，然而这些人继承十八世纪的社会科学传统的努力，最终还是被唯科学主义的大潮所吞没，他们因政治迫害而沉默不语。这是这些意识形态学者（ideologues）——他们这样称呼自己——的不幸，他们的名称将被歪曲成跟他们所赞成的观点相反的流行话语，他们的思想将落入年轻的工程师之手，被他们歪曲得面目全非。

五

一个有趣的事实是，我们正在谈论的这个时期的法国学者，应被分为两个“泾渭分明的群体，他们只有一个共同之处，即他们都名声显赫”。[③]一个群体是巴黎综合工科学院的那些教授和考官——我们对他们已有所了解——和法兰西学院的那些人。另一个群体是生理学家、生物学家和心理学家，他们大多与医学院有关，以意识形态学者闻名 204
于世。

当时法国引以自豪的大生物学家，并非都属于这后一个群体。在法

① 见G. Pinet, *Ecrivains et penseures polytechniciens*（皮耐：《综合工科学院的作家和思想家》）(Paris, 1898)。

② 参见拉瓦锡和拉格朗日的文章，载于Daire, *Mélanges d'économie politique*（戴尔：《政治经济学文集》），2 vols.（Paris, 1847—1848），1: 575—607。

③ 见阿拉格：《名人传》，vol. 2, p.34。他在这里指出，安培（从所受的教育说，他是个生理学家）是把这两个团体联系在一起的少数几人之一。

兰西学院，比较解剖学的创始人居维叶，大概也是他们中间最著名者，立场十分接近于纯粹的科学家。他所阐述的生物科学的进步，可能大大助长了纯科学方法万能论的信念。以往似乎难以精确处理的大量问题，已被证明可用相同的方法加以解决。①如今声望比他更大的另外两位生物学家，拉马克和乔弗里·圣伊莱尔，一直处在这个生物学家群体的边缘，并不关心对作为思维动物的人的研究。不过，卡巴尼斯、曼·德·贝兰
205 和他们的朋友德斯蒂·德·特拉西，以及德约朗多，则把这种研究当作他们工作的中心问题。

"意识形态学"②，根据这个群体所采用的含义，仅仅是指对人类观念和人类行为，包括人的生理结构和心理结构之间的关系的分析。③这群人的灵感主要来自孔狄亚克，他们的研究领域，是由"生理心理学的

---

① 关于居维叶的影响，见J. T. Merz, *A History of European Thought in the Nineteenth Century*(梅尔茨:《十九世纪欧洲思想史》)(1906), vol. 1, pp. 136以下各页。此处（见154页）引用了居维叶《1789年以来自然科学进步的历史说明》(*Rapport historique sur le progrès des sciences naturelles depuis* 1789, Paris, 1810)中以下这段典型的言论:"唯有试验，唯有根据重量、尺寸和计算，通过对所采用的一切物质和得到的一切物质加以对比而进行的试验，是今天进行推理和证明的唯一合理的途径。因此，即使避免使用计算的自然科学，也为服膺于数学的精神、无一例外地运用聪明的方式而自豪。它们不会使自己陷入倒退的危险。"另见Lord Acton, *Lectures on Modern History*(阿克顿勋爵:《近代史演讲录》), pp. 22, 338n, 82。

② A. C. Thibaudeau ［*Bonaparte and the Consulate*（蒂博杜:《波拿巴与执政府》), (1843; trans. G. K. Fortescue, 1908), p. 153］指出，虽然"ideologues"（意识形态学家）和"ideologie"(意识形态学)这两个词通常被归于拿破仑的发明，但最初是由德斯蒂·德·特拉西在其《意识形态学要义》(*Elements d'idéologie*, 1801)第一卷中作为专门术语采用的，在法国，"意识形态学"这个词至少早在1684年就已为人所知。

③ 关于整个意识形态学派的情况，全面的阐述参见G. K. Picavet, *Les idéologues, Essai sur l'histoire des idées et des théories scientifiques, philosophiques, religieuses, en France depuis 1789*（皮卡维:《意识形态学家:1789年以来法国的科学、哲学和宗教学说

奠基人"卡巴尼斯在其《论自然界和人类道德》(*Rapports du physique et du moral de l'homme*, 1802)中划定的。他们对于把自然科学方法用于人类多有讨论,但是这仅仅意味着他们打算不带成见地研究人,对人的目的和归宿并没有做过云山雾罩的思辨。然而这没有阻止住卡巴尼斯及其友人,他们把一生中的大量精力花在分析人类的"意识"(idea)上, 206
"意识形态学"(ideology)便是由此得名。他们也没有表现出对内省的合理性的怀疑。虽然这群人的第二位首领,德斯蒂·德·特拉西,建议把整个意识形态学视为动物学的一部分[①],但这并未妨碍他把自己完全局限于其中的一部分,他把这一部分称为"理性的意识形态学"(idéologie rationelle),与此相对应的是"生理学的意识形态学"(idéologie physiologique),前者包括逻辑学、语法和经济学。[②]

卡巴尼斯尤其反复强调,物理学必须成为道德科学的基础[③];但是就他而言,这也仅仅是指必须根据精神活动的生理学基础做出解释,而且他总是承认"人类科学"有三个各不相属的部分:生理学、观念分析和道德。[④]不过就社会问题而言,卡巴尼斯的著作仍然主要是纲领性的, 207

史》)(Paris, 1891),以及这篇文章初次发表后出版的E. Cailliet, *La Tradition littéraire des idéologues* (凯里耶:《意识形态学家的文学传统》)(Philadelphia, 1943)。就像当时德国人使用的"人类学"一样,这个词也有很宽泛的含义。关于德国的意识形态学家,见F. Günther, "Die Wissenschaft vom Menschen, ein Beittag zum deutschen Geistesleben im Zeitalter des Rationalismus"("论人的科学,它对理性主义时代德国精神生活的贡献"),载*Geschichtliche Untersuchungen*, ed. K. Lamprecht(1907), vol. 5。

① 皮卡维,《意识形态学家》, p. 337。

② 同上,p. 314。

③ 同上,p. 250。另见pp. 131—135,此处记述了卡巴尼斯这项努力的先驱沃尔内。1793年沃尔内出版了《法兰西公民教义问答》(Volney, *Catéchisme du Citoyen Français*),后来变成了《道德的自然规律或物理原理》(*La loi naturelle ou les principes physiques*),他在书中徒劳地想把道德改造成一门物理科学。

④ 皮卡维,《意识形态学家》, p. 226.

德斯蒂·德·特拉西则做出了十分重要的贡献。我们这里只需提到一点：他对(经济学中的)价值以及价值效用之间的关系所做的分析，沿袭了孔狄亚克奠定的基础，但他走得更远，提供了英国古典政治经济学所没有的，并且有可能使它免于陷入它后来遇到的困境的内容——一种正确的价值学说。其实可以说，德斯蒂·德·特拉西(还有后来继承他这项工作的路易·萨伊)领先半个世纪预见到了社会理论中最重要的一项进步，即主观的(或边际效用的)价值学说。①

的确，他们这个圈子之外的另一些人，在把自然科学方法用于社会现象上走得更远，尤其是"人类观察家协会"(Société des observatuers de l'homme)，在居维叶的巨大影响下，把社会研究仅仅局限于记录观察所得，这让人想起我们今天那些类似的组织。②不过大体上说，这些意识形态学者无疑保留了十八世纪法国哲学家最好的传统。当他们在巴黎综合工科学院的同事成了拿破仑的赞赏者和朋友，并从他那里得到了一
208 切可能的支持时，这些意识形态学者仍然坚持担当个人自由的捍卫者，结果让那个暴君大为震怒。

六

使获得了一种新含义的"意识形态学者"这个称呼广为人知的，正是拿破仑，他喜欢用这个字眼来表明他对那些捍卫自由、反对他的人的
209 轻蔑。③他并不满足于自己对这个词的滥用。这位比他的所有效仿者更

① 关于德斯蒂·德·特拉西，见H. Michel, *L'Idée d'état*（米歇尔：《国家的观念》）(Paris, 1895), pp. 282—286; 关于路易·萨伊，见A. Schatz, *L'Individualisme économique et social*(沙茨：《经济和社会个人主义》)(Paris, 1907), p. 153 以下各页。

② Picavet, 同前引书, p. 82。

③ 见拿破仑对1812年12月20日国务委员会例会的答复，转引自Pareto, *Mind and Society*（帕累托：《精神与社会》), vol. 3, p. 1244，他引自*Moniteur universel* (Paris), December 21,1812："我们美丽的法兰西遭受的一切不幸，都是因为'意识形态学'，都是因

明白“从长远看刀剑终将败于精神”的大人物，把他“对一切政治讨论和教学的厌恶”，[①]毫不犹豫地落到了实处。经济学家萨伊是意识形态学者团体中的一员，有几年还担任该团体杂志《哲学旬刊》(*Décade philosophique*)的主编，是感受到铁腕力量的第一人。当他拒绝修改其《政治经济学》中的一章以迎合那位独裁者的意志时，第二版便遭查禁，作者也被赶出了法案评议委员会(tribunat)。[②]1806年，德斯蒂·德·特拉西不得不请求杰斐逊总统，保证他至少能出版自己《论法的精神》(*Commentaire sur l'esprit des lois*)的英译本，因为此书在他自己的国家不允许发表。[③]稍早(1803年)，法兰西学院的整个第二学部，即道德和政

为那种迷雾般的形而上学，它自作聪明地想找出第一因，并把国家的立法建基于其上，而不是使法律符合我们所了解的人心和历史教训。这些谬误只会导致血腥的统治，而且事实上已经如此。是谁用甜言蜜语哄骗人们，把他们无力行使的主权强加给他们？是谁不是把法律建立在神的正义原则、事物的本性以及民法的公正性上，而是单纯建立在一个由个人组成的议会的意志上，而这些人无论对民法还是行政、政治还是军事规律，一概一窍不通，从而毁灭了法律的神圣和对法律的敬畏之心？当有人听到重建国家的召唤时，他只能遵循永远相互冲突的各种原则。不同的立法制度的利弊，必须到历史中去寻找。”另见H. Taine, *les origines de la France contemporaine* (泰纳：《当代法国的起源》) (1876), vol. 2, pp. 214—233。还可引用一位主要的圣西门主义者的典型言论，这并不是因为它有历史的正确性——这是令人怀疑的——而是因为它揭示了它在下一代人眼里的意义：“1793年后，科学院接过了权杖，数学家和物理学家取代了文学家：蒙日、富柯罗伊、拉普拉斯……(成了)思想王国中的权贵。在同一时期，拿破仑这位法兰西学院力学部的成员，把18世纪哲学的嫡系子孙扼杀于摇篮之中。”见P. Enfantin, *Colonisation del'Algérie*(昂方坦：《阿尔及利亚的殖民化》)(1843), pp. 521—522。

① 见A. C. Thibaudeau, *Le Consulat et l'empire* (蒂博杜：《执政府和帝国》)(Paris, 1835—1837), vol. 3, p. 396。

② 见J. B. Say, *Traite d'économie politique* (萨伊：《政治经济学》), 2d ed. (1814), Avertissement。

③ 见G. Chinard, *Jefferson et les idéologues* (希纳尔：《杰斐逊和意识形态学家》)(Baltimore, 1925)。

治科学部，都受到了压制。[1]结果是，在1802年要求学院的三个学部加以
210 培养的学科，一直被排除在伟大的《1789年以来科学和艺术的现状与进步概览》(*Tableau de l'état et progrès des sciences et des arts depuis 1789*)之外。这就是这些学科在帝国统治下的处境的标志。这些学科的教学受到阻碍，整整一代年轻人，是在对过去的成就盲然无知的状态下长大的。出现了一个不受过去积累的研究成果约束的新起点。看待社会问题有了新的角度。达朗贝尔十分成功地用于物理学，稍后又在化学和生物学中取得了同样成功的方法，现在被用于人的科学。其结果我们逐
211 渐就会明白。

① 见梅尔茨：《十九世纪欧洲思想史》，p. 149。

十二
“观念的助产士”:圣西门

一

亨利·德·圣西门伯爵的早期训练和经历，很难说赋予了他科学改革家的资格。不过可以相信，当1798年他三十八岁[①]，在巴黎综合工科学院对面找了个地方住下，从此开始向世人诠释科学进步对社会研究的重要意义时，他已经是个阅历丰富的人，但很难说他在科学研究方面也是这样。他的早年生活直到最近才为世人所知[②]，远不及他本人和弟子 213
向我们讲述的大量传闻那样激动人心，但是直到不久以前，这些传闻几乎一直是我们有关他年轻时代的仅有信息。这些传奇故事告诉我们，他是查理曼大帝的子嗣，达朗贝尔督导过他的教育，贴身男仆每天都要用

① 这个日期不是十分准确，因此年龄亦是如此。

② 见H. Gouhier, *La jeunesse d'Auguste Comte et la formation du positivisme*, vol. 2, *Saint-Simon jusqu'à la restauration*（古耶：《孔德的青年时代和实证主义的形成》第二卷：《复辟时代以前的圣西门》）(Paris, 1936)。此书对圣西门四十五岁前生平的记述，超过了所有以往的传记，包括以下这些最优秀的著作：G. Weill, *Un précurseur du socialisme, Saint-Simon et son oeuvre*（维尔：《社会主义的先驱：圣西门及其著作》）(Paris, 1894); M. Leroy, *La vie veritalble du comte de Saint-Simon, 1769—1825*（勒鲁瓦：《圣西门伯爵生平实录》，1769—1825）(Paris, 1925)。

这样的话唤醒这位胸怀壮志的年轻人："Levez-vous, Monsieur le Comte, vous avez de grandes choses à faire."("起床吧，伯爵大人，有大事等着你去做呢。")这些事并非全无可能。但是可以肯定地说，在他成年后的前二十年里，他过着冒险家的生活，就像许多纨绔子这段时间一定会做的一样，只是其活动范围和紧张程度，在他的同代人中间几乎无人可比罢了。

他获准在法国军队中任职后不久，立刻便随拉法耶特去了美洲，四年后战事停止，他便申请退役。甚至在此之前，我们就发现他梦想着凿通巴拿马地峡。不久后他加入荷兰远征军跟英属东印度作战，同时更为具体地关心着在西班牙开凿运河的计划。大革命使他回到了巴黎，以公民波诺姆的身份宣誓放弃自己的军衔，举止就像个极端派中的无套裤党人。但是时隔不久，便出现了更加有利可图的冒险机会。在出售教会地产时，我们发现他是最活跃的掮客之一，用借来的钱大肆投机，成了
214 一名通货膨胀中的大奸商，他从不小看到手的任何一笔生意，甚至打算兜售巴黎圣母院屋顶上的铅制品。也难怪恐怖时期他会身陷囹圄。据他本人说，正是在这段时间，他下定决心做个哲学家。可是他在获释之后，又选择了金融而不是形而上学思考。他的资金来源（一名萨克森外交官）只要继续为他提供充足的资本，他便在所有风险事业上都要一试身手，例如组建一家驿站马车行、零售红酒、制造纺织品，乃至制造把可憎的国王和王后换成艺术和自由女神的"共和派"扑克牌。他的计划甚至更具野心。他似乎已在着手建设一家大工厂，他至少深入思考过一家"天下独一无二的"商业和金融联合企业。1797年英法在里尔进行的交涉中，他是法国财政利益的代言人。

但是，当他的合伙人在1798年回到巴黎，要求出示账目时，所有这些活动便戛然而止。圣西门当然明白上流生活意味着什么，掌管其宅邸的是舒瓦瑟尔公爵的前任管家，厨房则由一名同样闻名遐迩的大厨掌勺。然而所有这些开销都是记在共同账目上，这不免令那位好心肠的萨
215 克森公爵心烦。他撤出了自己的资金，圣西门依然拥有一笔数目相当可

观的财产,但已不足以支撑进一步的巨额冒险,于是他觉得,退出商业活动,今后在知识领域里谋取功名,更为可取。

我们不必怀疑,在这个失望的活动家的头脑里,已经形成了有关重建社会的种种计划;也不必奇怪,他不久便发现,自己的全部经历并没有为他提供使他能够详细阐述这些设想的知识。于是他决定“拿自己的金钱获取科学知识”。[①]就在这个时期,他花了三年时间与巴黎综合工科学院的师生密切交往,多年全力支持过他的大数学家泊松,把他当成自己的养子。

圣西门为自己选择的并不是那种寻常的学习方法。他觉得,自己头脑的可塑性已不足以再去学习系统的课程,于是选择了较为轻松的餐桌谈话形式。他请教那些他希望其知识对他有益的学者,甚至他结婚娶妻似乎也只是为了一个目的,即维持一个能够得体地款待大学者的家。 216
据说,曾经享受过他的款待的,有拉格朗日、蒙日、贝托莱,当1801年后他觉得自己已经完成力学教育,搬到巴黎综合工科学院附近时,大概还有高尔、卡巴尼斯和毕夏。然而,这种学习方式所能提供的知识,似乎只有很成问题的价值。在后来的生活中,我们这位英雄向他的一位朋友抱怨说:“学者和艺术家吃的不少,谈的却不多。餐后我坐在沙龙角落一把舒适的椅子上昏昏欲睡。多亏了我的夫人,用优雅的应酬和兴致维持着体面。”[②]

也许只是由于他感到这样的投入划不来,故决定减少损失,或是因为在他看来另一次婚姻是更具吸引力的教育方式,不管真相如何,他搬

① “我把金钱花在学习科学上;场面气派,备以美酒,极为殷勤地款待那些我为其慷慨解囊的教授,为的是能够获得我希望得到的全部技能。”见勒鲁瓦:《圣西门伯爵生平实录》,p. 210。

② Leon Halévy, “Souvenirs de Saint-simon”(阿累维:“回忆圣西门”), *La France littéraire* (March 1832)。部分内容收入G. Brunet, *Revue d'histoire économique et sociale* (1925), p. 168。

到一个新的住处后不久，不光宴会，连婚姻也结束了。他对自己的妻子解释说，“世上的头号男人应当娶世上的头号女人为妻”，所以他十分抱歉地请她离开。斯塔尔夫人成为寡妇一个月后，圣西门便发生了婚变。
217 斯塔尔夫人在一本点燃了圣西门想象力的书中，曾一味鼓吹“实证科学”，强调“政治科学仍然有待创立”[①]，这是否纯属巧合？据说，他甫获自由，便匆匆赶往日内瓦湖畔的科贝特，提出了如下建议：“夫人乃天下最不同凡响的女子，吾乃天下最不同凡响的男子；我们结为连理，定能生下一个更不同凡响的孩子。”传奇故事又补充说，他还提议他们应在气球上庆贺他们的婚礼。至于他遭到拒绝的说法，则是人言言殊。

二

瑞士之旅也是圣西门第一次发表著作之时。1803年，他在日内瓦出版了《一个日内瓦居民致同代人的信》(*Lettre d'un habitant de Genève à*
218 *ses contemporains*)[②]，这本小册子以匪夷所思的夸大方式，复活了伏尔泰式的牛顿崇拜。它开篇就建议，应当到牛顿墓前捐出一笔钱款，用于一项伟大的“牛顿委员会”计划，每个捐献者都有权为它提名三个数学家、三个物理学家、三个化学家、三个生理学家、三个文学家、三个画家和三个音乐家。[③]这二十一名学者和艺术家是由全人类选出，并由得票

---

① Madame de Staäl, *De la littérature considérée dans ses rapports avec les institutions sociales*（斯塔尔夫人：《论文学和社会制度的关系》）(1800)；这句话转引自“Discours préliminaire”, 3d ed. (1818), vol. 1, p. 58和vol. 2. pt 2, p. 215。

② 见*Oeuvres de Saint-Simon et d'Enfantin*（《圣西门和昂方坦著作集》）(Paris, 1865—1878)（以下引用此书时略为OSSE）, vol. 15, pp. 7—60, 圣西门著作中的几乎所有重要段落，都被收入*L'Oeuvre d'Henri de Saint-Simon*（《圣西门著作集》）(Paris, 1925)。下面注释中的页码，前面是指OSSE，后面括号中是指1925年那个独立的版本。关于不同版本和手稿的复杂历史，见古耶：《孔德的青年时代和实证主义的形成》，p. 224以下各页。

③ OSSE, vol. 15, p. 11(3)。

最多的数学家领导[1]，他们同心协力充当上帝在人间的代表[2]，他们将剥夺教皇、红衣主教、大主教和给他们办事的教士，因为这些人不理解上帝赋予他们的有朝一日能把人间再次变为天堂的神圣科学。[3]最高牛顿委员会分成不同的部门，由它们来划分世界，各地也要建立类似的牛顿委员会，它们必须组织对牛顿顶礼膜拜的仪式，在各地的牛顿庙中，从事研究和授课。[4]

圣西门是在同一时期的一份未刊稿中首次谈到这种新“社会组织”，为
何要建立这种组织呢？[5]因为统治着我们的仍然是那些不理解宇宙的普遍 219
规律的人。“生理学家必须从他们的团体中赶走哲学家、道德学家和形而上学家，正像天文学家要赶走星象学家，化学家要赶走炼金术士一样。”[6]最有资格的首先是生理学家，因为“我们都是有机体；通过把我们的社会关系作为生理现象看待，我才构思出了我提供给各位的方案”。[7]

不过，生理学家本身尚未完全达到科学的境界，他们尚未发现如何能够让自己的科学像天文学那样，通过把科学建立在上帝主宰宇宙所采用的唯一规律即万有引力定律上，而使它达到完美。[8]牛顿委员会的

① OSSE，p. 51（55）。

② 同上，p. 49（53）。

③ 同上，p. 48（52）。

④ 同上，pp. 50—53（54—58）。

⑤ 见*Lettres*（《通信集》），ed. A. Pereire, pp. xv, 93。

⑥ OSSE, vol. 15, p. 39（39）。

⑦ 同上，p. 40（40）。

⑧ 同上，pp. 39—40，55(39, 61)。有意思的是，圣西门这段赞扬万有引力定律的话，预示着拉普拉斯那条著名的世界定理［同上，p. 59(67)］：“假设你们已经获知物质运动在任何时候采取的方式，假设你们知道了宇宙的计划，你们就会清楚地看到这项计划是万有引力定律在发挥作用，你们能够成功地预见（就像数学知识使你们能够做到的一样精确）宇宙中发生的一切变化。”虽然拉普拉斯直到1814年才发表他的定理，但我们无疑可以假定，这一思想在他1796年的授课中已经为人所知，他后来为这些讲义补充上了一篇包含着这段话的导言。

220 任务就是运用它的精神力量，使人民理解这一定律。然而它的任务远不限于此。它不但要证明天才人物，即科学家、艺术家和一切有自由观点的人是正确的[①]，它还要说服人民中间的第二等级有产者和第三等级无产者。圣西门尤其把他们视为自己的朋友，他要说服他们接受自己这项建议，因为它是避免这两个阶级发生冲突——由事物的性质所定，这必然存在于他们之间——的不二法门。[②]

所有这些都是上帝亲自给予圣西门的启示，上帝晓谕他这位先知，他已让牛顿伫立于自己身边，授权他启蒙所有星球上的居民。在一段著名的话里，这种教诲达到了顶点，它是后来圣西门学说中许多内容的起源："人人都应工作；他们应把自己视为劳动者，隶属于一个工场，对其工作要进行指导，要根据我的神圣预见来引导人类的智力。最高牛顿委
221 员会将领导他们的工作。"[③]对于落实他的中央集权制机构的教导所要采用的手段，圣西门没有感到丝毫不安："不服从命令者将被其他人视为四足动物。"[④]

为了言简意赅，对于圣西门这第一本小册子所表达的毫无章法、凌乱不堪的思想，我们必须给它多少理出一点儿头绪。这是一个自大狂幻

---

① OSSE，p. 26 (23)。

② 同上，p. 28 (25)。

③ 同上，p. 55 (61)。另参见p. 57 (65)："要让每个人承担起责任，使他的个人才能受到对人类有益的领导；穷人的手继续养活富人，但富人也要遵照命令，用他的头脑成为劳动者，假如他的头脑不适合劳动，他就应当用双手成为劳动者；因为在这个星球(它只是太阳的邻居之一)上，牛顿肯定不会保留那些在工场里无用的工人。"当然，第一次出现在这里的这种按工场模式组织社会的思想，后来对所有的社会主义文献都产生了重大影响。尤其参见G. Sorel, "le syndicalisme révolutionaire"(索雷尔："革命工团主义"), in *Mouvement socialiste*, November 1 and 15, 1905。另参见Marx , *Das Kapital*(马克思：《资本论》), 10 th ed., vol. 1, chap. 12, sect. 4, pp. 319—324。

④ *Lettres*(《通信集》), ed. A. Pereire, p. 54。为他编辑作品集的学生，谨慎地把这段话删除了。

想家的宣泄,他萌生了一些半生不熟的念头,每时每刻想让世界注意到自己被埋没的天才,注意到为他的工作出钱的必要性,他从来没有忘记给自己这位新宗教的创立者授予终身把持所有委员会的大权。①

三

这第一本著作出版后不久,圣西门发现自己已经囊空如洗。随后几年,他因生活日趋困顿,便强迫其友人和合作者为自己慷慨解囊,似乎 222
还不乏勒索之举。他向如今有权有势的旧友——比如拿破仑的礼宾总监塞古尔公爵——发出的请求,只给他带来了典当行誊写员这样一个令人不齿的可怜职务。六个月后,体弱多病的他遇到了自己过去的贴身男仆,这人把他带回自己家中。在这位忠实的仆人去世前,有四年的时间(1806到1810年),他一直为自己过去的主人提供一切生活所需,甚至承担了印刷圣西门第二本著作的费用。

似乎就是在这一时期,圣西门比过去做了更广泛的阅读。至少《十九世纪科学著作概说》(*Introduction aux travaux scientifiques du XIXe siècle*)②显示,他对当时的科学文献知之甚广,尽管不免十分肤浅和片面。主题依然如故,但他所建议的方法却有所改变。在科学能够组织社会之前,必须先对科学本身进行组织。③于是,牛顿委员会现在变成了一部伟大的新《百科全书》编委会,它要把全部知识加以系统化并统一起来:“我们必须从物理主义的观点对其进行全面的评估和整合。”④这种 223
物理主义(physicism)不仅是一种新的一般科学方法,它还要成为一种

---

① OSSE, vol. 15, p. 54 (59)。

② 两卷本(1807—1808)。其导论未被编入OSSE, 只能到*Oeuvres de choisies de C.-H. de Saint-Simon*(《圣西门选集》)(Bruxelles, 1859)中查找,见该书vol. 1, pp. 43—264。

③ 《选集》, vol. 1 (“我的公文包”): “找到一种科学的综合,它把这些对新要素的信条统一在一起,成为重组欧洲的基础。”

④ 同上,p. 219; 另见pp. 195, 214—215, 223—224。

新宗教，虽然最初只适用于有教养的阶层。[1]它要成为宗教从多神论经过“自然神论”向物理主义进化的第三个阶段。[2]不过，物理主义至今为止虽然已有历时七百年的发展，依然没有大获全胜[3]。这是因为过去的工作，尤其是法国百科全书派的工作，只从事批判和破坏。[4]为了伟大的皇帝拿破仑——“人间的科学教主，就像他是它的政治教主一样”——“这个时代最能动的人”，要把科学体系组织在一部与拿破仑的名望相称的百科全书中。[5]在他的领导下，“科学教会(atelier scientique)”中的“物理学教团”将撰写一部著作，它将使物理主义条理化，利用推理和观
224 察，找出永远指导人类的原则。[6]除皇帝之外他这个最伟大的人，给自己安排的任务是做他的“科学助理，做笛卡尔第二，在他的领导下，这个新学派的工作将会惊天动地”。[7]

几乎无须说，这部著作并不比第一本更有章法。在力求做到连贯一致的徒劳努力之后，它很快便成了圣西门的案头文件里各种互不一致的说明的大杂烩。正如他本人在自传大纲中所描述的，他放弃了最初构画出的雄心勃勃的计划，这是由于缺少金钱，或像他在别处也承认的那

---

① 《选集》,p. 214:“我认识到一种新宗教对于维持社会秩序的必要性；我坚信有神论是有用的，我相信物理主义尚未牢固建立起来，足以成为一种宗教基础。我认为，现实的力量要求存在两种不同的信仰：物理主义用于有教养的人，自然神论用于无知阶层。”

② 圣西门不加区分地用“自然神论”(deism)和“有神论”(theism)来指“一神论”(monotheism)。

③ 同上,p. 195。

④ 同上,p. 146。

⑤ 同上,p. 61。

⑥ 同上,p. 243—244。

⑦ 同上,pp. 231, 236。笛卡尔这时成了大英雄，因为我们这位总是随波逐流的人已经变成了粗暴的理性主义者，他哀叹仍在败坏着法国科学的英国的主导地位，他要赋予法国人以首创精神。这本著作是对拿破仑向法兰西科学院提出的有关1789年以来法国科学进步状况的问题的答复。

样,是由于对这项计划而言他尚不成熟。[1]但是,此书尽管缺陷很多,却不失为一部可圈可点之作。它第一次把现代科学组织者的几乎所有特点集于一身。对物理主义[现在他称之为物理学主义(physicalism)]和采用“物理语言”[2]的热情,统一科学并使其成为道德基础的努力,对一切“神学的”即拟人论的推理方式的蔑视[3],组织别人的工作的欲望(特别是通过编一部伟大的百科全书),用科学方式全面规划生活的愿望,无 225
不表现于其中。有时人们会觉得,自己是在读一本出自威尔士、刘易斯·芒福德或奥托·纽拉特这类当代人的著作。其中也不乏对思想危机和道德混乱的抱怨,而克服之道必须是采用一种新的科学信条。较之《一位日内瓦居民的信》,此书当然正像其反动同伙博纳尔称呼这场运动时所说,更堪称第一部最重要的“科学反革命”文献[4],后来这在圣西门的誓言中得到了更加公开的表达,他要通过自觉的重组社会“终止革命”。它既是现代实证主义也是现代社会主义的开端,而这两者最初都是明确反动的和威权主义的运动。

这一本为他的科学家同行撰写的概说并未发表,只印了不多的数量在巴黎综合工科学院的成员中散发。获赠此书的那些大科学家虽然对它不屑一顾,他却在一些品质差不多的短文中,继续呼吁他们的帮助。我们对于此后几年各种无足轻重的作品可以忽略不计,它们主要讨论的是有关一部百科全书的计划;在这个时期我们发现,除了先知式的大言不惭 226
之外,在粗暴对待自己过去大加赞赏的拉普拉斯方面,这位大天才又逐渐暴露出一种典型的虐待狂,他怀疑后者对于他被人忽视负有责任。[5]

① OSSE,vol. 15, pp. 71, 77。

② 同上,p. 112。

③ 同上,p. 217:“关于神的观念无非就是关于人类普遍理性的观念。”

④ 见W. Sombart, *Sozialismus und Soziale Bewegung*(桑巴特:《社会主义和社会运动》), 7th ed. (1919), p. 54。

⑤ OSSE,vol. 15, pp. 42, 53—56。

四

直到1813年,圣西门的著述再无重要进展。他忠心耿耿的贴身男仆去世后,他再次陷入绝望的贫困。他忍饥挨饿,最后患上了危险的疾病。他的老相识,一个公证人,为他治好了病。此人与家人谈妥一项计划,根据这项计划,他得放弃全部遗产,作为回报他可以得到一小笔年金。圣西门又过上了差强人意的舒适生活后,工作便进入了一个新阶段。在争取物理学家合作的希望破灭后,他离开了那些"粗人、无足轻重的人、代数家和算学家"[①],他不再承认他们有权自认为人类科学进步的卫士,他采取了自己第一部著作中的另一条思想路线,他再次转向生物学家。

在《对人类科学的回忆》(*Mémoire sur la science de l'homme*)(此书的一部分仍然保留了"论万有引力"这个标题)中,他的问题再次成为,
227 如何能够用自然科学[②]的方法去研究作为人类科学之一部分的生理学,从而能够在从"猜测"阶段向"实证"阶段的进步中跟上那些科学的步伐。[③]道德和政治科学作为生理学的一部分和它的最高峰,也必须和人的科学一起成为实证科学[④],因此必须完成"从思考支配着自然科学的不同分支中的现象的众多特殊规律,向思考支配所有这些现象的唯一规律的过渡"[⑤]。在做到了这一点,从而所有专业科学都变成实证科学之后,普遍性的科学,即哲学,也会成为实证的。[⑥]它最终将成为新的精神力量,它必须仍然单独存在,因为这是无法改进的分工。[⑦]利用对这种"实证体系"的组织,我们将明确进入人类历史的第三个伟大时代,第一

① OSSE, vol. 40, p. 39。

② 同上, p. 17。

③ 同上, pp. 25, 186。

④ 同上, p. 29。

⑤ 同上, pp. 161, 186。

⑥ 同上, p. 17。

⑦ 同上, pp. 247, 310。

个或初级的时代已随苏格拉底而结束，而第二个或猜测的时代一直延续至今。[①]

我们能够观察到的观念的发展,使我们可以预见它们未来的动向。[②]既然“对社会影响最大的因素是观念,即普遍信念的改变和完善”[③],所 228
以我们能够做得更多，我们能够创立一门历史学说，一门普遍的人类史,它不但涉及过去和现在,而且涉及未来。圣西门在论人类科学的第三篇回忆录中,提供了这种有关人类精神之过去、未来和现在的简史。这是“曾经浮现于他头脑中的最幸福的念头”,“这种认识令他着迷”[④],不过那时他并未对它做进一步的阐发。从他在1814年以前的大多数著作来看,这种想法仍然只是对将来才会出现的事物的展望,是对他打算从事的工作的一个构想,而《回忆》本身仍是一堆没有头绪的素材,充满了各种互不相关的细节和奇思怪想，人们所以能够从中概括出一些成熟的观点,仅仅是因为他们了解其后的发展。

五

随着圣西门于1814年发表下一部著作《欧洲社会的重组》[⑤],整个状况突然为之一变。从这以后,涌现出了大量冠以他的名字的著作和小册子,它们系统地阐述各种思想,有时甚至写得相当出色。在经历了又一 229
个不堪忍受的不幸时期,在被怀疑为精神病房的地方经过治疗后,他确

---

① OSSE,p. 265。

② 同上,p. 172。

③ 同上,p. 161。

④ 同上,p. 287。

⑤ *De la réorganisation de la société européenne ou de la nécessité et des moyens de rassembler les peuples de l'europe en an seul corps politique en conservant à chacun son indépendance nationale*, 署名是“圣西门及其弟子梯叶里”,vol. 15, pp. 153—248; 新版本A. Pereire (Paris, 1925)。

实又有了找到一个新起点的能力。可是,这位五十五岁的人极不可能一下子便获得了流畅表达思想的天赋。人们不禁会认为,从那时起他可以得到一些年轻合作者的可靠帮助,并且这些年轻人的作用超出了仅仅阐述其思想的范围。

这些年轻助手中的第一人,即作为他的合著者和学生出现在《重组》一书扉页上的人,是后来的历史学家奥古斯丁·梯叶里,当时十九岁。这个梯叶里,也就是后来成为一个新的史学学派领袖的那个人;该学派把历史阐述成群众的历史和阶级利益冲突的历史,并在这方面对卡尔·马克思有过深刻影响。①

他和圣西门首次合作写下的小册子,对于我们没有多大意义,虽然它因鼓吹英法联盟而赢得了一定的知名度,认为这个联盟在德国归顺之后,可以发展成有一个共同议会的欧洲联邦。法兰西帝国的失败和正
230 在维也纳进行的交涉,使圣西门把自己重组社会的主要思想运用于全欧洲,但落实这种设想与年老的圣西门并无多大关系,只有一些偶尔出现的奇思怪想除外,其中像这样的句子:“黄金时代不是在我们的身后,而是在我们的前面,它将通过完善社会制度而实现”,后来成了圣西门主义者的箴言,这已广为人知。②

圣西门和梯叶里的合作维持了两年。在拿破仑百日政变期间,他们先是写文章反对拿破仑,后来又反对同盟国。始终是圣西门赞美者之一的伟大的卡诺临时掌权,在军械厂给圣西门谋了个助理图书馆员的差

---

① 梯叶里、米涅和基佐的著作的意义,有关讨论见G. Plechanow, “Über die Anfänge der Lehre vom Klassenkampf”(普列汉诺夫:“阶级斗争学说的起源”), *Die neue Zeit* (1902), vol. 21。另见C. Seignobos, *La méthode historique*(塞格诺伯斯《历史方法》), 2me ed. (1909), p. 261: “正是他(圣西门),为奥古斯丁·梯叶里提供了基本思想。”

② OSSE, vol. 15, p. 247。这句话以“盲目的传统至今一直认为存在于过去的黄金时代,其实是在我们前面”的形式,最初作为箴言见于圣西门的《文学和哲学观》,后又成为圣西门主义者的《生产者》杂志的箴言。

使,同样也为时不长。[1]滑铁卢战役后,他又一度陷入贫困。不过,如今他已经在新一代的银行家和工业家中有了一些财运亨通的年轻朋友,他 231
可以依靠他们。此后对工业的热情便取代了对科学的热情;或至少可以说,原来的所爱虽未完全忘却,但他现在发现了一股新的势力,值得让它在科学发挥的精神力量之外发挥其世俗的力量。他发现,较之求助于科学家或讨好皇帝,赞美工业可以得到更好的回报。法兰西银行行长拉菲特是提供帮助的第一人。他为圣西门搞到了数目相当可观的一笔钱,每月一万法郎,用于创办一份名为《与商业和制造业结盟的文学和科学产业》(*L'Industrie littéraire et scientifique ligué avec l'industrie commerciale et manufacturière*)的新杂志。

在这个新主编的身边聚集了一批年轻人,他成了一个学派的首领。最初,组成这个团体的大多数是艺术家、银行家和工业家——其中不乏十分杰出和有影响的人。在《产业》第一期的撰稿人中,甚至有一位经济学家圣奥宾,虽然萨伊刻薄地把他称为“政治经济学小丑”。他和梯叶里是《产业》第一期里讨论金融和政治的文章作者。在1817年出版的刊名稍有改动[2]的第二期中,圣西门写了一篇讨论法国与美国关系的文章。

这篇文章完全反映着圣西门为其写作的那个自由主义团体的精 232
神。[3]“我们的所思所为应当达到的唯一的目标,即对最广义的产业最为

① 见M. Leroy, *Vie de Saint-Simon*(勒鲁瓦:《圣西门传》), pp.262, 277, 另见Hippolyte Carnot, “Mémoire sur le Saint-Simonism”(卡诺:“关于圣西门主义的回忆”), *Séances et trauvaux de l'Académie des sciences morale et politiques*, 47e annee (1887), p. 128, 卡诺在这里记下了他父亲对圣西门的描述:“我了解圣西门先生;他是个独特的人。他误以为自己是博学之士,但这人并没有什么新颖或大胆的思想。”天文学家哈雷和——这值得注意——居维叶,似乎是仅有的曾对圣西门给予鼓励的学者。

② *L'Industrie ou discussions politiques, morales et philosophiques dans l'intérêt de tous les hommes livrés à des travaux indépendants*, 收入了OSSE, vol. 18。

③ 对这个时期圣西门思想和他的同代人的自由主义思想的比较, 见E. Halévy, *L'ère des tyrannies*(阿累维:《专制时代》)(1938), pp. 33—41。

有利的社会组织”，其取得仍然有赖于一种政治权力，它除了监督“不让劳动者受人干涉”外不做任何事情，它以这样一种方式处理一切事情：把力量联合在一起而构成真正社会的全体劳动者，能够完全自由地直接交换他们不同的劳动产品。[①]但是，他要把政治完全建立在他所理解的经济考虑（即技术考虑）的基础之上的企图，很快使他脱离了他那些自由主义朋友的观点。我们只需提一下他所构想的“最普遍、最重要的真理”中的两条：“首先，生产有用的物品，是政治能够为自身确定的唯一合理的正面目标，尊重生产和生产者的原则，较之尊重财产和有产者的原则，能够获得无限多的成果”，“第七，既然全人类有着共同的目的和共同的利益，每个人在其社会关系方面都应把自己视为一个劳动者集体的参与者”。“因此用两个词来概括，政治就是生产的科学，即把最有利于各类生产的秩序作为目的的科学。”[②]我们又回到了《一位日内瓦
233 居民的信》的思想——同时也回到了圣西门思想之独立发展过程的目的地。

对自由主义的背叛一出现，很快便使圣西门失去了他的第一位助手。据说，圣西门在争论结束时总是说，“我无法想象无人统治的合作”，而梯叶里的回答是，他“无法想象没有自由的合作”。[③]他的助手离去后不久，他的许多自由主义朋友也各奔东西。不过这是发生在一位新的助手到来之后，此人智力高强，开始把圣西门的思想沿着他本人已经指出但无力前行的道路推展得更远。1817年夏，综合工科学院的年轻学生奥古斯特·孔德，把圣西门视为导师的那群工程师中的第一位也是最伟大的一位，以秘书的身份来到他身边。此后，直到八年后圣西门去世，这两

① OSSE, vol. 18, p. 165。

② 同上，pp. 186, 188, 189。另见vol. 19, p. 126。

③ 见A. Augustin Thierry, *Augustin Thierry (1795—1856): d'après sa correspondance et ses papiers de famille*（梯叶里：《梯叶里（1795—1856）：通信和家书》）(Paris, 1922), p. 36。

人的思想经历便难分难解地搅在了一起。我们在下一章就会看到,一般
被视为圣西门学说的许多思想，以及在孔德作为一名哲学家公开活动
之前通过圣西门主义者而产生了深远影响的思想，都可以追溯到孔德
那里。 234

十三
社会物理学:圣西门和孔德

一

在圣西门的一生中,最让人奇怪的莫过于这样一件事情:他终其一生一直让年轻人大为着迷,其中有些人在智力上还胜过他,却多年心甘情愿听命于他,把他视为自己的领袖,把他随意提出的想法搞得井井有条,他们的全部思想经历,都受着他的影响的决定。其中最为真实的一例,便是奥古斯特·孔德,尽管他后来谈到圣西门时可以说,“那种不幸的个人影响掩盖了我最初的努力”,或那个“道德败坏的江湖骗子”。①

235 从他们合作七年的工作中,准确区分出哪些东西属于圣西门,哪些东西属于孔德,纯属徒劳——这尤其是因为交谈中的圣西门要比他伏案写作时表现出更多的活力和灵感。然而,对于首次出现在署着圣西门的名字但其实是由孔德所写的著作中的思想,一些史学家不断把它们归功于圣西门,而另一些人则想证明孔德有完全独立的思想,结果是引起了如此多的混乱。所以,我们必须谈谈这件本身也许并未造成严重后果的事情。

① 见A. Comte, *Early Essays on Social Philosophy*(孔德:《早期社会哲学论文集》), trans. H. D. Hutton, New Univeral Library (London, 1911), p. 23; 另见*Système de politique positive*(《实证政治学体系》) (1851—1854), vol. 3, p. 16。

当圣西门在1817年让孔德担任他的秘书时,孔德十九岁。这个年轻人作为一次反叛活动的小头目,在临近毕业考试时被综合工科学院除名,到那时还不满一年。这段时间他为了维持生计,做过家庭数学老师,同时打算谋个美洲的差事,但没有如愿;他还翻译了一本几何学的英语教科书。在同一时期,他也浸淫于拉格朗日和蒙日、孟德斯鸠和孔多塞的著作,并且很快对政治经济学有了一些兴趣。

这大概就是急于建立自己的"生产科学"的圣西门雇他撰写《工业 236
体系》后面各部分的理由。[①]无论如何,这位新来的学生在担任圣西门的领薪秘书三个月左右的时间里,竟能写出该书第三卷的整个第四部分和第四卷仅有的第一部分。[②]

大体上说,他的贡献仅仅是阐发了他这位新老师的信条,学生进一步推导出了老师的逻辑结论。第三卷主要讨论的是历史哲学问题,即从多神论向实证主义时代,从专制君主制经过议会制的自由主义国家的过渡阶段,向新的实证主义组织的逐渐转变,特别是从过时的"天国"道德向现世的实证主义新道德的转变。[③]我们如今能够认识到这种转变,是因为我们学会了理解它们所遵循的规律。[④]存在于任何时候的制度,
都是主导性社会哲学的应用,都有它们相对正当的理由。[⑤]作为其后来 237
哲学的主要特点之一的预演,孔德在这本早期著作中的一句话里,做出

① 见H. Gouhier, *La jeunesse d'Auguste Comte*(古埃尔:《孔德的青年时代》)(1933), vol. 1, chap. 6。在我写这一章时,这本杰作的第三卷尚未出版,因此下面对孔德1817年以后生平的讲述,主要依靠同一作者更为简短的*Vie d'Auguste Comte*(《孔德传》)(Paris, 1931)。

② A. Pereire, *Autour de Saint-Simon*(佩雷尔:《在圣西门身边》)(Paris, 1912), p. 25。

③ OSSE, 2d ed.(1865—1878), vol. 19, pp. 37—38。

④ 同上,p. 27:"当前这个时期的巨大优势在于,它使我们有了认知我们所做的事情的可能。……既然明白了我们的处境,我们也就知道了应当作的事情。"

⑤ 同上,p. 23。

了他后来也会予以承认的概括:“绝对地说没有什么好坏之分，一切都是相对的,这是唯一绝对的事情。”[①]

对“现世道德”的赞美令圣西门的支持者感到惊恐,与此不相上下的是《工业体系》第四卷“对财产和立法的看法”。虽然在坚持财产权内容的多样性以及它们实行于当时的条件的必要性方面，它大体上仍然是功利主义的(自觉的边沁派的)[②]观点[③],可是它也提出了一种新见解,强调议会制政府只是一种形式,从根本上说它是一种财产制度,所以它是“社会大厦的真正基础”[④]——这意味着只要修改财产法,即可改造整
238 个社会秩序。[⑤]

《工业体系》第三卷几乎还未编完,它的大多数自由派支持者便公开抗议杂志从原定计划偏离到别的领域去,并反对它所提倡的那些“对任何社会秩序都有破坏作用并与自由不相容”[⑥]的原则,然后他们纷纷离去。圣西门在第四卷的前言中虽然勉强做了道歉,答应回到原定计划上,但新一卷的第一期也成了最后一期。钱花光了,《工业体系》和孔德那份有薪水的职务也一起寿终正寝。

二

但是，在随后几年展开的各种杂志事业中，孔德继续跟圣西门合

① 《产业》, 24me cahier, vol. 3: “关键不在于没完没了地谈论哪一种统治更好:绝对地说,不存在好或坏,这是唯一绝对的事情。”

② OSSE,vol. 19, p. 13。

③ 同上,pp. 82—3, 89。

④ 同上,p. 83。

⑤ 无独有偶,作为对这种观点的辩护,孔德第一次提出了这样的理论:目前法国的财产制度是源于法兰克人对高卢的入侵。他宣布(同上,p. 87),胜利者的后代仍然是有产者,而被征服者的后代如今是农民。这为梯叶里及其学派的种族理论提供了基本观念。正是以此为据,圣西门两年后说他的主张优于基佐。

⑥ 佩雷尔:《在圣西门身边》,pp.25—28。

作。他对于自己导师的热情丝毫未减。圣西门是“他所认识的最杰出的人”,“最可敬可爱的人”,他发誓要和他终身保持友谊。[1]当创办第二份杂志《政治界》(*Politique*)时,孔德成了圣西门的合伙人和共同持股者。[2] 239
它只是这些年里朝生暮死的大量自由派杂志之一。尽管它有强烈的自由主义观点,有孔德所鼓吹的经济和出版自由,它的寿命还是只维持了五个多月。不过在它停办三个月后,即1819年9月,圣西门又在孔德的支持下创办了另一份更有特色的报纸[3],即《组织者》(*Organisateur*),其中大概包括了圣西门最出色的作品,这个刊物名称本身就是一份纲领。它无疑是圣西门吸引了国内外广泛关注的第一份出版物,它使他成为名 240
闻遐迩的社会改革家。

这大概首先是因为他在这份新的出版物中,利用那个著名“寓言”所做的检讨。圣西门首先表示,假如法国突然失去每个领域里的五十名主要科学家,各失去五十名工程师、艺术家、诗人、实业家、银行家和不同类型的工匠,那么她的生命和文明也会毁于一旦。然后他把这种情况与贵族、国家显要、廷臣和教会上层人数不幸的衰落做了对比,指出这

---

① *Lettres d'Auguste Comte a M.Valat*(《孔德致瓦拉的信》)(Paris, 1870), pp. 51, 53。另见p. 36—37(信的日期是1818年4月17日):“我可以对你说,我从未见过像他这般热情豪爽的年轻人:这是个闻所未闻的独特生命。通过与一个在政治哲学上最有远见的人的合作和友谊,我知道了许多我在书本上徒劳探求的事情,自从我们开始合作的六个月来,我的精神所取得的进展,比我独自一人花数年功夫取得的进展大得多。这项工作使我形成了对政治科学的判断,而且扩展了我对其他所有科学的看法,我有了一双更正确、更明亮的眼睛。”勒鲁瓦在提到这段话[*La vie véritable du comte Henri de Saint-Simon*(《圣西门伯爵生平实录》), 1925, p. 293]时,在第一句后面加上了“圣西门是观念的助产士”。虽然这句话未必出自孔德之口,我还是把它用做了第12章的标题。

② 佩雷尔:《在圣西门身边》,p. 60。

③ “杂志”一词,以及跟圣西门著作有关的类似用语,是不能从字面上理解的。它们都是以不定期形式出版,经常没有期号,格式和编排也各异。与他的另一些著作相比,《组织者》尤其如此。

只会给法国的繁荣造成多么微不足道的差别。[①]不过,这个比喻虽然最有名,却不是《组织者》中最有意义的部分。为了使杂志名副其实,他在一系列信件中,首次提出了一项重组社会的真正计划,或至少是一项重组政治体制的计划,它将向一切社会活动提供它们所需要的科学指导。[②]他现在的起点是英国的议会制度,这是迄今所发现的最好的制度,但
241 他的问题是,如何才能把这种制度转化成类似于他十六年前提出的那个牛顿委员会的组织。领导权一定要交到"工业家"手中[③],即所有那些从事生产的人。他们被组织成三个分立的机构。第一个是"发明会"[④],包括两百名工程师和一百名"艺术家"(诗人、作家、画家、雕塑家、建筑师和音乐家),由他们为公共事业拟定各种计划。"审议会"则由一百名生物学家、一百名物理学家和一百名数学家组成,负责审查和批准这些计划。"执行会"全部由最富有、最成功的企业家组成,负责监督这些计划的落实。这个新议会最初的任务包括重新制定财产法,"它必须建立在最有益于生产的基础上"。[⑤]

这种新制度必将实现,这不仅因为它的内在优点会得到普遍承认,更重要的是,还因为它是过去七百年文明进程的必然产物。[⑥]这证明他
242 的计划并非乌托邦[⑦],而是科学地研究历史、全部文明的真实历史而得出的结论,就像孔多塞所理解的那样,它将使我们能够睁着眼睛沿既定的道路前进。[⑧]

---

① OSSE, vol. 20, pp. 17—26。

② 同上,p. 50—58。

③ 同上。

④ "发明会"(*chambre d'invention*)的想法大概是借用了培根的《新大西岛》一书。

⑤ OSSE, vol. 20, p. 59。

⑥ 同上,p. 63。

⑦ 同上,p. 69—72。

⑧ 同上,p. 74。

作为“应当如何构想工业的实例”[1],圣西门又补充了两封信(第八和第九封),现在我们知道那是出自孔德之手,后来他署上自己的名字重新发表了它们。[2]这些信中最重要的内容是一段简短的话,阐述了圣西门有关新制度的兴起是进步规律之必然结果的看法:“在任何时代,社会进步都不受哪个天才人物所设想并被百姓所采纳的制度的调控,就事情的本质而言,这是不可能的,因为人类进步的规律引导并主宰着一切;人只是它的工具。”因此“我们所能够做的,只有自觉服从这种规律,它是我们真正的命运;了解它为我们指出的道路,而不是盲目地受它驱策。其实,这就是我们这个时代伟大的哲学革命的目的”。[3]至于其 243
他内容,孔德的贡献虽然也包含着一些不见于圣西门早期著作的思想,然而他对这种思想的表述简洁有力,却是后者无力做到的。我们现在看到,对“用科学和实证的能力”取代陈旧的精神力量有了更多的强调[4],同样阐述了科学向实证阶段的有序的进步,直到哲学、道德和政治最终也达到这一阶段,由此使受科学指导的新社会制度成为可能[5],并且对否定精神力量的思想自由表现出同样的不耐烦。[6]新颖之处在于特别强调了“处在科学家、艺术家和工匠之间的一个新阶级”,即工程师阶级的作用,它象征着精神力量与世俗力量的统一;这种统一“为社会的这一

---

① OSSE,p. 67。

② 收在《实证政治学体系》(1854)一书的附录中,后来再版时标题改为《社会哲学短文集》(*Opuscules de philosophie sociale 1819—1828*, Paris, 1883)。它的英文本由H. D. Hutton翻译,F. Harrison作序,收在“罗特莱奇大学文库”中,标题是*Early Essays on Social Philosophy*(《早期社会哲学论文集》)。下面OSSE之后括号内的数字,便是指这个英译本的页码。

③ OSSE,vol. 20, pp. 118—119 (56—57)。

④ 同上,p. 85 (35)。

⑤ 同上,pp. 137—139 (68—71)。

⑥ 同上,p. 106 (49)。

共同方向铺平了道路”。[1]在他们的指导下，整个社会将组织起来，就像
244 现在它分别组织成各个部分一样，“对自然采取行动”。[2]在这个共同事
业中，人民将不再是臣民，而是合作者或合伙人[3]，我们还首次看到了这样的建议：不再需要“统治”，只需要“管理”。[4]

圣西门只在第二封信的结尾处，在孔德的原稿上补充了他向科学家尤其是艺术家发出的典型呼吁，他们作为后来列宁所说的真正的“灵魂工程师”，将运用其全部的想象力影响普通民众，确保他们一心一意遵循指明的方向，并在这种伟大的合作中帮助他们天然的领袖——这是后来圣西门主义有关艺术之社会功能理论的第一次表露。[5]

在进一步描述他的新组织的运行机制时，圣西门达到了前所未有的雄辩水平。“在新的政治秩序中，社会组织为了它唯一和永恒的目的，将尽最大可能为满足人类的需要而利用和促进在科学、技艺和实业中
245 获得的全部知识。”[6]他还对“社会利用这种组织所能期待的惊人的繁荣
程度”做了具体描述。[7]过去，人们只是分别把他们的力量运用于自然，甚至相互抵消他们的努力，结果使人类分裂成不平等的各部分，其中少数人利用其全部权力主宰另一些人，今后人们会停止相互命令，有组织地同心协力对付自然。唯一需要做的事情就是，应当确定一个实证的社

---

① OSSE, p. 142 (72)。关于孔德几年后对同一问题的思考，还可参见本书272—274页。对于有人担心他的建议有朝一日会导致“建立在科学上的专制主义”，孔德称之为“荒谬怪诞的想法，只能出现在完全与实证思想格格不入的头脑中”。同上，p. 158 (82)。

② 同上，p. 161 (85)。

③ 同上，p. 150 (77)。

④ 同上，pp. 144—145(73)：“人民不再需要被统治，这就是说，不再需要命令。为了维持秩序，只要对共同利益加以管理就够了。”

⑤ 同上，p. 193。另见圣西门后来的《社会组织》一书，同上，vol. 39, p. 136,以及孔德在给《工业家教义书》所写的稿子中对同一问题的评论。

⑥ 同上，vol. 20, p. 194。

⑦ 同上，pp. 194—195。

会目的,以取代我们的社会制度现在所致力的那些含糊不清的目的:

> 在一个为利用科学、艺术和技艺促进自身繁荣这一实证目的而组织起来的社会里,最重要的政治行动,即决定共同体之前进方向的行动,不再由掌握社会职能的人来履行,而是由这个政治机构本身来履行;……这种组织的目标和意图是如此清楚而确定,以至于不再给人类的甚至是法律的任意裁断留有任何余地,因为这两者只能在不确定的因素中存在,也就是说,在他们的自然因素中存在。由各种命令构成的统治行为,将减少到零或实际上就是零。在这种政治制度中必须解决的全部问题是,共同体通过什么样的实业才能促进其目前的繁荣,使科学、艺术和产业中既有的知识得到利用?采取什么措施才能传播这些知识,使它们尽可能臻于完善?最后,以什么手段才能以最小的成本和最短的时间落实这些事 246
> 业?——我认为,所有这些问题,以及它们能够引起的一切问题,说到底是实证的和可以解决的问题。决策必须是科学证明的结果,它们完全独立于人的意志,应把它们交给那些受过充分教育,能够理解它们的人加以讨论。……正像每个重要的社会问题必须在现有科学状况允许的范围最好地加以解决一样,所有的社会职能也必须交给那些最有能力遵照共同体的普遍目标履行它们的人。在这种制度下,我们将会看到当前政治制度中三大弊端的消失,即武断、低能和阴谋诡计。[1]

这是对自圣西门时代以来诱惑着受过科学训练的头脑的美好幻觉多么完美的描述!但是在我们现在看来又是多么明显:甚至在这种对它的最早表述中,它就是一场骗局;这种设想的基础,是让科学和工程技术超越其适用的范围。圣西门完全清楚他的抱负的含义;他明白自己

---

① OSSE, pp. 199—200。

“准确地利用处理其他科学问题的方式”来处理社会组织问题的方式是全新的。[①]他的d’imprimer au XIXe siècele le caractère organisateur(给十九世纪打上组织者的烙印)的意图,取得了多么大的成功![②]

247 然而,他最初的呼吁还是落空了。他希望波旁王朝的国王任命他为这场新运动的领袖,如此不但可以化解当时威胁着王室的所有危险,还可使法国处于文明进步的最前列。此外,波旁王朝还能从社会改革中赢得令波拿巴也黯然失色的荣耀。[③]然而唯一的反应却是,圣西门被控为行刺杜塞·德·贝里的同谋[④],因为他在“寓言”中鼓动人民消灭贵族。虽然最后他被无罪释放,审判过程只是更加激发了这位《组织者》主编的兴趣,但杂志还是未能渡过这场危机。圣西门再次钱财告罄,在向所有那些以发展十九世纪哲学为天职并作为“实证政治学的赞助人”提供捐款的人发出的新请求失败之后,这项事业便结束了。

三

圣西门此后的两本重要出版物,虽是他最扎实的论著,大体上只是对《组织者》中概括讲述的思想做了阐发。不过我们可以看到,他沿着这种专制社会主义的方向越走越远,在他去世后,这一学说经他的学生之
248 手而获得了明确的形式。在《工业体系》[⑤](1821年)——这确实是他所写下的最为系统的东西——的阐述中,他的主题是“结束革命的最后措施”。他再也不想隐瞒自己对自由原则、对所有那些因捍卫自由而妨碍他实现计划的人的厌恶。“虚无缥缈的自由观”“阻碍群体对个人的行

① OSSE,pp. 218, 226。

② 同上,pp. 236—237。

③ 同上,p. 220。

④ 同上,pp. 240—242。

⑤ 同上,vols. 21, 22。

动”[1],“同文明的发展和组织秩序良好的制度相悖”[2]。人权理论[3],以及法学家和形而上学家的批判工作,在摧毁封建和神学制度,为工业和科学制度做好准备方面已经做得够多了。圣西门比他身后的大多数社会主义者更清楚,作为一切社会主义制度的根本,为了一个共同的目标对社会进行组织[4],与个人自由是无法调和的,必须有一种能够“对全民族各种力量所采取的方向做出抉择”的精神力量。[5]现存的“立宪制、代表 249
制或议会制”是杂种体制,它徒劳无益地延续着反科学和反工业趋势的存在[6],因为它允许不同目标相互竞争。提供这种精神力量的,仍然是研究文明进程的哲学[7],以及能够把科学政策建立在一系列相互协调的历史事实之上[8]的实证科学家[9]。但是,现在有更多的篇幅给了工业家组织的世俗权力——一个在《工业家教义书》(*Catéchisme de industriels*)(1823)中有进一步发挥的论题。[10]

把准备全国性预算的任务,从而也把国家的行政领导权,交给企业家,是保障广大民众充分就业和丰衣足食的最佳方式。[11]企业家由其不

① 同上,vol. 21, p. 16。这些话的措辞显然是孔德的,因此几乎无可怀疑它们是孔德所写。

② Système industriel(《工业体系》)(初稿版), pp. xiii—xiv。

③ OSSE,vol. 21, p. 83;另见vol. 22, p. 179。

④ 同上,vol. 21, p. 14; vol. 22, p. 184。

⑤ “波旁王朝和斯图亚特王朝”,见*Oeuvres Choisies*(《选集》), vol. 2, p. 447。

⑥ OSSE,vol. 22, p. 248;另见p. 258, 以及vol. 21, pp. 14, 80和vol. 37, p. 179,这里,他以典型的粗暴口吻,表达了对英国缺少组织的厌恶:“存在于英国的全部组织混乱,真是罄竹难书。”

⑦ 同上,vol. 22, p. 188。

⑧ 同上,148。

⑨ 同上,vol. 21, p. 20。

⑩ 同上,vols. 37—39。

⑪ 同上,vol. 22, p. 82, vol. 21, pp. 131—132。

同的工作性质所决定,形成了一种天然的等级制,他们应当组成一个巨大的合作团体,使他们能够相互配合采取行动,以取得他们的政治利
250 益;在这个等级制度中,银行家由其职业所定,了解不同产业之间的关系,处于协调不同产业活动的最佳位置,因此他呼吁让处于中心地位的巴黎几家最大的银行对工业家的全部活动进行集中领导。[1]不过,领导一切劳动者的工作的权力,虽然掌握在作为其天然领袖的企业家手中,但他们也要根据最贫穷、人数最多的阶级来行使自己的权力[2],无产阶级的基本生活用品必须得到保障,为他们提供合适的工作并扶助病残。[3]法国将变成一座大工厂,其中将出现一种新的自由:我们从后来的弗里德里希·恩格斯使其闻名于世的一条公理中得到的许诺是,在这个作为
251 人类最后归宿的明确的新型组织中[4],统治的和军事的组织,将由管理的或工业的组织所取代。[5]阻碍着这种重组的是贵族和教士、律师和形而上学家,以及代表着过去两个时代的军人和有产者。资产阶级通过革命废除了贵族对国民财富的剥削特权,如今已和有产者结成一个阶级,现在只剩下两大阶级。[6]在自大革命以来一直进行着的为剥削权而展开的政治斗争中,工业家,即所有从事劳动的人,从未真正分享过权力。

---

① OSSE, vol. 21, p. 47。

② 同上, p. 161。

③ 同上, p. 107。

④ 同上, vol. 22, pp. 80, 185。

⑤ 同上, vol. 37, p. 87。另见vol. 21, p. 151。这条著名的公理似乎是孔德的原创(同上, pp. 243—244),后来才被圣西门主义者所接受[尤见*Exposition*, ed. Bouglé and Halévy(博格尔和阿累维编:《阐述》), p. 162],它在这里以这样的形式再次出现:"他(劳动者)不仅是事务的管理者,而且是人的统治者,一项困难而艰巨的工作,但也是神圣的工作"(*Globe*, April 4, 1831)。恩格斯在《反杜林论》(*Anti-Dühring, Herrn Eugen Dühring's Umwälzung der Wissenschaft*, 3d ed. 1894, p. 302)中采用了这一说法:"取代治人的政府而出现的,是理事的行政管理部门。国家未被'取缔',而是渐渐消亡。"

⑥ OSSE, vol. 37, p. 8。

但是

> 生产者并不关心他们是否受到了这个或那个阶级的掠夺。显然,这场斗争最终会变成全体寄生虫和全体生产者之间的斗争,直到最终决定是后者继续充当前者的牺牲品,还是生产者获得对其已经构成其中最大多数人的社会的最高支配权。考虑到生产者对非生产者有着巨大的力量优势,必须直截了当地指出这个问题,同时也必须尽快使它得到解决。
>
> 这场斗争呈现它自身的真实性质的时刻已经来临。生产者的政党是不会迟疑于表现自己的。甚至在那些出生在寄生虫阶级的人中间,因视野宽广和灵魂伟大而出类拔萃者,也开始感到他们所 252
> 能扮演的唯一光荣的角色,就是鼓励生产者进入政治生活,帮助他们在公共事务上获得他们在社会上已经获得的领导权。①

四

孔德为进一步阐述这些信条的《工业家教义书》一书撰写了第三部分,即标题为《重组社会所必需的科学措施之计划》的重要一卷。②两年后(1824年),它的作者再版了此书,标题更加野心勃勃:《实证政治学体系》——正像孔德三十年后所言,"这当然是个不成熟的标题,但正确指出了(他的研究)范围"。③我们这里所要谈的,就是这份文献中最有意义的部分。

这个"实证体系"的最初形式,几乎只是对圣西门的学说做了出色

① OSSE,vol. 22, pp. 257—258。

② 后来按原有标题收录于*Early Essays on Social Philosophy*(《早期社会哲学论文集》), pp. 88—217。以下略为《早期论文集》。

③ 同上,作者前言,p. 24。

的阐述。[①]孔德把他对良心自由信条的憎恨向前更推进了一步，因为它
253 是重组社会的巨大障碍。[②]正像在天文学、物理学、化学和生理学中不存在良心自由这种事一样[③]，当政治学上升到自然科学的高度，建立起真实而终极的理论时，这种暂时的事实也会消失。[④]“社会物理学”这门新科学，即对人类集体发展的研究，其实是生理学的一个分支，或是对人类的全方位研究。换言之，文明史不过是人类自然史不可缺少的结果和补充。[⑤]因此，政治正处于变成实证科学的关头，这与如今终于得到确定的三阶段规律相一致：“知识的每个分支必然经历三种不同的理论状态：神学或幻觉状态；形而上学或抽象状态；科学或实证状态”，即一切知识的确定性状态。[⑥]

254 社会物理学的目的是找出文明进步中像万有引力一样必然而不可避免的自然规律。[⑦]孔德所谓的文明，是指“人类精神的发展及其结果，人类对自然之日益增长的能力”，人类所学会的改造自然以利自身的各种方法。[⑧]正是这个意义上的文明，即科学、工艺和产业的状态，决定并调节着社会组织的过程。[⑨]社会物理学就像一切以预测为目的的科学一样，使我们能够通过观察既往，确定文明的进步有可能在我们今天实现

---

① 姑不论这些“圣西门学说”中有多少内容可能不是来自孔德的早期贡献。

② 《早期论文集》,pp. 96, 98。

③ 如今这当然成了马克思主义的正统信条。参见Lenin, “What is to be done?”(列宁:《怎么办?》, Little Lenin Library, p. 14:“真诚地相信自己推动了科学的人，是不会要求让新观点与旧观点继续并存的自由的，而是要求用新的取代旧的。”

④ 《早期论文集》, pp. 107, 130, 136。

⑤ 同上,pp. 200—201。

⑥ 同上,pp. 131—132。

⑦ 同上,pp. 147—149, 157。

⑧ 同上,pp. 133, 144。

⑨ 同上,pp. 144, 149。

的社会制度。[1]实证政治学的优越之处在于这样一个事实:它"发现"了自然规律使其成为必然的事情,而另一些体系却要进行"发明"。[2]我们唯一要做的事情,就是协助文明进程将会缔造的实证体系进入生活,只要我们发现了哪种制度跟当前的文明状态最和谐一致,我们就肯定能够得到目前所能得到的最好制度。[3] 255

可以看出,孔德的历史哲学观被普遍认为跟"唯物主义的"解释相对立,然而它与这种观点是多么接近——如果我们记住他对文明这个概念的准确定义,那就更是这样。其实,唯物主义的历史解释所做的预测,也可以在圣西门主义的作品中找到——而且我们相信,它们是这种学说的主要来源,可以直接追溯到孔德此书和他的一些早期著作。[4]

《工业家教义书》出版后不久,由于圣西门开始把自己的学说变成一种宗教,孔德便和他分道扬镳了,不过他在圣西门死后不久发表于《生产者》[5]上的两部作品,仍然沿袭了共同的思想路线。第一部作品的意义主要在于它更细致地分析了向着实证方法的进步。他揭示了人类 256

---

① 《早期论文集》,pp. 180, 191。

② 同上,p. 165。关于恩格斯在阐述唯物史观时采用的同样说法,可比较他的《反杜林论》(英译本,*Herrn Eugen Dühring's Revolution in Science*, tran. E. Burns, p. 300)。他在这里说,能够消除现有弊端的方法,"并不是由理性发明的,而是利用理性的手段,从现有生产要素中发现的"。

③ 同上,pp. 154, 165, 167, 170。

④ 虽然常有人指出圣西门学说对唯物史观的影响[参见F. Mucke, *Henri de Saint-Simon*(穆克:《圣西门》),Jena, 1908; W. Sulzbach, *Die Anfänge der materialistischen Geschichtsauflassung*(苏尔茨巴赫:《唯物史观的起源》), Karlsrube, 1911],但这些作者似乎忽略了一个事实,即关键性的段落几乎总是出现在后来知道是由孔德所写的著作中。

⑤ *Producteur*(《生产者》), vol. 1 (1825), pp. 289, 596; vol. 2 (1825), pp. 314, 348; vol. 3 (1826), p. 450. 这些文章被孔德收进了《早期论文集》和《实证政治学》的附录中,英文版(pp. 217—275, 276—332)的标题是"对科学和科学家的哲学思考"、"对精神力量的思考"。

如何“必然对吸引其注意力的一切物体进行思考，因此许多事物被视为有着和他自己相似的生命”[①]，有趣的是，几年后便否认了一切内省活动之可能性的孔德，[②]在这个阶段仍然用如下事实来解释这一点：“人对其他人采取的个人行动，是他通过对这种行为的自觉而理解其作用模式的唯一行为。”[③]但是，他已经开始转向否定建立在这种知识上的学科的合理性。他现在的抨击目标，不但有“反叛的怪论”、良心自由这种反社会的教条[④]和不讲规矩的个人主义的普遍无政府状态[⑤]，而且更加具体地指向了政治经济学的教导。[⑥]只有通过历史的思考，才能解释怎么会
257 出现那种“奇怪的现象”，即不应当自觉地对社会进行组织的观点。[⑦]但是，既然“一切自发产生的事物在特定时期必然是合理的”[⑧]，批判的学说在过去便也具有相对的正当性。此外，只有当我们在所有情况下都能为每个人或民族安排他们分别适应的明确的活动类型时，“才能建立起完美的社会秩序”。[⑨]不过这事先需要一种精神力量，一部道德法典，而孔德仅仅能把它理解为精心构造的产物。[⑩]因此，必要的道德秩序只能用一种观念的统治来建立，它决定着“那些激励个人进入他们只能生活

① 《早期论文集》，p. 229。

② 引自F. J. V. Broussais对*De l'irritation et de la folie*（《论愤怒和疯癫》）（1828）的评论。此文发表于同一年，也被收入《早期论文集》，尤见p. 339。

③ 《早期论文集》，p. 219。

④ 同上，pp. 281, 295。

⑤ 同上，p. 250。

⑥ 同上，pp. 306, 320—324。

⑦ 同上，p. 282。

⑧ 同上，p. 281。读者不会注意不到这种说法和黑格尔某些思想之间奇怪的相似之处，下面我们还会讨论这一点。

⑨ 同上，p. 307。

⑩ 同上，pp. 319—320：“每种信仰都以一个创立者为前提。”

于其中的社会秩序所必需的整个观念和习惯体系”。[1]穆勒在自愿接受这些思想的深刻影响长达二十年之后,终于被它激怒了,他把它们称为“能够从一个人头脑中产生出来的最全面的精神和世俗的专制体系,除他之外,只有伊纳爵·罗耀拉有可能做到这一点”。[2]它们是这整个思想体系的必然结果,不但穆勒,而且整个世界,都是从孔德那儿得来的。 258

五

关于圣西门一生的最后阶段,还需要多说几句。在出版《工业家教义书》的过程中,他事业中的财政危机再次使他陷入贫困,而且早在1823年,这位当时已经真正心灰意冷的老人,试图让自己停止思考。然而他又一次从自我伤害中恢复过来,只是瞎了一只眼睛。很快就来了一位热情的新助手,这次是个富有的学生。年轻的银行家和综合工科学院的前任教师奥林德·罗德里格,不但为圣西门一生的最后两年提供生活所需,并且成了一个团体中的核心人物,在圣西门逝世后,这个团体发展成了“圣西门教派”。诗人莱昂·阿累维、生理学家巴伊博士和律师杜韦里埃等人,很快也加入了进来。圣西门和他们一起筹备了《文学、哲学和工业评论》(*Opinions littéraires, philosophiques et industrielles*, 1825),在这本书里,银行家、诗人和生理学家分别对老师的学说中他们所擅长的内容进行加工。同年稍后,标志着其工作最后阶段的圣西门的最后一本著作问世了,它就是《新基督教》(*Nouveau Christianisme*)。

已经有一段时间了,圣西门表现出脱离其学说的狭隘的“科学”形式、转向一种更神秘的宗教形式的倾向。这当然是他和孔德疏远的最终原因。不过后者在自己的生涯将尽之际,也经历过一次类似的变化。就圣西门而言,这种变化部分地是向他自己最初思想的回归。 259

① 《早期论文集》,p. 301。

② J. S. Mill, *Autobiography*(穆勒:《自传》)(1873), p. 213。

他认为，自从宗教改革时代的大分裂以来，没有哪个基督教教会代表着真正的基督教。它们全都忽视了人应当彼此相待如兄弟这一条基本教义。真正的基督教的主要目的，必须是“最广泛地改善最贫困者的道德和物质生活”——一句几乎出现在这本小册子每一页的话，而且这句话成了圣西门团体的座右铭。由于教会没有利用自己的机会，通过教育和鼓励艺术以及创办实业去改善大量穷人的生活，上帝现在开始通过他的新先知向人民和君主说话了。他承担起了重建神学的任务，就像物理学、化学和生理学必须被不断改写一样，神学也需要不断更新。[①]这种新神学将更加关注人类的现世利益。所需要的仅仅是一种工业组织，它将提供能够确保人类智力最迅速进步的大量工作。“你们能够创造这
260 样的条件；如今我们这个星球的范围已经为人所知，让学者、艺术家和实业家拟定出必须实行的全面的工作计划，以使人类现世的财富得到最符合生产力的运用，并在所有方面使它最适合于居住。”[②]

圣西门在《新基督教》出版后只活了几个星期。他死于1825年5月，享年六十五岁。他跟如今聚集在自己身边的一群弟子讨论未来的计划，平静地等待着自己的死亡。他的一生为所有未来的社会学家树立了典范，在“体验了社会所有阶层，亲自置身于不同社会地位，甚至为自己和他人建立起了前所未有的关系”[③]之后，他平静且还算舒适地去世了，甚至还获得了相当大的名望。

葬礼使老弟子，如梯叶里和孔德，和新弟子重新走到一起。老圣西门只看到了一个教派的开始，它以他的名字命名，使源于他的著作的思想体系得到广泛传播。由于这些人，他成了社会思想史上一个相当重要的人物。他虽然肯定是个“创始人”，却很难说是个具有创造性或深刻的
261 思想家。他留给其弟子的思想，无疑也为当时的许多人所持有。然而由

① OSSE, vol. 23, p. 99。

② 同上，p. 152。

③ 同上，vol. 15, p. 82。

于他的坚忍不拔和热情,他赢得了那些能够阐发这种思想的人的忠诚,并且能够在他们中间激起足够的热情,使他们成为一个传播其思想的团体。恰如他的一位传记作者所说,他的角色是,“像明亮的火炬点燃了思想火花”[1]。他把这项工作做得十分圆满。 262

① 古耶:《孔德的青年时代》,vol. 2, p. 3。

十四
工程师的宗教：昂方坦和圣西门主义者

一

圣西门死后还不到一个月，他的朋友和门徒为了实现他与他们讨论过的再办一份杂志的设想，便成立了一个正式的团体。从1825到1826年出版了六卷的《生产者》，是奥林德·罗德里格领导下的一个团体编辑的，并得到了奥古斯特·孔德等并非其严格成员的人的协助。不久，在罗德里格的引见下只见过圣西门一面的另一位年轻的工程师，成了该团体杰出的一员和杂志的主编。

巴塞莱米—普罗斯帕·昂方坦是个银行家之子。他曾就学于综合工科学院，但在1814年早于孔德两年离校，并且像孔德一样没有完成学
263 业。此后他进了生意圈，有几年在德国和俄国周游和工作，后来又花了一些时间研究政治经济学，尤其是边沁的著作。他虽然没有完成工程师的学业，或者正因为如此，他对数学和技术科学的能力不可限量的信念，一直是他的思想成分中最典型的特点。正像他有一次所做的解释，“一看到‘概率’、‘对数’和‘渐近线’这些字眼，我就感到高兴，因为我又

---

① *Livre nouveau, Résumé des conférences faites à Ménilmontant*(《新著，曼尼蒙坦会议摘要》)，转引自 G. Pinet, *Ecrivains et penseurs polytechniciens*, 2d ed.（Paris, 1898）, p. 180。

找到了把我引向公式和形式的道路”[①]。作为他同代人眼里一个异常英俊的男子,他似乎有着巨大的个人魅力,这使他有可能逐渐把整个圣西门主义运动,转向他的情绪化和神秘主义倾向所导致的方向。不过他也具备相当不错的智力,这使他能够在圣西门主义从哲学阶段转向宗教阶段之前做出重要贡献。[①] 264

有人不无道理地说过,圣西门主义诞生在圣西门去世以后。[②]不管圣西门著作中包含着多么丰富的启示,他从未建立一套系统的思想体系。也许,他的著作语焉不详正是激发其弟子进一步阐发他的学说的最大动力之一。这也解释了圣西门及其弟子的共同努力为何很少得到适当的评价。认识到这一点的人,自然而然地把太多的事情归功于圣西门本人。还有一些为此而去研究圣西门本人著作的人,注定会怀着失望离去。这个学派的几乎所有思想,虽然都可以在署有圣西门姓名的著作的某个地方找到[③],但对欧洲思想产生了重要影响的真正力量,却是来自圣西门主义者而不是圣西门本人。此外我们也不可忘记,早期圣西门主义者中最了不起的人是孔德,他是他们许多人得以接受老师学说的中 265

---

① 关于昂方坦和圣西门主义者,S. Charléty, *Histoire du Saint-Simonisme*(夏勒蒂:《圣西门主义史》)(Paris, 1896; new ed., 1931)仍然是阐述圣西门运动最好的著作。有些令人不解的是,昂方坦本人至今也没有成为一部专著的对象,S. Charléty, *Enfantin*(夏勒蒂:《昂方坦》)(Paris, 1930)仅仅是一本附有简短导言的有用的文集。

② 夏勒蒂:《昂方坦》,p. 2。

③ 见H. Grossmann, “The Evolutionist Revolt against Classical Economics”(格罗斯曼:“对古典经济学的进化主义反叛”), *Journal of Political Economy* (October 1943), 作者认为我这里的阐述不顾圣西门本人的作用,高估了圣西门主义者的首创性。我很乐于同意,他们思想体系中的几乎所有要素,都可以在圣西门生前以他的名义发表的著作(虽然有一些是孔德等人写的)中找到;但是它们与另一些思想,甚至是相互矛盾的思想混在一起,所以我对他的弟子在建立系统的思想体系上所取得的成就,要比Grossmann博士的评价高得多。

介[①],而且如我们所知,即使当他不再是这个团体的一员,并且不久便与它断绝一切关系之后,他也仍在为《生产者》撰稿。

二

这份新杂志的明确宗旨是,“阐述和传播人性的哲学原理,它们是建立在这样的认识上:人类的命运就是最大限度地开发和改造外部自然”,而做到这一点的最佳方式,是“不断扩大合作,它是他们所掌握的最强大的手段”。[②]为了吸引广大公众,在纲领性的文章中还混杂着一些局外人写的有关技术或统计学的文章。不过杂志的大多数文章都是由
266 信徒组成的小团体撰稿。同样几乎无可怀疑的是,甚至在《生产者》成为他们活动中心的那一年,昂方坦在这个学派的理论发展中便发挥着最大的作用,尽管他地位平平,甚至因另一位新加入者圣阿曼·巴扎尔的人格力量而黯然失色。[③]此人年纪稍长于罗德里格和昂方坦,曾是法国烧炭党运动的成员,一个富有经验的革命家。当《生产者》吸引了一些原来的巴贝夫分子和烧炭党人时,他也加入了《生产者》的团体。然而,尽管这些人,尤其是巴扎尔,在把圣西门主义者引向更激进的观点上起过重要作用,巴扎尔的理论贡献通常极有可能被高估了,他的一位同代人

① “孔德的工作……是把圣西门学说介绍给了我们中间的一些人。”[*Doctrine de Saint-Simon, Exposition, premiére année*(《圣西门学说阐述,第一年》), ed. Bougle and E. Halévy, Paris, 1924, p. 443]. 孔德(在1827年致G. d'Eichthal的信中)甚至宣称对圣西门主义者有更大的影响:“你们非常清楚,即使不是我构想了它们,也是我让它们诞生的。……这些先生的所谓思想,不过是从我所提出的认识中推导出来的,甚至是对它们低劣的歪曲,而且这些来自……圣西门的混乱认识使它们完全变了味。”E. Littré, *Auguste Comte et la philosophie positive*(利特雷:《孔德和实证哲学》)(Paris, 1863), pp. 173—174。

② 《生产者》(1825), vol. 1, Introduction。

③ 关于巴扎尔,见W. Spühler, *Der Saint-Simonismus: Lehre und Leben von Saint-amand Bazard* (斯布勒尔:《圣西门主义者:巴扎尔的学说与生平》)(*Zürcher Volkswirtschaftliche Forschungen*, hg. v. M. Saitzew, no. 7)(Zurich, 1926)。

对他的角色有更恰当的评论,说“昂方坦先生提出想法,巴扎尔先生表述之”。[①]巴扎尔在《生产者》上发表的文章,除了表现得比圣西门或孔德更痛恨良心自由外[②],几乎没有什么新东西。除了昂方坦,当然还有孔德,大多数其他撰稿人的情况也是如此,但是不能忽视莱昂·阿累维 267
对圣西门主义有关艺术的社会功能的学说所做的阐述。他认识到这样一个时代正在来临,“打动群众的艺术”将发展得十分完美,画家、音乐家和诗人“将掌握愉悦和感动人的能力,这就像数学家解一道几何题或化学家分析某些物质一样确定。只有那时,才能牢固确立社会的道德要素。”[③]那时人们尚未使用“宣传”(propaganda)一词,对现代宣传部门的技巧却已有了充分的认识,圣西门主义者甚至已经预见到这种机构了。

重要的发展出现在昂方坦为《生产者》撰写的经济文章中。圣西门主义者的社会学说中的几乎所有新要素——我们现在可以在《阐述》(*Exposition*)中找到其最新的形式——都可以追溯到这些文章。对工业组织的普遍兴趣,对合股公司的新发展表现出的热情,合作社学说,对私有财产的优点之日益加剧的怀疑,为银行领导全部经济活动制定计划——所有这些想法都被逐渐提了出来,而且得到了越来越有力的强 268
调。这里我们只能满足于引用他看待这些问题特别典型的两句话。一句话是嘲笑这样的观点:“人类社会没有指引它的理性也能够存在。”[④]另

① 见 Louis Reybaud, *Etudes sur les réformateurs contemporains ou socialistes modernes*(莱伊波:《当代改革家或现代社会主义者研究》)(Brussels, 1841), p. 61:“昂方坦提出思想,巴扎尔表述之。”参见C. Gide and C. Rist, *Histoire des doctrines économiques*(纪德等:《经济学说史》), 4th ed. (1922), p. 251。

② 《生产者》,vol. 1, p. 83。

③ 同上,pp. 399 及以下各页; vol. 3, pp. 110, 526以下各页。巴扎尔的文章是贡斯当的一篇最为雄辩地捍卫自由的文章的直接诱因。

④ 同上,vol. 3, p. 74。

一句话则把构成政治经济学前提的观点，即“不包含任何有关建构或组织社会的建设性思想的价值、价格和生产”，说成“不相干的细节”。[1]

三

《生产者》最初每周一期，后来成了每月一期，并于1826年10月停刊。这意味着这个团体三年来的一切公开活动都停止了，不过它也创立了一种共同的学说，可以成为加强口头宣传的基础。正是在这个时期，在他们特别着力于发挥影响的综合工科学院，他们取得了首次重大胜利。正如昂方坦后来所说：“综合工科学院必须成为把我们的思想传播到社会的渠道。我们从我们这所可爱的学校中吮到的乳汁，必将培育将来的许多代人。正是在这个地方，我们学会了为政治科学的进步提供保
269 证的实证主义语言及研究和证明的方法。”[2]这些努力是如此成功，没有几年功夫，这个团体就接纳了一百名左右的工程师，但只有寥寥几名医生和不多的艺术家及银行家，他们大都是圣西门的直接信徒，或是像罗德里格的堂亲佩雷尔兄弟和他的朋友古斯塔夫·戴希塔尔那样，跟他们有些私交。

第一批加入这场运动的年轻工程师中，有两位朋友阿贝尔·特兰松和朱利·莱切瓦列[3]，他们利用自己对德国哲学的知识，使圣西门主义学说染上了一些黑格尔的色彩，后来证明这对它在德国的成功十分重要。

---

① *Producteur*, vol. 4, p. 86。

② OSSE, vol. 14, p. 86。在1832年6月写给Fournel的一封信[G. 皮耐的“综合工科学院与圣西门主义者”一文引用过，见*Revue de Paris*(《巴黎杂志》), May, 15, 1894, p. 85]中，昂方坦把综合工科学院称为“布道者的源泉，我们的新家园，人类未来的胚胎从这里汲取了生命。无产者和博学之士都热爱和崇敬这所辉煌的学校”。

③ 见C. Pellarin, *Jules Lechevalier et Abel Transon*(佩拉林：《莱切瓦列和特兰松》)(Paris, 1877)，不过此书主要谈的是两人后来在傅立叶主义运动中的作用。莱切瓦列在法国研究了德国哲学后，实际上到柏林花了一年时间(1829—1830)听黑格尔的课。

随后是米歇尔·谢瓦利埃，他后来成为著名的经济学家；还有亨利·福奈,他在加入这一运动时被指派担任克雷佐工场的总监,后来成了圣西门的传记作者。希普利特·卡诺本人虽然从未成为综合工科学院的学生,不过由于他年轻时同父亲一起在流亡中度日,所以也应当算是这个团体的一员,因为他不但是拉扎尔之子,还是综合工科学院学生、“现代能量科学”创始人、“卡诺循环”、技术效率理想的发现者萨蒂·卡诺的兄弟,这些年里他们两人一直生活在一起,后者正是在这时提出了其著名的理论,并且对朋友们的政治和社会讨论保持着虽然说不上积极,但十分主动的兴趣。①至少从身世和交往上说,希普利特·卡诺和其他人一样是个工程师。 270

有一段时间，卡诺的公寓是昂方坦和巴扎尔向不断增加的热情年轻人讲课的场所。②但是到了1828年岁末,人数之多已使那个房间不够使用,于是他们断定应把自己的观点向更多的听众做更正式的宣讲。这很可能是受了孔德类似的成功经验的启发，他从1826年就开始向一批杰出的听众宣讲他的《实证哲学》,其中包括亚历山大·冯·洪堡、庞索和卡诺,后者是昂方坦派来接受圣西门主义初级教育的。③虽然孔德的努力不久便因使他三年无法工作的精神病痛而终止，它所引起的注意却足以使人竞相效仿。 271

圣西门主义者在1829和1830年安排的讲座，其形式就是留给我们

---

① 见*Sadi Carnot, Biographie et manuscrit*（《卡诺的传记与手稿》）（Paris, 1927), pp. 17—20。另见G. Mouret, *Sadi Carnot et la science de l'energie*(莫雷:《萨蒂·卡诺和能量科学》)(Paris, 1892)。《论火车的效能》(*Réflexions sur la puissancemotrice du feu*)出版于1824年,虽然它的重要性很久以后才得到承认。

② 见H. Carnot, “Sur le Saint-Simonisme”(卡诺:“关于圣西门主义”), *Séances et Travaux de l'Académie de sciences morales et politiques*, 47ᵉ année, n.s.（1887), vol. 28, p. 132。

③ 同上,p. 129。

的两卷《圣西门学说阐述》。[1]这是圣西门或他的弟子所产生的最重要的文献，也是社会主义史上里程碑式的大作，在法国之外它理应得到更好的了解。就算它不是一位法国学者所说的“社会主义《圣经》”[2]，起码也应被视为它的《旧约全书》。在某些方面它对社会主义思想的推进，甚至
272 比它出版近一百年后的人走得还远。

四

作为集体主义思想的基础之一，《阐述》并不是单独一个人的产物。大多数讲座虽然是由口才最好的巴扎尔主讲，其内容却是这个团体讨论的成果。印出来的本子，其实是由卡诺根据他和另一些人的听课笔记写成，《阐述》优雅而有力的文笔，很可能要归功于他。它的一份重要附录，即阿贝尔·特兰松大约在同一时期向综合工科学院学生所做的有关圣西门主义宗教的五篇演说，[3]被补充在《阐述》的一些版本之中。

对于圣西门主义思想的这些最全面的表述，若想形成一个恰当的认识，不做点儿乏味的重复是不太可能的，因为它的许多内容，都是对我们已经见过的那些观点的更有信心的重述。然而并非如它所言，它只是把圣西门（我们还要补充上年轻的孔德）的全部贡献整理成一个完整

① *Dotrines de Saint-Simon, Exposition, première année*, 1829（《圣西门学说阐述，第一年，1829》）(Paris, 1830), Deuxième année, 1829—1830（《第二年，1829—1830》）(Paris, 1831)。有个极好的版本，由C. Bouglé和E. Halévy作序，并增加了十分有益的注释，收在*Colllection des économistes et réformateurs français*（《法国经济学家和改革家文集》）(Paris, 1924)一书。下面引文的页码均指这个版本。

② C. Bouglé为E. Halévy, *L'Ere des tyrannies*（阿累维：《专制时代》）(Paris, 1938, p. 9)所写的序。

③ Abel Transon, *De la religion Saint-Simonienne: Aux elèves de l'Ecole polytechnique*（特兰松：《圣西门教：综合工科学院的弟子》）。最初发表于*Organisateur*第二期（July-September, 1831)，后出单行本(Paris, 1830; Brussels, 1831)，也见于《圣西门学说阐述，第二年》；德文译本于哥廷根1832年出版。

体系的唯一著作,它还对这种思想做了进一步阐发,我们所要讨论的, 273
正是昂方坦及其友人的这些阐发。

较为重要的《阐述》第一卷,大多数内容都是对历史和"天才的圣西门所发现的人类发展规律"的广泛的哲学考察[①],它以对作为一种"集体现象"的人类的研究为基础[②],向我们明确展示了人类的未来。[③]这一规律首先宣布了从"有机"状态向"批判"状态的转变,在前一种状态下,"人类活动的所有方面受着一种普遍理论的支配、预见和协调",而在批判状态下,社会成了相互斗争的孤立个人的集合体。[④]我们面对的最后归宿,则是一种人与人之间的一切对抗彻底消失、人对人的剥削被他们齐心协力对付自然所取代的状态。[⑤]不过,这种明确的状态,为了共同目
标[⑥]而使"努力的系统化"[⑦]和"劳动的组织化"[⑧]得到完善的状态,只能分 274
阶段完成。人类之间的对抗不断减少终将导致"普遍合作"[⑨],这一基本事实意味着"人对人的剥削稳步减少"——这是构成整个《阐述》主旋律的一句话。[⑩]走向普遍合作的实证进步的标志,是从家庭、城镇、国家的阶段,走向有着共同信仰和教会的多国联邦的阶段[⑪],剥削的减少则反映在各阶级之间关系的改变上。从吃俘虏的阶段,经过奴隶制阶段,到

---

① Exposition(《阐述》), ed. Bouglé and Halévy, p. 127。

② 同上,pp. 131, 160。

③ 同上,p. 89。

④ 同上,p. 27。

⑤ 同上,p. 162。

⑥ 同上,pp. 73, 124, 153。

⑦ 同上,p. 206。

⑧ 同上,pp. 89, 139。

⑨ 同上,pp. 203, 206, 234, 253。

⑩ 同上,pp. 236, 350。

⑪ 同上,pp. 208—209。

目前的无产阶级和有产者的关系，剥削的程度在稳步减少。[1]但是人仍然分成剥削者和被剥削者两大阶级[2]，仍然存在着一无所有的无产阶级。[3]正像雄辩的阿贝尔·特兰松在向综合工科学院青年学生的演说中指出的那样；它比《阐述》中的任何言论都更为出色地总结了那个主要论点：

> 农夫或工匠不再依附于大人物或土地，他不是像奴隶那样受到皮鞭的驱策；对于自己的劳动，他比农奴拥有更大的份额，但法
> 275 律对他仍很残酷。他的全部劳动果实并不属于他。他必须和另一些无论是知识还是权力都对他无益的人分享。简言之，他既无主子，也无领主，但还有资产阶级，而且这也正是资产阶级存在的原因。
>
> 作为土地和资本的所有者，资产阶级随意支配这些东西，除非他能从付给劳动者的价格中得到回报、供他和家人享用的回报，他是不会把它们交到劳动者手里的。不论是入侵者的直系后裔，还是农民阶级得到解放的子孙，这种出身上的差别融合成了我所描述的共同特征；只有在前一种情况下，他的占有资格是建立在如今受到谴责的事实上，而在后一种情况下，其来源就更受尊敬，那是勤劳的产物。然而从未来的角度看，这种资格在两种情况下都是不正当的和无价值的，因为它把一切都交给一个特权阶级任意摆布，而这些人的父辈没有留给他们任何生产工具。[4]

这种依然存在的状态的原因是“财产制度，是财富在家庭内的转

① 《阐述》，pp. 214—216, 238。

② 同上，p. 225。

③ 同上，pp. 239, 307。

④ *De la religion Saint-Simonienne*（《论圣西门教》）(Paris, 1830), pp. 48—49。

移”。[1]不过“财产制度也是一个服从进步规律的事实,就像所有其他社会事实一样”。[2]根据《阐述》中的观点,建立新秩序的将是

> 今天限于家庭成员的继承权向国家的转移,国家将成为一个劳动者的合作社。在许多方面都已受到沉重打击的血统特权,必将彻底消失。[3] 276
>
> 假如像我们宣布的那样,人类将走向这样一种状态,全部个人是按他们的能力进行划分,根据他们的劳动给予报酬,那么现有的财产权显然必须废除,因为让某个阶级有可能依靠别人的劳动生活,完全无所事事,这将维持对最有益的一部分人的剥削,他们从事劳动和生产,养活那些只会糟蹋东西的人。[4]

他们解释说,在他们看来,土地和劳动力仅仅是“工作的手段;有产者和资本家……是这些手段的保管人;他们的职能[5]是在劳动者中间分配它们”。[6]但是他们履行这项职能十分低效。圣西门主义者研究过西斯蒙第的《政治经济学新原理》(*Nouveaux principes d'économie politique*),它在1826年出过一个新版本。作者在书中首次描述了经济危机的灾难是如何由“混乱的竞争”引起的。但是,西斯蒙第并没有提供现实的救治方案,后来甚至为自己的教导造成的影响而懊悔[7],而圣西门主义者却

---

① 《阐述》,p. 243。

② 同上,p. 244。

③ 同上,pp. 253—254。

④ 同上,p. 255。

⑤ 在法语里,“职能”(fonction)当然也有“官僚”的意思。

⑥ 《阐述》,p. 257。

⑦ 在1831年写给钱宁的一封信里,他承认“我揭示了自由竞争制度的缺陷;我破坏有余而创新不足”。见J. C. L. Simonde de Sismondi, *Fragments de son journal et de sa correspondance*(西斯蒙第:《日记与书信摘录》)(Genève-Paris, 1857), p. 130。这里不能充分讨论西斯蒙第的一般影响,见J. R. de Salis, *Sismondi*(萨利:《西斯蒙第》)(Paris, 1932)。

277 有一套这样的方案。他们对竞争弊端的描述，几乎完全来自西斯蒙第：

> 在目前这种[生产工具的]由资本家和有产者分配的状态下，除非做过探索、试验和许多不幸的经历，这些职能无一能够得到履行；即使如此，得到的结果也总是不尽如人意，总是不长久。人人都根据个人知识采取行动，没有指导生产的全面规划；它是在没有判断、没有预见的情况下出现的；在这里不足，在别处又太多。①

于是经济危机被归咎于一个事实：从事生产工具分配的是孤立的个人，他们不清楚工业和人民的需求，也不了解能够满足这些需求的手段。②圣西门主义者提出了史无前例的全新的解决办法。在他们邀请我们加以思考的新世界里，

> 有产者和孤立的资本家将不复存在；他们由自己的习惯所定，是工业活动的门外汉，然而他们却决定着工作的性质和工人的命运。负责履行这些今天被弄得十分糟糕的职能的是一个社会机构；
> 278 它是全部生产工具的保管者；它统一管理对所有物质资源的开发；站在它的优越位置上，它具有总揽全局的观点，这使它能够同时了解工业生产的各个部门；通过它的分支机构，它与各地、各种类型的产业和全体劳动者保持着接触；因此它能够考虑到全部普遍的和个别的需要，把人和工具分派到需要它们的地方。一句话，它能够领导生产，使其做到与消费和谐一致，把生产工具交给最称职的工业家，因为它不断努力去发现他们的特长，并且最能促进这些特长。……在这个新世界里，因缺少普遍协作和人力物力的盲目分配而造成的麻烦将不复存在，今天的工厂里工人无法抵御的各种不

① 《阐述》，p. 258。

② 同上，pp. 258—259。

> 幸、挫折和失败,也会随之消失。总之,工业活动是有组织的,一切事情都相互关联,一切都在预见之中;劳动分工臻于完美,各种努力的结合每天都在变得更为强大。①

对于履行所有这些职能的“社会机构”,他们并不像后来的大多数社会主义者那样含糊其辞。这是对一个独一无二的 “banque unitaire, directrice”(统一领导的银行) 经过适当改造的大权独揽的金融体系,它是一个从事计划的机构:

> 未来的社会机构将根据全社会的利益, 特别是和平的劳动者 279
> 的利益,对工业实行全盘领导。我们暂时把这个机构称为银行的总体系,为了防止有人可能对这个概念做出过于狭隘的解释,我们保留一切修改的权利。
>
> 这个体系首先要建立一个中央银行,它就是物质领域的政府;这个银行将成为一切财富、一切生产资金、一切生产工具,总之,构成现在全部私有财产的一切东西的保管者。②

我们不必再进一步介绍《阐述》所建议的组织的细节。③以上列举的

① 《阐述》,p. 261。

② 同上,pp. 272—273。可以指出,这似乎是“中央银行”一词的首次出现。

③ 不过,下面这段话值得一提(见《阐述,第二年》, 1854, pp. 338—339):“为使这种工业合作(association industrielle)能够实现并产生出它的全部成果,必须为它建立一种等级制,必须用一种整体观点支配其中的劳动力,使其相互配合,……国家要绝对占有那些今天属于个人财产的全部劳动工具,由工业社会的领导者负责分配这些工具,即今天的有产者和资本家用如此盲目的方法和如此大的开支所从事的工作。……唯有这时,人们才会看到这种极为丑恶的现象的消失,工业秩序中这一重大的批判性否定,就其最突出的特征而言,不亚于以另一场新的形式继续存在于个人和国家之间的激烈而残酷的战争。”这段开场白清楚地表明,他们在这个阶段使用的“合作”(association)一词,恰恰也就是两年

280 要点足以表明，他们对这个计划社会的描述，比后来直到最近的社会主义者走得更远，也证明了后来的社会主义者是多么严重地依赖他们的思想。在社会主义社会有关经济计算问题的现代辩论中，对其机制的描述也并无更大的进步。没有理由把计划社会的这幅十分逼真的画面讥为“乌托邦”。马克思的特点在于给它补充上了英国古典经济学的部分内容，即他的“客观的”劳动价值学说，但他背离了这种学说对竞争的一般分析。我们后面还会讨论圣西门主义和黑格尔主义思想——马克思当然是其最著名的阐述者——融为一炉的一般后果。①

但是，就今天已成为共同财富的一般社会主义而言，几乎不必再给圣西门主义思想做更多的补充。如想进一步指出圣西门主义者对现代思想产生了多么深刻的影响，只需提一下所有欧洲语言从他们那儿汲
281 取了多少词汇即可。“个人主义”②、“工业家”③、“实证主义”④和“劳动组织”⑤，都是最先出现在《阐述》中。阶级斗争的概念，以及有着特殊技术含义的资产阶级和无产阶级的对立，都是圣西门主义者的发明。“社会主义”一词本身虽然尚未出现在《阐述》中［它使用的是含义十分相近的“合作”(association)一词］，但不久后，它便以现代含义首次⑥出现在圣西

后他们所采用的“社会主义”一词的含义。

① 见本书第三部分。

② 《阐述》，p. 377。另见A. Comte, *Lettres à Valat*(孔德：《致瓦拉的信》), pp. 164—165，他在写于1825年的一封信里已经非正式地使用过这个词。

③ 同上，p. 275。“工业主义”是圣西门本人为描述自由主义的对立面而发明的。见OSSE, vol. 3, pp. 178, 195。

④ 《阐述》，pp. 183, 487。

⑤ 同上，pp. 98, 139。

⑥ 严格地说，“社会主义者”和“社会主义”早在1803年就在意大利文中使用过(使用者是G. Guiliani)，却被人们忘记了。“社会主义者”也独立地出现在1827年11月的欧文派杂志《合作者》上，而“社会主义”(虽然有另一种含义)也出现在1831年的一份天主教杂志上。然而，只是当它出现在《环球报》时，它才立刻被人接受，并经常被人使用，尤其是勒鲁

门主义者的《环球报》上。[1]

五

随着《阐述》的出版,以及昂方坦[2]等人的一部分文章在新创办的圣西门派杂志《组织者》和《环球报》上发表,我们所关注的他们那些思想 282
的发展,却突然大体上结束了。如果我们浏览一下后来这个学派或它变成圣西门教以后的历史,就会明白它的直接影响为何并不是很大,或这种影响为何没有得到更明确的承认。因为在昂方坦的影响下,这种学说变成了宗教;[3]感情化的和神秘主义的因素,压倒了表面的科学和理性因素,这正像圣西门的最后阶段和孔德晚年的情况一样。《阐述》在第二年便在这个方面表现出了日益鲜明的趋势。但是它后来的文字活动并不重要,我们只有从它的教会组织以及它对学说的实际应用中,才能看到这个新教会的别致特点和情绪化的表现,它们较之更为重要的早期活动,吸引了更多的注意。[4]

和雷博。见C. Grünberg, "Der Ursprung der Worte 'Sozialismus' und 'Sozialist'"(格伦伯格:"'社会主义'和'社会主义者'两词起源考"), *Archiv für die Geschichte des Sozialismus und der Arbeiterbewegung* (1912), vol. 2, p. 378。另见《阐述》,p. 205n。

① 《环球报》, February 2, 1932。这个词出现在H. Joncières所写的一篇文章里,这个词的上下文也很有意思,因此有必要把整句话引用一下:"我们并不希望为社会主义而牺牲个人,正像不希望为了个人而牺牲社会主义一样。"

② 应当特别提到的是,昂方坦在《环球报》上的一些文章被单独结集出版,标题是*Economie politique et politique*(《政治经济学和政治》)(Paris, 1932)。

③ 对其动机的有趣的解释,见Eduard Gans, "Paris in Jahre 1830"(甘斯:"1830年的巴黎"), 载*Rückblicke auf Personen und zustände* (Berlin, 1836), p. 9。"本雅明·贡斯当告诉我,当圣西门主义者在大约一年之前就如何能够传播其原则征询他的建议时,贡斯当告诉他们:把它们搞成一种宗教。"

④ 见H. R. d'Allemagne, *Les Saint-Simoniens* 1827—1837(达勒玛尼:《圣西门主义者》)(Paris, 1931)。

这种新宗教最初只包含着一种模糊的泛神论和对人类休戚与共的
283 狂热信仰。但是和崇拜仪式以及等级制度相比,教义并不十分重要。这个学派变成了一个家族,受着昂方坦和巴扎尔这两位教父的统治。他们是新的教皇，手下有一批使徒和分为三六九等的成员。组织了各种仪式,不仅传授教义,而且不久后它的成员便在仪式上公开忏悔自己的罪恶。布道者周游全国传播教义,并成立了地方中心。

他们的活动不仅在巴黎,甚至在比利时,一度相当成功。他们的团体当时吸收的成员,包括P.勒鲁、阿道夫·布朗基、佩屈埃和卡贝。勒普拉也是其成员之一[①],在布鲁塞尔,他们争取到了社会物理学的一位新崇拜者,即天文学家和统计学家凯特莱,综合工科学院那个圈子早就对他产生过深刻的影响。[②]

对于1830年7月的革命,他们完全没有准备,可是他们却天真地相
284 信这会使他们上台执政。据说,巴扎尔和昂方坦甚至请路易·菲利普把政府官邸杜伊勒利宫交给他们,因为他们是天底下唯一合法的势力。这场革命对他们的学说所起的作用似乎是，他们感到必须对时代的民主趋势有所让步。于是,原来是威权主义的社会主义,开始跟自由民主主义暂时合作。至于采取这种步骤的理由,圣西门分子以惊人的坦率做了解释,令后来的社会主义者自叹弗如:“此时此刻我们要求宗教自由,是

① 见G. Pinet, *Ecrivains et penseurs polytechniciens*, 2d ed。(皮耐:《综合工科学院的作家和思想家》)(Paris, 1898), p. 176; S. Charléty, *Histoire du Saint-Simonisme*(夏勒蒂:《圣西门主义史》)(1931), p. 29。

② 见G. Weill, “Le Saint-Simonisme hors de France”(维尔:“法国以外的圣西门主义”), *Revue d'histoire économique et sociale* (1921), vol. 9, p. 105。一个包括勒鲁和H.卡诺等人的圣西门主义传教团,在1832年2月去了布鲁塞尔;虽然除了Weill提到的评论外,没有直接证据表明圣西门主义对凯特莱的影响,但是很明显的一点是,从这时开始,他的思想明确转到了和孔德十分相似的方向。见J. Lottin, *Quetelet: statisticien et sociologue*(洛丁:《凯特莱:统计学与社会学》)(Louvain and Paris, 1912), pp. 123, 356—367,另见pp. 10, 21。

为了能更容易地在人类宗教历史的废墟上建立唯一的宗教；……出版自由，因为这是此后建立合法思想统治的必要条件；教育自由，是为了使我们的教义更易于传播，有朝一日成为所有人唯一热爱和遵奉的教义；打破垄断是达到组织工业体系的手段。”[①]然而他们的真实观点，在他们对普鲁士的组织天才的及早发现以及对它的热情上表现得更为清楚[②]——正像我们今天所知道的，这种共鸣在“青年德意志”成员那儿也有回应，其中一个成员不无道理地说，普鲁士人早就是圣西门主义者 285
了。[③]这个时期唯一值得一提的理论发展，是他们对铁路、运河和银行的兴趣日增，在这个教派烟消云散之后，他们中间的不少人，都把毕生精力投入到了这些事业上。

昂方坦要把这个学派变成宗教的早期努力，已在其领袖内部造成了一些矛盾，并使一些人离去。主要的危机始自他开始提出有关妇女地位和两性关系的新理论。在圣西门本人的教导中，没有任何内容可以给这种发挥提供依据。这种教义的第一个要素很可能是从傅立叶主义引进的，它认为成双成对的男女才构成真正的社会个体。在昂方坦看来，这距离从妇女解放原理转向“复兴肉欲”以及对两性之间“持久”和“非持久”关系类型——这两种关系都应当存在——的划分，还差着一小步。这些教义，以及有关它们被实际运用的谣言蜂起（不得不承认，圣西门主义者在他们的著作中为此提供了充足的理由）[④]，形成了一大丑闻。

① *Organisateur*（《组织者》），vol. 2, pp. 202, 213，转引自Charléty，前引书，p. 83。

② 《环球报》，June 3 and 8, 1831，转引自Charléty，前引书，p. 110。

③ Karl Gutzkow, *Briefe eines Narren an eine Närrin*（古茨考：《一个疯子致另一个疯子的信》）（1832），转引自E. M. Butler, The Saint-Simonian Religion in Germany (Cambridge, 1926), p. 263。

④ 例如，最年长的成员之一杜弗里埃在1832年1月12日的《环球报》上写道：“人们在大地上目睹了过去从未见过的景象。人们看到那些男男女女，被史无前例和难以言表的爱结合在一起，因为这爱从不减退，也不含嫉妒；这些男男女女不停地相互给予爱，就像天堂中的盛宴。”

286 然后便发生了昂方坦和巴扎尔的决裂，后者脱离了运动，并在九个月后去世。他的位置被保留给了“教母”(Mère suprême)，一个乔治·桑并不乐于接受的荣誉。和巴扎尔一起退出的还有一些最杰出的成员，卡诺、勒鲁、莱切瓦列和特兰松，后两人后来成了傅立叶分子；数月后，甚至圣西门的生前好友罗德里格，也与昂方坦分道扬镳。

面对严重的挫折，以及让《环球报》难以为继的资金困难，而且开始受到警察的注意，昂方坦同四十位忠实的信徒一起撤到巴黎郊区曼尼蒙坦的一所房子里，开始了一种恪守教义诫律的新生活。这四十人过起了没有佣人的群居生活，他们相互分担下人的工作，为了平息谣言而厉行独身主义。如果说他们的生活一半是以修道院为楷模，另一半却又很像纳粹的“领袖学校”(Führerschule)。体操锻炼和教义课使他们为未来更为积极的生活做好准备。

287 他们虽然自愿把自己关在他们的房子里，却并未停止扬名的努力。身着奇装异服，种植着自己菜园子的四十名使徒，一度令巴黎人大为感动，他们蜂拥而至观看这一奇景。因此这种“撤退”并没有让警察放心。昂方坦、杜韦里埃和谢瓦利埃受到了践踏公共道德的指控，结果被判一年监禁。整个团体穿着他们的奇装异服向法庭进军，肩上扛着他们的铁铲和另一些工具，充满激情地为被告辩护，这几乎成了该团体的最后一次公演。当昂方坦走进圣佩拉古监狱服刑时，这场运动开始迅速衰落，曼尼蒙坦的组织不久便分裂了。一部分门徒为“寻找自由之母”[1]去了康斯坦丁堡和东方，曾经引起众多议论。昂方坦在出狱后又组织了一次东方之旅，却是出于一个更敏感的目的，他和一群圣西门主义者在埃及待了几年，试图组织凿通苏伊士地峡。虽然他们最初没有赢得支持，但主
288 要是由于他们的努力，后来的苏伊士运河公司才得以成立。[2]我们还会

① “寻找女性”(chercher la femme)的说法显然源出于此。

② 见J. Lajard de Puyjalon, *L'Influence des Saint-Simoniens sur la réalisation de l'Isthme de Suez*(普加龙：《圣西门主义者在凿通苏伊士运河中的作用》)(Paris, 1926)。

有机会谈到，他们多数人继续投身于有益的事业——昂方坦创建了巴黎—里昂—地中海铁路系统，他的许多弟子在法国和其他地方组织了铁路和运河的修建。[①] 289

① 见M. Wallon, *Les Saint-Simoniens et les chemins de fer*（瓦龙:《圣西门主义者与铁路》）(Paris, 1908); H. R. d'Allemagne, *Prosper Enfantin et les grandes entreprises du XIX siècle*(达勒玛格纳:《昂方坦和十九世纪的大企业》)(Paris, 1935)。

十五
圣西门主义的影响

一

290 有两三年的时间，圣西门主义运动不但在法国，而且在整个欧洲极为轰动，今天对此进行评价，或是勘定这一学说的影响范围，并非易事。不过几乎无可怀疑的是，这种影响之大远远超出了一般人的认识。如果有人想根据当时的文献提到圣西门主义者的频率来判断这种影响，他会感到他们名声虽大，却好景不长。然而我们不可忘记，这个学派在其最后岁月里，由于它的伪宗教闹剧、它的各种不检点和愚蠢的行为而受人嘲弄，这使许多吸收了其大多数社会和哲学教诲的人，羞于承认自己
291 曾经与曼尼蒙坦的奇思怪想以及到东方寻求“自由之母”的那些人有染。他们把自己的圣西门主义者时期，视为年轻时的蠢行，并不想加以炫耀，这是十分自然的。但是这并不意味着，他们当时吸收的思想也不再对他们或通过他们发挥作用了。细致的研究——这是迄今尚未有人做过的——也许可以证明这种影响曾波及多大的范围。

这里我们主要关心的不是回顾人或团体的影响。在我们看来更为重要的是，能否证明，即使没有圣西门主义者的直接影响，类似的环境会产生类似的思想。但是只要研究一下同一时期其他地方的类似运动，立刻就会显示出它与法国的原型有着密切的关系。对于所有这些事例，

我们是否真正可以参照那种影响，或我们是否不应该说凡是持类似思想的人不久就会成为圣西门主义者，这也许可以存疑。不过还是值得概略地看看这种影响发挥作用的不同渠道，因为它的范围至今仍未得到理解。这尤其是因为圣西门主义的传播，也意味着孔德的实证主义早期形式的传播。

首先应当认识到的重要一点是，这种影响并不限于主要对社会和政治思想感兴趣的人，它在文学和艺术界甚至更为强大，对于圣西门主义观念在其他领域的传播，这类人常常成为它的几乎不自觉的工具。在 292
法国，圣西门主义者有关艺术的社会功能的思想，给当时一些最伟大的作家打上了深深的烙印，并对当时文学气氛发生的深刻变化负有责任。[①]要求一切艺术都应当有目的，它应当从事社会批判，为此要如实地呈现生活，包括它的一切丑陋的方面，这导致了一场真正的文学革命。[②]不但与圣西门主义者关系密切的作家，如乔治·桑或贝朗热，而且当时一些最伟大的作家，如巴尔扎克[③]、雨果和欧仁·苏，都接受了圣西门主义的许多教导并加以实践。在作曲家中，李斯特是他们聚会中的常客，柏辽兹在《铁路赞歌》(*Chant d'inauguration des chemins de fer*)中采用了圣西门主义的音乐信条。

---

① 关于这一点以及下面的讨论，见M. Thibert, *Le Rôle social de l'art d'après les Saint-Simoniens*（梯伯：《圣西门主义者论艺术的社会作用》）(Paris, 1927); H. J. Hunt, *Le Socialisme et romantisme en France, etude de la presse socialiste de 1830 à 1840*(亨特：《法国的社会主义和浪漫主义：1830—1840年法国媒体研究》）(Oxford, 1935), J.-M. Gros, *Le Mouvement littéraire socialiste depuis 1830*（格罗：《1830年后的社会主义文学运动》）(Paris, 1904)。

② 关于圣西门主义艺术理论的发展，参见E. Barrault, *Aux artistes du passé et de l'avenir des beaux arts*(巴罗：《过去的艺术家和美术的未来》)(1830)。

③ 见R. Curtius, *Balzac*(库尔提乌斯：《巴尔扎克》)(1923)。

二

圣西门主义在英国文学界也有部分影响。在这里，他们的思想的主
293 要阐述者有一段时间是托马斯·卡莱尔，他得益于圣西门主义理论是人
尽皆知的事情，他甚至翻译了圣西门的《新基督教》，匿名为它作序并想
出版它。[①]圣西门主义或孔德的影响，很容易跟德国的影响混在一起，卡
莱尔是我们还会遇到的诸多这类事情中的第一例。卡莱尔对历史哲学
294 的看法，他在《萨托·雷萨图斯》(*Sartor Resartus*)中对进步规律的阐述，
他把历史分为进取的时期和被动的时期，大体上都是来自圣西门主义；

---

① 见D. B. Cofer, *Saint-Simonism in the Radicalism of T. Carlyle*（柯菲：《卡莱尔激进主义中的圣西门主义》）(College Station, Tex., 1931); F. Muckle, *Henri de saint-Simon*（穆克尔：《圣西门》）(Jena, 1908), pp. 345—380; E. d'Eichhtal, "Carlyle et le Saint-Simonisme"（戴希塔尔："卡莱尔和圣西门主义"）, *Revue histoirque* 82—83 (1903)（英译本见*New Quarterly*, London, April 1909）; E. E. Neff, *Carlyle and Mill*（内夫：《卡莱尔和穆勒》）(New York, 1926), p. 210; Hill Shine, *Carlyle and the Saint-Simonians: The Concept of Historical Periodicity*（希安：《卡莱尔和圣西门主义者：历史周期论》）(Baltimore: John Hopkins University Press, 1941)，以及该作者在*Notes & Queries* 171 (1936:290—293)中的说明。下面我们还会更清楚地看到，为什么在卡莱尔那儿就像许多人的情况一样，圣西门主义的影响很容易跟德国哲学家的影响结合在一起。和卡莱尔同情并接受圣西门主义思想形成有意思的对比的，是R. Southey极端敌视的反应，他以"新的财产分配"为题给*Quarterly Review*（《评论季刊》）(45, July 1831: 407—450) 撰稿，对《圣西门学说》做了全面而清楚的介绍。另见他在1831年6月31日的信，载E. Hodder, *The Life and Work of the 7th Earl of Shaftesbruy*（霍德尔：《莎夫特斯伯里伯爵七世的生平和著作》）(London, 1886), vol. 1, p. 126。滕尼森在写于1832年的一封信中，仍然说"变革和圣西门主义是最重要的主题，而且会继续如此。……圣西门主义宗派的存在，立刻就证明了十九世纪的大量罪恶，这是个引人注目的焦点问题。这个宗派在法国、德国和意大利迅速传播，他们在伦敦还有传教团。"[见他儿子所写的回忆录：*Alfred Lord Tennyson, A Memoir*（滕尼森：《回忆录》）, London, 1871, vol. 1. p. 99]。一个显著的事实是，英国因狄斯累利而开始的社会改革，也正是在人们期待着圣西门主义的影响会向着这个方向发挥作用的时候，不过就我所知，没有证据表明圣西门主义者对狄斯累利有过任何影响。

他对法国大革命的解释也渗透着圣西门主义思想。这里不必强调他又对别人产生的影响，但值得指出的是，后来的英国实证主义者都承认，他的教导在为他们铺平道路上贡献甚大。[①]

人们更为熟知的，是圣西门主义者对穆勒的影响。他在《自传》[②]中把他们描述成“比任何其他人更好地使他明白了一种新思维方式的作者”，并且详细记述了他们的一本著作，即孔德早期那本在他看来优于所有其他著作的《实证政治学体系》，它是多么具体地

> 跟我当时的想法相吻合，它似乎使这些想法有了科学的形式。我已思考过作为政治科学典范的自然科学方法。但是，我这时从圣西门主义者和孔德所建议的思想训练中获得的主要益处是，对于观念转变的时代的特点，我有了较之过去更清醒的认识，我不再错 295
> 误地把这个时代的道德和思想当作人类的一般属性。

穆勒接着解释说，他虽然一度不知道孔德，但总是通过戴希塔尔（把圣西门主义介绍给卡莱尔的也是此人）[③]了解圣西门主义者的进步，

---

① 参见C. G. Higginson, *Auguste Comte: An Address on His Life and Work*（希金森：《孔德：关于其生平和著作的一篇演说》）（London, 1892）, p. 6; M. Quinn, *Memoir of a Positivist*（奎因：《一个实证主义者的回忆》）（London, 1924）, p. 38。

② J. S. Mill, *Autobiography*（穆勒：《自传》）（1873）, pp. 163—167.另见p. 61。穆勒在这里讲述了1821年他15岁时在萨伊的家里遇到圣西门本人的情形，“他当时还不是一种哲学或宗教的创立者，只被视为一个聪明而有独创性的人”。

③ 戴希塔尔和杜韦利埃在1831年肩负着圣西门主义者的一项正式使命来到伦敦。见*Address to the British Public by the Saint-Simonian Missionaries*（《圣西门教传教士向英国公众的演说》）（London, 1832）; S. Charlety, *Histoire du Saint-Simonisme*（夏勒蒂：《圣西门主义史》）（Paris, 1931）, p. 93。另见*St. Simonism in London*（《圣西门主义在伦敦》）, by Fontana; Chief, Prati, Preacher of the St. Simonian Religion in England（《圣西门教在英国的布道者》）（London, 1834）, 穆勒在*Examiner*（《评论家》）（February 2, 1834）上做过评论。

他阅读他们写下的几乎所有东西:“正是通过他们的著作,(我)开阔了眼界,看到了陈旧的政治经济学的局限和暂时的价值,它以为私有产权和继承权是不可取消的事实,生产与交换的自由是社会进步的最终法则。”在致戴希塔尔的一封信中,[1]他似乎已经变得信心十足,“倾向于认为(他们的)社会组织,在做些修改之后,……有可能成为我们人类最后的和永久的状态”,尽管与他们不同,他认为需要经历许多阶段,或至少
296 是若干阶段,人类才能认识到这一点。我们从这里无疑看到了穆勒的社会主义教导的第一来源。不过,就穆勒的情况而言,这大体上仍是孔德后来对他产生更深刻影响的准备过程而已。

三

但是,除了法国,对圣西门主义学说最感兴趣的是德国。[2]这种兴趣出现之早令人诧异。那个国家似乎有相当多的一部分读者都拿到了第一期《组织者》。[3]几年后,孔德的学生古斯塔夫·戴希塔尔,甚至在他去英国做类似的努力之前,就在1824年到了柏林,他有可能成功地使不少人对孔德的《实证政治学体系》产生了兴趣,结果是《莱比锡文学报》(*Leipizger Literatur-Zeitung*)[4]刊载了这本书从任何语言中得到的唯一

---

① *The Letters of John Stuart Mill*(《穆勒通信集》), ed. H. S. Elliot (1910), vol. 1, p. 20。另见J. S. Mill, *Correspondance inedite avec Gustave d'Eichthal, 1828—1842, 1864—1871* (穆勒:《与戴希塔尔的通信,1828—1843,1864—1871》), ed. E. d'Eichthal (Paris, 1898); 英文原稿的一部分内容见*Cosmopolis* (London, 1897—1898), esp. vol. 5, pp. 356, 359—360。

② 《环球报》(March 16, 1832) 报道说,“没有哪个国家像德国那样给予圣西门主义如此大的关注”。

③ 见H. Fournel, *Bibliographie Saint-Simonisme* (福奈:《圣西门主义书目》) (Paris, 1933), p. 22。

④ P. Lafitte, “Matériaux pour la biographie d'Auguste Comte. I. Relation d'Auguste Comte avec d'Allemagne”(拉菲特:“孔德传记资料: 1. 孔德与达勒玛尼的关系”), *Revue occidentale 8* (1882): 227; “Correspondance d'Auguste Comte et Gustave d'Eichthal”(“孔德与戴希塔尔的通信”), ibid. 12 (1891): 186—276。

一篇相当详细的评论。从当时著名的政论家弗里德里希·布赫霍尔茨那儿,戴希塔尔也发现了一位孔德的热情赞赏者,他不但在一封致孔德的 297
吹捧信里表示和他意见完全一致[①],甚至在1826和1827年他的《德意志新月刊》(*Neue Monatsschrift für Deutschland*)上刊发了四篇讨论圣西门著作的匿名文章,并附上了《工业体系》一书结论部分的译文。[②]

不过,只是到了1830年秋,才在德国兴起了对圣西门主义运动的普遍兴趣;在此后两三年里,它如野火一般燃遍德国文坛。七月革命使巴黎再次成为吸引一切进步人士的中心,而当时声望如日中天的圣西门主义者,是这个一切自由派的麦加圣城中最抢眼的思想运动。圣西门主义者的著作、小册子和文章[③],以及他们著作的一些译本[④],在德国如潮 298

---

① *Revue occidentale*, p. 228, pp. 223及以下各页。它还再版了1824年9月27日的书评,它对"三阶段规律"有充分介绍。

② *Neue Monatsschrift für Deutschland*, vol. 21(1821)(包括三篇文章), vol. 22 (包括三篇文章),另见vols. 34 and 35中有关同一主题的文章。弗里德里希·布赫霍尔茨在该世纪早期是普鲁士有影响的政论家,他于1802年发表了*Darstellung eines neuen Gravitationsgestzes für die moralische Welt*, 关于他的情况,见K. Bahrs, *Friedrich Buckholz, ein preussischer Publizist 1768—1843* (Berlin, 1907), 关于戴希塔尔和他的关系,见"Correspondance d'Auguste Comte et Gustave d'Eichthal"("孔德与戴希塔尔的通信"), *Revue occidentale* 12 (1891): 186—276。

③ 参见一份列出了大约五十种出版物的表格,它于1830到1832年间在德国出版,编者是E. M. Butler, *The Saint-Simonian Religion in Germany* (巴特勒:《圣西门教在德国》)(Cambridge, 1926), pp. 52—59; 但这份书单并不完整。见R. Palgen对此的评论,载*Revue de littérature comparée* (《比较文学杂志》)9 (1929); 另见W. Suhge, *Der Saint-Simonismus und das junge Deutschland*(苏格:《圣西门主义和青年德意志》)(Berlin, 1935)。

④ 见Abel Transon, *Die Saint-Simonistische Religion: Fünf Reden an die Zöglinge der polytechnischen Schule, nebst einem Vorbericht über das Leben und den Charakter Saint-Simons*(特兰松:《圣西门教:为综合工科学院学生所做的五篇演说,附有关圣西门的生平和性格的报告》)(Göttingen, 1832)。

水般涌现，只利用德语文献，就几乎可以对它们了如指掌。这种激情甚至影响到了老年歌德，他订阅了《环球报》（很可能是在它转向自由主义之后），虽然他早在1830年10月就警告过卡莱尔“离圣西门协会远着点儿”[1]，在1831年5月他也屡次谈到这个话题，但他还是觉得必须花上一天的阅读工夫，了解一下圣西门主义学说的究竟。[2]

整个德国文学界似乎对法国的新思想如饥似渴，对于某些人来说，正像拉赫尔·冯·范哈根所言，圣西门主义者的《环球报》已经成了每日不可缺少的精神面包。[3]有关圣西门主义运动的消息，似乎是1831年把
299 海因里希·海涅吸引到巴黎的决定性因素[4]，而且正如他后来所说，在他没有坐在圣西门主义者中间以前，他从未在巴黎待过二十四小时。[5]他和L. 博尔纳从巴黎向德国的文学圈传递了许多有关圣西门主义者的消息。对于那些后来者，尤其是范哈根兄弟，重要的信息来源是美国人阿尔伯特·布里斯班，他当时还不是傅立叶派，但已在四处传播社会主义观念了。[6]这些思想对年轻的德国诗人劳伯、古茨考、蒙特和维巴格产生

① 转引自Butler前引书，载*Briefe*（《通信集》）(Weimarer Ausgabe), vol. 42, p. 300，此信的日期是1830年10月17日。

② 见Eckermann, *Gespräche mit Geothe*, 1830年10月20日的信；另见Goethe, *Tagebücher*, 1830年10月31日和1831年5月30日的信。

③ Rahel: *Ein Buch des Andenkens für ihre Freunde*（拉赫尔：《你的朋友的纪念册》）(Berlin, 1934)，信的日期是1832年4月25日。

④ 见Butler, 前引书，p. 70。

⑤ K. Grün, *Die soziale Bewegung in Frankreich und in Belgien*（格伦：《法国和比利时的社会运动》）(Darmstadt, 1845), p. 90。

⑥ 见Margaret A. Clarke, *Heine et la monarchie de juillet*（克拉克：《海涅和七月王朝》）(Paris, 1927)，特别是附录2；Butler, 前引书，p. 71。在赞赏圣西门的德国人中，有些热情过头的人甚至把他比作歌德，这种热情使梅特涅（在1835年11月30日致维特根斯坦亲王的信中）禁不住发出尖刻的评论，对于这个他所熟知的圣西门，他说：“他是个彻头彻尾玩世不恭的傻瓜，就像歌德是位伟大的诗人一样。”见O. Draeger, *Theodor Mundt und seine Beziehungen zum jungen Deutschland*（德拉格尔：《蒙特及其同青年德意志的关系》）(Marburg, 1909), p. 156。

了多么深刻的影响，巴特勒小姐在《德国的圣西门教》(*Saint-Simonian Religion in Germany*)一书中做过记述，她颇有道理地把这整个"青年德意志"学派称为一场圣西门主义运动。[①]在他们作为一个团体从1832到 300
1835年的短暂而独特的存在过程中，他们始终把艺术必须有目的这条圣西门主义原则加以运用，甚至比法国的同行更为严格，并特别致力于普及他们的女权主义信条和他们"复兴肉欲"的要求。[②]

四

对于我们的目的更为重要却不幸很少有人探究的是，[③]圣西门主义
者同另一个相关的德国团体的关系，即青年黑格尔派。黑格尔思想和圣 301

---

① 同上，p. 430。除了前引Suhge的著作外，另参见F. Gerathewhol, *Saint-Simonistische Ideen in der deutschen Literatur, Ein Beitrag zur Vorgeschichte des sozialismus*（格拉特沃尔:《德国文学中的圣西门主义，它对社会主义形成的贡献》）(Munich, 1920); H. V. Kleinmayr, *Welt-und Kunstanschuung des jungen Deutschlands*（克莱因迈尔:《青年德意志的世界观和艺术观》）(Vienna, 1930); J. Dresch, *Gutzkow et la Jeune Allemagne*（德雷舍:《古茨考和青年德意志》）(Paris, 1904)，此书谈到了另一位虽不属于"青年德意志"成员，但也受到圣西门主义思想影响的德国诗人G. 毕希纳。或许值得一提的是，他是《奋斗与攻击》(*Kraft und Stoff*, 1855)一书的作者、德国极端唯物主义的主要代表人物之一L. 毕希纳的哥哥。关于G. 毕希纳，见G. Adler, *Die Geschichte der ersten sozialpolitischen Arbeiterbewegung in Deutschland*（阿德勒:《德国工人早期社会政治运动史）(Leipzig, 1885), p. 8以下，还应当考虑到另一些德国早期的社会主义者，特别是Ludwig Gall，以及后来的Georg Kuhlmann和Julius Treichler，他们同圣西门主义的关系也需要研究。

② 圣西门主义在德国的影响之广，特里尔大主教于1832年2月13日发布的一份抨击它的文告是个有趣的证明。参见*Allgemeine Kirchenzeitung*（《教会通报》）(Darmstad), March 8, 1832。

③ 见B. Croce, *History of Europe in the 19th Century*（克罗齐:《十九世纪欧洲史》）(1934), p. 147。

西门主义的这种奇怪姻缘，以及当时的人对这种关系的强烈感受，下面还会谈到。这里我们只想谈谈年轻的黑格尔派哲学家直接受圣西门主义影响的实际程度，以及导致青年黑格尔派从这位哲学家的正统追随者中分裂出去的决定性变化，在多大程度上要归因于这种影响。我们对此事所知不多，但是，由于“青年德意志”与后来成为青年黑格尔派的人过往甚密，并且前一个团体中的一些人以及一些论述圣西门的德语著作的作者，都是黑格尔派[1]，所以几乎不必怀疑，这个团体对圣西门主义的兴趣，从整体上说不会小于“青年德意志”的成员。

以德国的思想而论，研究十分欠缺但对理解后来的发展至关重要的时期，是十九世纪三十年代，在后来十年里才结出果实的种子，似乎
302 就是在这个时期播下的。[2]我们这里遇到的困难是，在圣西门主义者名声扫地之后，人们变得十分不乐意承认与其有染，这尤其是因为普鲁士书报检查制度有可能反对任何提到这个团体的文字。早在1834年，屈纳这位与“青年德意志”关系密切的黑格尔派哲学家就说过，“几乎不允许提到圣西门主义——即‘法国版的黑格尔主义’——的名称，但是这种生活观的基本特点，虽然因其特殊形式而成了一幅漫画，必将被完全吸

---

[1] 在“青年德意志”中，蒙特和屈纳都是黑格尔所在大学的哲学讲师，讲授圣西门主义哲学内容的大多数著作的作者也是如此，尤其是M. Veit, *Saint-Simon und Saint-Simonismus*（维特：《圣西门和圣西门主义》）(Leipzig, 1834); F. W. Carove, *Der Saint-Simonismus und die neure französische Philosophie*（卡洛弗：《圣西门主义和法国新哲学》）（Leipzig, 1831)。我无法找到同一时期的另一部著作，即S. R. Schneider, *Das Problem der Zeit und dessen Loesung durch die Association*（施奈德：《当代问题及其通过合作的解决之道》）(Gotha, 1834)，从书名判断，它可能也包含着对圣西门派社会主义思想的说明。

[2] 见B. Groethuysen, “Les jeunes Hégeliens et les origines du socialisme en Allemagne”（格罗修森：“青年黑格尔派和德国社会主义的起源”），*Revue philosophique* 95, no. 5/6 (1923): 尤见p. 379。

收到社会关系之中”。[1]如果我们记得，在反叛正统的黑格尔主义以及德国社会主义的诞生上起过决定性作用的人，卢格、费尔巴哈、施特劳斯、
摩西·赫斯和罗德贝尔图斯，当圣西门主义的狂热席卷德国之时他们正 303
值二十多岁[2]，那么几乎可以肯定地说，当时他们都吸收了圣西门主义。摩西·赫斯只是他们中间的一位，虽然如人们所知，他在当时的德国比任何其他人更多地传播了社会主义学说。人们确切地知道，他在1830年代初曾访问过巴黎[3]，从他在1837年的第一部著作中，也很容易找到圣西门主义和傅立叶主义学说的痕迹。[4]在另一些人特别是青年黑格尔派中最有影响的人物路德维希·费尔巴哈那里，实证主义和黑格尔主义被如此彻底地结合在一起，他对马克思和恩格斯影响甚巨，不过我们没有直接证据表明他了解圣西门主义的作品。这位给下一代德国科学家提供了一种实证主义世界观，从而起着类似于孔德对法国的作用的黑格尔派，如果是不靠当时那个国家的运动而得出他自己的看法，那么这甚至有着更大的意义。然而，实际上几乎可以肯定地说，他在思想的形成期肯定了解那些运动。这位年轻的大学哲学讲师在1832年夏天，当德国正在如火如荼地讨论圣西门主义时，曾为了访问巴黎而在法兰克福做
了数月的读书准备[5]，如果他是他这类人中间一个未受到它们影响的异 304

---

① 见他对友人蒙特的《动荡人生》(*Lebenswirren*)一书的评论，转引自W. Grupe, *Mundts und Kuehnes Verhältnis zu Hegel und seine Gegnern*（格鲁普:《蒙特和库纳斯与黑格尔及其对手的关系》)(Halle, 1928), p. 76。

② 1831年，当德国的圣西门主义运动兴起时，卢格二十九岁，费尔巴哈二十七岁，罗德贝尔图斯二十六岁，赫斯十九岁，而卡尔·马克思只有十二岁。“青年德意志”主要成员的年龄是，劳伯二十五岁，屈纳二十五岁，蒙特二十三岁，古茨考二十岁。

③ 见T. Zlocisti, *Moses Hess*(兹洛希斯提:《摩西·赫斯》)(Berlin, 1920), p. 13。

④ M. Hess, *Die heilige Geschichte der Menschheit*（赫斯:《神圣的人类史》)(Stuartgart, 1837)。

⑤ 见A. Kohut, *L. Feuerbach*（柯胡特:《费尔巴哈》)(Leipzig, 1909), p. 77;

数，这是令人难以置信的。更为可能的是，就像其他人的情况一样，正是这个学派的声望吸引着他要去巴黎。这次访问计划虽未落实，但费尔巴哈当时很可能吸收了许多圣西门主义思想，准备由自己来取代圣西门主义在其年轻同胞中的影响。在阅读他的著作时如果记住这种可能性，那就很难相信，他和孔德的著作之间明显的相似之处，只是出于偶然。[①]

在巴黎的大量德国工匠移民中，不同的成员也对这个时期社会主义思想在德国的传播起了重要作用，他们的组织对于社会主义运动的成长变得十分重要，魏特林就一度是其中的杰出人物。[②]甚至洛伦兹·
305 冯·施泰因和卡尔·格伦在1840年代初前往巴黎系统研究社会主义之前，他和其他大量旅行者肯定已经源源不断地提供着有关法国学说发展的信息。作为这些访问的成果，随着两部著作的出版[③]，特别是施泰因在其读者众多的《今日法国的社会主义和共产主义》(*Socialism and Communism in Present-Day France*)(1842)一书中极为详尽而富有同情

Ausgewählte Briefe von und an Feuerbach（《费尔巴哈通信选集》), ed. W. Bolin (Leipzig, 1904), vol. 1, p. 256, 其中在1832年3月12日写给他兄弟的信中，费尔巴哈解释说，“巴黎是我向往已久的地方，我内心里情不自禁地被它牵动，我早就准备好了要做个法国人。那是个适合我的个性和我的哲学的地方，在那里我充满力量，并且在这一点暴露出来之前，我甚至没有认识到我的能力。”

① 见T. G. Masaryk, *Die philosophische und soziologischen Grundlagen des Marxismus*(马萨里克：《马克思主义的哲学和社会学基础》)(Vienna, 1899), p. 65。

② 见G. Adler, *Die Geschichte der ersten sozialpolitischen Arbeiterbewegung in Deutschland*（阿德勒：《德国工人早期社会政治运动史》)(Leipzig, 1885); K. Mielcke, *Deutscher Frühsozialismus*(米尔克：《德国的早期社会主义)(Stuttgart, 1931), pp. 185—189。

③ Lorenz von Stein, *Der Sozialismus und Kommunismus des Heutigen Frankreich*(施泰因：《今日法国的社会主义和共产主义》)(Leipzig, 1842); K. Grün, *Die soziale Bewegung in Frankreich und Belgien*（格伦：《法国和比利时的社会运动》)(Darmstadt, 1845). 关于后一本书，参见K. Marx and F. Engels, *The German Ideology*(马克思和恩格斯：《德意志意识形态》), Marxist Leninist Library (London, 1938), pp. 118—179。

心的介绍，整个圣西门主义学说变成了德国的共同财富。人尽皆知的是，施泰因——无独有偶，他也是个很乐于接受和传播圣西门主义思想的黑格尔派——像费尔巴哈一样，是对马克思的早期发展起着最大影响的人物之一。[①]不过，以为马克思只是通过施泰因和格伦(大概后来还有梯叶里和米涅)才了解到圣西门主义的思想，他去了巴黎后才对它们有第一手的研究，这很可能是错误的。似乎可以肯定地说，当他还是个十三四岁的孩子时，就受到过早期的圣西门主义狂热浪潮的直接影响。306
他曾亲自告诉他的朋友、俄国史学家科瓦列夫斯基，他的忘年交和后来的岳父巴龙·路德维希·维斯特法伦如何受到这种狂热气氛的影响，并向这个孩子讲述这些新思想。[②]德国学者不时提到的一个事实[③]，即马克思学说中的许多内容，尤其是阶级斗争学说以及这种历史解释的某些方面，同它与黑格尔学说的关系相比，与圣西门的理论有着更多的相似之处，假如我们认识到圣西门对马克思的影响先于黑格尔对他的影响，

① 参见B. Foeldes, “Bemerkungen zu dem Problem Lorenz von Stein–Karl Marx”(福尔德斯：“关于施泰因和马克思问题的评论”), *Jahrbuecher für Nationalökonomie und Statistik*, vol. 102 (1914); H. Nitschke, *Die Geschichtsphilosophie Lorenz von Stein*(《施泰因的历史哲学》), supp. No. 26, *Historische Zeitschrift* (München, 1932)。

② 见 Maxim Kowalewski, Karl Marx, *Eine Sammlung von Erinnerungen und Aufsätzen*(科瓦列夫斯基：《马克思，回忆与文章集》)(Zürich: V. Adoratskij, 1934), p. 223。据W. Sulzbach 在*Die Anfänge der materialistischen Geschichtsauffassung*(苏尔茨巴赫：《唯物史观的起源》)(Stuttgart, 1911, p. 3)中的一段话判断，似乎也有独立的证据表明，马克思上中学时就研究过圣西门主义的著作。不过我找不到这一线索。

③ 除了Muckle、Eckstein、Cunow和Sulzbach的各种早期著作外，应特别参见Kurt Breysig, *Vom historischen Werden* (布莱西希：《历史的形成》), vol. 2, pp. 64及以下各页, p. 84; W. Heider, *Die Geschichtslehre von Karl Marx* (海德尔：《马克思的历史学说》), “Forschungen”, etc., ed. K. Breysig, no. 3 (1931), p. 19。这些看法已经由V. Volgin的细致研究 [“Über die historische Stellung Saint-Simons”(沃尔金：“论圣西门的历史态度”), *Marx-Engels Archiv*, vol. 1/1, Frankfurt am Main, 1926, pp. 82—118] 所证实。

这一点就更加意味深长了。

在弗里德里希·恩格斯单独写成的著作中,圣西门主义的成分大概比在马克思的著作中更为明显,他一度与青年德意志运动的一些成员,
307 尤其是古茨考交往甚密,后来又从赫斯那儿得到了社会主义学说的入门指导。[①]另一些德国社会主义思想领袖也有类似经历。经常有人指出,罗德贝尔图斯理论中的大多数内容与圣西门主义者的学说是多么相似,而且大体上说它的直接来源几乎无可怀疑。[②]在德国活跃的社会主义运动的主要成员中,我们至少知道李卜克内西在很年轻时就浸淫于圣西门主义学说[③],拉萨尔的大多数知识则是来自他的老师洛伦兹·冯·
308 施泰因和路易·勃朗。[④]

---

① 参见G. Mayer, *Friedrich Engels, Eine Biographie*(迈耶:《恩格斯传》)(Berlin, 1920), vol. 1, pp. 40, 108。

② 参见H. Dietzel, *Rodbertus*(迪策尔:《罗德贝尔图斯》)(1888), vol. 1, p. 5, vol. 2, pp. 40, 44, 51, 66, 132及以下,184—189; C. Andler, *Les origines du socialisme d'état en Allemagne*(安德勒:《德国国家社会主义的起源》)(Paris, 1897), pp. 107, 111; C. Gide and C. Rist, *Histoire des doctrines économiques*(纪德等:《经济学说史》)(Paris, 1909), pp. 481, 484, 488, 490; F. Muckle, *Die grossen Sozialisten*(穆克尔:《伟大的社会主义者》)(Leipzig, 1920), vol. 2, p. 77; W. Eucken, "Zur Würdigung Saint-Simons"(奥伊肯:"可敬的圣西门"), *Jahrbuch für Volkswirtschaft und Gesetzgebung*, vol. 45 (1921), p. 1052。泰尔最近对这种观点的驳斥[E. Thier, *Rodbertus, Lassalle, Adolf Wagner, Zur Geschichte des deutschten Staatssozialismus*(泰尔:《罗德贝尔图斯、拉萨尔、瓦格纳:德国国家社会主义史》), Jena, 1930, pp. 15—16],似乎是由于他对圣西门主义作品的了解不够充分所致。

③ 见F. Mehring, *Geschichte der deutschen Sozialdemokratie*(梅林:《德国社会民主党史》), 4th ed. (1909), vol. 2, p. 180。

④ 见Andler,前引书, p. 101。圣西门主义影响德国思想的另一个有趣但完全未得到研究的事例,是经济学家弗里德里希·李斯特。至少有证据表明他和圣西门主义者的小圈子有直接交往。他于1823—1824年曾访问巴黎,1830年10月他又从美国去了巴黎。初次访问时,他便结识了《百科杂志》(*Revue encyclopaedique*)的第一位主编,他第二次访问时,

五

我们迄今为止还未谈到圣西门主义者同后来法国的各个社会主义流派的关系。不过他们的这种影响已经广为人知,因此我们的讨论可以 309
简略一些。与圣西门无关的唯一一个早期法国社会主义者是傅立叶,①他与圣西门和罗伯特·欧文一起,通常被视为社会主义的奠基人之一。

这份杂志已落入圣西门主义者之手,1831年8月后由卡诺编辑。李斯特的兴趣就像圣西门主义者一样,主要是铁路计划,在他访问期间,跟志趣相投的人建立联系的任何努力,肯定会使他径直找到圣西门主义者。我们知道李斯特早就见过谢瓦利埃,而且他曾想结识戴希塔尔[见他的*Schriften, Reden, Briefe*(《文章、谈话和书信》), ed. Friedrich List Gesellschaft, vol. 4, p. 8]。他的两篇讨论铁路的文章发表在《百科杂志》上。我无法确定他在这些文章中曾引用过的《环球报》(对于这段话,《文章、谈话和书信》的未起疑心的编者曾徒劳地想在英国的《环球和旅行家》上寻找出处),是否就是圣西门主义者同一名称的那份杂志,但很可能就是如此。见*Schriften*, vol. 5 (1928), pp. 62, 554。几年后,李斯特翻译了路易·拿破仑的《拿破仑思想》(*Idées Napoléoniennes*),我们必须留意它的圣西门主义倾向。现在已经知道,他在写他的《国民政治经济学体系》(*Nationale System der Politischen Oekonomie*)这部主要著作的第一版时,在1830年代第三次来到巴黎,而且逗留时间更长。他感到不得不捍卫自己的观点,不让人怀疑"圣西门主义"有着共产主义含义,因为当时人们普遍就是这样理解的(Schriften, vol. 4, p. 294)。几乎无可怀疑的是,他后来的著作中与圣西门主义思想的任何明显的相似之处,都是源自这部著作。当然,这样的相似之处并不少见。尤其是李斯特的"历史发展的自然规律"的观点,很可能就是源于圣西门主义;按照这种观点社会进化要经历不同的阶段,这是德国经济学家的历史学派很容易接受的观点。法国对李斯特有多么强烈的影响,可由他反对"意识形态"加以证明。

德国经济学家的历史学派注重发现经济规律的不同阶段,作为其来源的另一位德国作家是B. 希尔德布兰特,普朗格也指出了他的思想源于圣西门主义者,见J. Plenge, *Stammformen der vergleichenden Wirschaftstheorie*(普朗格:《比较经济理论基础》)(Essen, 1919), p. 15。

① 见H. Louvancour, *De Henri Saint-Simon à Charles Fourire*(洛万科:《从圣西门到傅立叶》)(Chartres, 1913); H. Bourgin, *Fourier: Contribution à l'étude du socialisme français*(布尔根:《傅立叶对法国社会主义研究的贡献》)(1905),尤其是415页以下的内容。

不过，圣西门主义者虽然从他那里借来了一些理论因素，尤其是两性关系方面的因素，但不管是他还是欧文，都没有给这里所讨论的社会主义，即精心组织和指导下的经济活动，做出过多少贡献。他的贡献有着更多负面的特点。他对经济的想法不切实际，只从竞争制度中看到了浪费，他对技术进步有着无限可能性的信念，甚至超过圣西门主义者。他的头脑里当然有不少工程师精神，并且和圣西门主义者一样，他的学生
310 主要来自巴黎综合工科学院。他大概是“富裕中的匮乏”这种神话的最早代表，对于工程师头脑来说，这种匮乏在一百二十年前似乎和今天一样显而易见。

维克多·孔西德朗是傅立叶学派的领袖，他把他们的学说加工得比老师更有条理。他也是综合工科学院人士。就像特兰松和莱切瓦列一样，他还是个老圣西门主义者。[①]在相互敌视的社会主义宗派中，几乎所有的领袖都是发展了圣西门学说中某个特殊方面的前圣西门主义者：勒鲁、卡贝、佩屈埃或路易·布朗，后者的《劳动组织》（*Organisation de-travail*）是纯正的圣西门主义，从中借用了大量的东西。甚至后来最具独创性的法国社会主义者蒲鲁东，无论他对政治理论有过多大贡献，他真正的社会主义信条也主要是圣西门主义的。[②]可以说，在1840年前后，圣西门主义思想已经不再是一个特殊学派的财富，而是变成了一切社会主义运动的基础。1848年的社会主义，在当时除了作为新的外来因素被输入的强烈民主主义和无政府主义之外，从信条和人员构成上说，大体
311 上仍然是圣西门主义的。

① 见M. Dommanget, *Victor Considérant, sa vie, son oeuvre*（多曼热：《孔西德朗的生平与著作》）（Paris, 1929）。

② 关于蒲鲁东学说中的圣西门主义因素，见K. Diehl, *Proudhon*（迪尔：《蒲鲁东》）（1888—1896）, pp. 159, 176, 280。

六

虽然已经出现了一种危险，即我们有可能过分夸大了那个小团体的重要性，但我们至今仍未触及他们的影响的整个范围。他们实际上是鼓舞着过去一百年里一切社会主义运动[①]的源头，这足以保证他们在历史上的重要地位。圣西门通过孔德和梯叶里，以及圣西门主义者通过凯特莱和勒普拉，可以说对社会问题的研究产生了几乎同样重要的影响，我们对此还会有所讨论。对于他们的思想在整个欧洲传播的完整说明，必须提到他们对意大利的马志尼[②]、整个青年意大利运动、 312
西尔维奥·佩里科、乔巴蒂和加里波第等人的深刻影响[③]，还要回顾他们对瑞典的斯特林堡[④]、俄国的赫尔岑[⑤]、西班牙和南美[⑥]一些人的影

① 它对早期英国的社会主义可能也有直接影响。至少霍奇斯金从法国归来后写于1820年的一封信，表现出相当清楚的圣西门主义思想的迹象。见E. Halévy, *Thomas Hodgskin*(阿累维:《霍奇斯金》)(Paris, 1903), pp. 58—59。我感谢斯塔克(W. Stark)博士向我指出了这一点。

② 马志尼在1830年到1835年期间，尤其是他流亡法国时，与圣西门主义者P. 勒鲁和J. 雷诺交往密切，这种交往的作用在他的所有著作中都可以看到。见G. Salvenimi, *Mazzini*(萨尔维尼米:《马志尼传》)（收在G. d'Acandia, La Giovine Europa）(Rome, 1915), passim; O. Vossler, *Mazzini's politisches Denken und Wollen*（沃斯勒:《马志尼的政治思想和愿望》), supp. No. 11, *Historische, Zeitung* (München, 1927), pp. 42—52; B. Croce, History of Europe(克罗齐:《欧洲史》), pp. 118,142。关于马志尼后来对圣西门主义的政治态度，见他的"对民主的若干思考"，载*Joseph Mazzini, A Memoir*（马志尼:《回忆》, ed. by E. A. Venturi (London, 1975), 尤其是pp. 205—217。

③ 见G. Weill, "Le Saint-Simonisme hors de France"(维尔:"法国以外的圣西门主义"), *Revue d'histoire économique et sociale* 9 (1921): 109, O. Vossler前引书，p. 44。

④ 见N. Mehlin,"Auguste Strindberg"(梅林:"奥古斯特·斯特林堡"), *Revue de Paris* 19 (October 15, 1921): 857。

⑤ 见A. Herzen, *Le monde Russe et la révolution*(赫尔岑:《俄罗斯的世界与革命》)(Paris, 1860—1862), vol. 6, pp. 195以下各页。

⑥ 见G. Weill，前引书；J. F. Normano, "Saint-Simonian America"(诺尔马诺:"圣西门主义者的美洲"), *Social Forces* 9 (October 1932)。

响。这里我们无法停下来讨论常常是聚集在圣西门主义旗帜下不断涌现出来的类似人物，譬如比利时工业家、社会学家和慈善家恩内斯特·索尔维[1]，或是战后在法国重新出版一份新的《生产者》杂志的那些"新
313 圣西门主义者"。[2]在过去一百年里，我们总是看到这种自觉或不自觉地一再出现的人物。[3]

但是，圣西门主义的教导还有一种直接的作用，应给予更多的注意：现代社会主义的奠基人对欧洲大陆特殊形态的资本主义大有贡献；通过金融业和产业的密切结合（银行作为公司最大的持股者组织产业）而成长起来的"垄断资本主义"或"金融资本主义"，股份制企业的快速发展和巨大的铁路联合体，大体上都是圣西门主义者的创造。

谱写这一历史的，主要是"动产信贷"（Crédit mobilier）类型的银行，即把储蓄与投资结合在一起的制度，它最初是由法国的佩雷尔兄弟所创立，后来在他们个人或另一些圣西门主义者的影响下，受到了整个欧洲大陆的效仿。几乎可以说，在圣西门主义希望通过一场政治运动加以

---

① 见Ernest Solvay, *A Propos de Saint-Simonisme*（索尔维：《圣西门主义的意图》）（Princepes libérosocialistes d'action sociale）。Projet de lettre au journal *le Peuple*, 1903（printed 1916）。参见Héger and C. Lefebure, *Vie d'Ernest Solvay*（赫热等：《索尔维生平》）（Brussels, 1929）, pp. 77, 150。

② 战后的《生产者》从1919年开始，在巴黎由一个团体出版，成员包括G. Darquet, G. Gros, H. Clouard, M. Leroy和F. Delaisi。参见M. Bourbonnais, *Les Néo-Saint-Simoniens et la via sociale d'aujourd'hui*（波邦耐：《新圣西门主义者和今日社会生活》）（Paris, 1923）。

③ 另见G. J. Gignoux, "L'Industrialismus de Saint-Simon à Walter Rathenau"（吉格诺："从圣西门到拉特瑙的工业主义"）, *Revue d'histoire des doctrines économieque et sociales*（1923）; G. Salomon, "Die Saint-Simonisten"（萨洛蒙："圣西门主义者"）, *Zeitschrift für die gesamte Staatswissenschaft* 82（1927）; 550—576。关于圣西门主义思想在法西斯主义合作理论中的影响，见Hans Reupke, *Unternehmer und Arbeiter in der fascistischen Wirtschaftsidee*（鲁普克：《法西斯主义经济思想中的企业家和劳工》）（Berlin, 1931）, pp. 14, 18, 22, 29—30, 40。

实现的改革失败后，或是在他们上了年纪、更加务实以后，他们开始从内部改造资本主义制度，于是他们在个人努力中尽可能多地采用自己 314
的学说。无可否认，他们在把欧洲大陆国家的经济结构改造成与英国竞争式资本主义非常不同的类型上取得了成功。即使佩雷尔兄弟的动产信贷最后失败了，它以及它对产业的介入，却成了大多数欧洲工业国家资本结构的一种发展模式，其中一部分这样做的人就是圣西门主义者。对于佩雷尔兄弟来说，他们的动产信贷银行的目的十分明确，就是建立一个管理和控制中心，按照一项严格的计划领导铁路系统、城市规划、各种公共设施和其他产业，他们试图通过一项系统的合并政策，把这些产业组织成数量很少的大企业。[①]在德国，早就受到圣西门主义影响的 315
G. 梅弗森和A. 奥本海默，在建立达默斯塔特银行和其他金融投资机构时，都遵循着类似的路线。[②]在荷兰，另一些圣西门主义者朝着同一个方

---

① 见Johann Plenge, *Gründung und Geschichte des Crédit Mobilier*（普朗格：《动产信贷的形成和历史》）(Tübingen, 1903)，尤见pp. 79以下各页，以及该书139页引用的《动产信贷1854年年度报告》中的一段话："当我们谈到工业的一个分支时，我们尤其需要的不是通过竞争的方式，而是通过合作和融合的方式，通过更经济地利用各种力量，而不是通过它们的相互对抗和破坏，来取得它的发展。"

这里没有篇幅讨论佩雷尔兄弟实行的圣西门主义信贷理论，这方面我们只能参考J. B. Vergeot, *Le Crédit comme stimulatant et régulateur de l'industrie, la conception Saint-Simonienne, ses réalisations, etc*（韦乔：《作为工业的刺激和调节力量的信贷，圣西门主义者的认识及其落实，等等》）(Paris, 1918); K. Moldenhauer, *Kreditpolitik und Gesellschafts reform*（莫尔登豪尔：《信贷政策和社会变革》）(Jena, 1932)。不过可以一提的是，佩雷尔兄弟在把有纸币发行权的萨瓦银行搞到手后，为了得到将其理论付诸实践的地位，成了"自由银行制"的热情鼓吹者，1864年及其以后，在法国掀起了一场"自由银行业"和"中央银行制"之间的大论战。关于此事，见V. C. Smith, *The Rationale of Central Banking*（史密斯：《中央银行的合理性》）(London, 1936), p. 33以下内容。

② 见J. Hansen, *G. v Mevissen*（汉森：《梅弗森》）(Berlin, 1906), vol. 1, pp. 60, 606, 644—46, 655; W. Daebritz, *Gründung und Anfänge der Discontogesellschaft*（达布利茨：《贴现机构的建立和发展》）(Berlin and Munchen, 1931), pp. 34—36。

向开展着工作[1]，在奥地利[2]、意大利、瑞士和西班牙[3]，佩雷尔兄弟或他们的子公司，或是同其有业务往来的部门，都建立了类似的机构。人们所知道的与产业关系密切的“德国式”银行，以及整个所谓的Effektenkapitalismus（证券资本主义）体系，基本上都是圣西门主义计划
316 的落实。[4]这一发展与后来年代圣西门主义者的另一项积极活动有着密切的关系，即铁路建设[5]，而且随着岁月的推移，他们对一切类型的公共事业的兴趣[6]，日益成为他们的主要兴趣。就像昂方坦建设了巴黎—里昂—地中海铁路系统一样，佩雷尔兄弟在奥地利、瑞士、西班牙和俄国，P.塔拉波特在意大利铺设了铁路，他们在工地上雇用另一些圣西门主义者，让其担任贯彻他们方针的工程师。昂方坦在晚年回顾圣西门主义者的工作时，他完全有资格说，他们“用铁路网、金银和电器化覆盖了整个

---

① 见H. M. Hirschfeld, “Le Saint-Simonisme dans les Pays-Bas: Le Crédit mobilier Néerlandais”（希尔施费尔德：“低地国家的圣西门主义：荷兰的动产信贷”），*Revue d' économie politique*（1923），pp. 364—374。

② 见F. G. Steiner, *Die Entwicklung des Mobilbankwesens in Oesterreich von den Anfängen bis zur Krise von 1873*（斯泰纳：《从起步到1873年危机期间奥地利动产信贷思想的发展》）（Wien, 1913），pp. 38—78。

③ 见H. M. Hirschfeld, “Der Crédit Mobilier Gedanke mit besonderer Beruecksichtigung seines Einflusses in den Niederlanden”（希尔施费尔德：“动产信贷，关于它对荷兰的影响”），Zeitschrift für Volkswirtschaft und Sozialpolitik, n. f. 3 （1923）: 438—465。

④ 见G. v Schulze-Gaevernitz, *Die deutsche Kreditbank*（舒茨—加费尼：《德国的信贷银行》）（*Grundriss der Sozialökonomik V/2*）（1915），p. 146。

⑤ 见M. Wallon, *Les Saint-Simoniens et les chemins de fer*（瓦龙：《圣西门主义者和铁路》）（Paris, 1908）；H. R. d'Allemagne, *Prosper Enfantin et les Grandes entreprises du XIX siècle*（《昂方坦和十九世纪的大企业》）（Paris, 1935）。

⑥ 见*Vues politique et pratiques sur les travaux publiques en France*（《法国公共事业的政策与实践观》），这是四位圣西门派工程师于1832年发表的。

地球”。[1]

如果说,他们进行工业组织的宏伟计划,未能像后来政府协助下的卡特尔化过程那样,成功地建立起巨大的联合体,这主要是因为法国开始奉行自由贸易政策,一些老圣西门主义者,特别是M. 谢瓦利埃,甚至佩雷尔兄弟,仍然是这种政策的重要支持者。但是来自同一个圈子的另
一些人,著名者如佩屈埃[2],和他们在德国的朋友弗里德里希·李斯特一 317
样,已经开始对这一方针感到不安。“实证主义”和“历史主义”实际上已经成功地使“正统的”政治经济学失信于人。但是,后来为支持卡特尔成长的政策做辩护的论点,早就由圣西门主义者提出来了。

不管他们的实际影响多么广泛,他们最大的影响是在第二帝国时期的法国。他们在这个时期不仅获得了传媒的支持,因为一些主要记者都是圣西门主义者[3],而且最重要的事实是,拿破仑三世本人也受到圣西门主义思想的深刻影响,以至于圣伯夫能够称他为“马背上的圣西门”。[4]他一直对其中的一些成员十分友好,甚至在他纲领性文件《拿破

① 转引自G. Pinet, *Ecrivains et penseurs polytechniciens*(皮耐:《综合工科学院的作家和思想家》)(Paris, 1887), p. 165。

② 见C. Pecqueur, *Economie sociale: des intérêts du commerce, de l'industrie et de l'agriculture, et de la civilisation en général, sous l'influence des applications de la vapeur*(《社会经济学:商业、工业、农业和整个文明的利益,以及蒸汽的应用对它们的影响》)(Paris, 1838)。

③ 尤其是儒尔当——他是昂方坦的一位密友——和盖洛尔。关于后者,参见Sainte-Beuve, *Nouveaux Lundis*(圣博弗:《新伦迪》), 4, 关于这位作者本人同圣西门主义的关系,见M. Leroy, “Le Saint-Simonisme de Sainte-Bevue”(勒鲁瓦:“圣博弗的圣西门主义”), *Zeitschrift für Soziolwissenschaft* 7 (1938), p. 132—147。

④ 见A. Guerard, *Napoleon III*(盖拉尔:《拿破仑三世》)(Cambridge, Mass., Harvard University Press, 1943), p. 215, 此处称,对拿破仑的这种描述“极其正确”;另见H. N. Boon, *Rêve et réalité dans l'oeuvre économique et sociale*(布恩:《经济和社会工作中的梦想与现实》)(The Hague, 1936)。

仑思想》和另一些小册子中，亲自阐述他们的思想。[①]所以不必奇怪，第
318 二帝国的年代成了圣西门主义“落到实处”的伟大时期。他们跟政权的合作是如此紧密，以至于这个政权的终结，大体上也结束了他们在法国的直接影响。[②]

对法兰西帝国的这种影响，如果我们再给它补充上另一些事实，例如俾斯麦的社会政策和观念主要来自拉萨尔，所以也是经由路易·布朗、洛伦兹·冯·施泰因和罗德贝尔图斯来自圣西门[③]，再如指导这项政策之落实的“社会王国”(soziale Königtum)和国家社会主义的理论，在施泰因和罗德贝尔图斯等人那儿也可以追溯到同一根源[④]，我们就可以看到这种影响在十九世纪的范围之广了。就算这种影响是与另一些方向相同的影响混在一起，德国人K.格伦的话——它可以作为本项研究的结语——也丝毫没有夸大其重要性，他在1845年写道：“圣西门主义就像开裂的豆荚，它的外壳消失了，每一粒种子却分别在各处找到了土壤并生根发芽。”在他对由此培养出的全部不同的运动进行清点时，我们

① *Des Idées Napoléoniennes*（《拿破仑思想》）(1839), *L'idée Napoléonienne* (1840), *De l'extinction du paupérisme*(《论消灭贫困》)(1844)。

② 有关他们这个阶段的全部活动，见G. Weill, “Les Saint-Simoniens sous Napoleon III”(维尔：“拿破仑三世统治时期的圣西门主义”), *Revue des études Napoléoniennes* (May 1931): 391—406。

③ 参见E. Halevy, “La doctrine économique Saint-Simonienne”(阿累维：“圣西门主义的经济信条”), 载*L'Ere des tyrannies* (Paris, 1938), p. 91。

④ 见L. Brentano, “Die gewerbliche Arbeiterfrage”(布伦塔诺：“手工业工人问题”), 载*Schonberg, Handbuch der politischen Oekonomie* (1882), pp. 935以下各页。

首次看到“科学社会主义”[5]一词被用于圣西门的著作，他“毕生追求着 319
这门新的科学”。

⑤ K. Grün, *Die soziale Bewegung in Frankreich und Belgien*（格伦：《法国和比利时的社会运动》）(1845), p. 182。不妨把这种说法与阿克顿勋爵谈到巴扎尔的一段手稿笔记（藏于剑桥大学图书馆）做一比较，他说：“一个思想体系结束了。但它分崩离析的碎片却四处开花。”另参见J. S. Mill, *Principles of Political Economy*（穆勒：《政治经济学原理》）, 2d ed. (1849), vol. 1. p. 250: 圣西门主义“在其广为传播的短短几年里，便播下了几乎所有社会主义趋势的种子，此后它们在法国得到了广泛的普及”。另见W. Roscher, *Geschichte der Nationalökonomik in Deutschland*（罗舍尔：《德国国民经济学史》）(1874), p. 845: “这是不容否认的：当时这些作家曾对社会主义的领袖们产生过无可比拟的实际作用和影响，同样，他们对最近的科学发展也有突出的意义。在最新的社会主义文献中，很少有哪一种思想是没有被任何一个法国前辈表达过的，它们顶多只是采取了一种值得注意的形式。”

十六
社会学:孔德及其后学

一

320 第一本《实证政治学体系》出版八年后[①],那部使孔德声望大涨的著作开始出版。《实证哲学教程》(*Cours de philosophie positive*,以下简称《教程》),即他于1826年第一次开办、1829年从精神疾病中康复后又继续
321 开办的系列讲座的文字版,扩充为六卷,从1830年到1842年陆续出版。[②]

---

① 最早出版于1822年,标题是*Prospectus des travaux nécessaires pour réorganiser la société*(《重组社会的必要工作纲要》),以这个标题只在1824年再版了一次。

② 引文的页码指*Cours*第2版,ed. by E. Littre (Pairs, 1864),它的页码与第三、四版相同,但不同于第一版和第五版。凡是可以利用的,正文中的引文都采用了Martineau小姐经过缩写的出色的英译本[*The Positive Philosophy of Auguste Comte*(《孔德的实证哲学》),London, 1893)。在引用这个版本时,书名简写为"PP",以区别于法文原版的*Cours*(《教程》]。

虽然日期的吻合只是出于偶然,但也许值得指出,《教程》最后一卷出版于1842年,即我们认为标志着"法国阶段"结束的一年,也正是最应视为这一发展之"德国阶段"开始的一年,对后者我打算另文撰述。1842年,洛伦兹·冯·施泰因的《今日法国的社会主义和共产主义》(*Sozialismus und Kommunismus im heutigen Frankreich*)和J. K. 罗德贝尔图斯的第一部著作《对国家经济状况的认识》(*Zur Erkenntnis unserer staatswirischaftlichen Zustände*)出版,卡尔·马克思把自己的第一部著作交给了出版商。在前一年,弗里德里希·李斯特发表他的《国民政治经济学体系》(*Nationale System der Politischen Oekonomie*),L. 费尔巴哈

孔德把自己成年后的大好年华都用在了这项理论工作上，因为他对导致他和圣西门决裂的想法深信不移:只有通过重新组织一切知识,打好精神基础之后,才能做到从政治上重新组织社会。[①]不过他也从未疏忽这项政治任务。紧随这部重要的哲学著作之后的是《实证政治学体系》(四卷,1851—1854),此书虽然废话连篇,却是与他年轻时的计划一脉相承。若不是因为他在1857年去世而中断了这项最初的计划,后面还会有第三部分,即一部论述技术或“人对自然的行动”的类似专著。 322

这里无法充分说明孔德的全部哲学或它的发展过程。我们只想谈谈这门新学问的诞生,它曾是圣西门和青年孔德的梦想,但只有后者成熟期的工作才使它得以问世。孔德的全部工作都是以此为目的,但我们只能限于谈谈他的宏篇巨制中的这样一些方面，它们或是影响到当时的另一些主要思想家,或是具体代表着当时的思想倾向,因此具有特殊的意义。它们主要涉及研究社会现象的正确方法,《教程》对此有广泛的讨论。此外,也许还应当指出,由于我们主要关心的是该书所讨论的主题,所以我们应把自己局限于它的内容中,我们不能接受曾一度得到广泛接受的观点:在它和孔德后来的著作之间存在着重大裂痕,这是由他日益严重的精神疾病造成的。[②] 323

出版了《基督的智慧》(*Wesen des Christentums*)。下一年,罗舍尔的《历史方法的国家经济学概论》(Roscher, *Grundriss zu Vorlesungen über die Staatswirtschaft nach historscher Methode*出版。)对于这一年在德国思想史上的特别意义的说明，见H. Freund, *Soziologie und Sozialismus: Ein Beitrag zur Geschichte der deutschen Sozialtheorie um 1842*（弗洛恩德:《社会学和社会主义:论1842年前后的德国社会理论史》)(Würzburg, 1934)。

① 《教程》, vol. 2, p. 438。

② 坚持孔德的思想有着基本统一性的历来不乏其人,自从杜马的研究[G. Dumas, *Psychologie de deux messies positivistes*（杜马:《两个实证主义救世主的心理学》), Paris, 1905]以来,实际上这已被所有关心这些问题的法国学者所接受。关于这一点,见以下著作中的讨论综述:H. Gouhier, *La jeunesse d'auguste Comte*(古埃尔:《青年时代的孔德》), vol. 1 (Paris, 1933), pp. 18—29, 以及杜卡斯(P. Ducasse)的两本著作:*Méthode et intuition chez*

这里还应记住孔德生平中的另外几件事，它们有助于理解他的观点以及他的影响的局限。他一生中最重要的特点，大概就是他受过数学家的专业训练，而且从职业上说他也一直是个数学家。他一生中的大多数时候，是通过在综合工科学院的数学授课和考试而获得收入，但这所学院始终拒绝授予他所向往的教授一职。他最后找到了几个热情的弟子，但大体上说并不难理解，为何他在大多数人看来是个特别缺少吸引力的人物，他的整个思想风格，使那些和他有着最多共同看法的人，也
324 常常对他产生反感。[①]一个没花几年工夫便吸收了所有知识，由此建立起一个涵盖全部人类科学的宏大体系，而且一生中的大多数时间都实践着“大脑卫生学”，从不阅读任何新出版物，并且为此而感到自豪的人，不太可能被人承认是他所自诩的preceptor mundi et universae scientae（分析人间和宇宙万物的教师）。他成熟期的著作篇幅过于浩大，再加上那种冗长乏味的文风，也有碍于它们的流行。但是，这虽然使得从其著作中直接获取知识的人数受到限制，它对当时一些最有影响的思想家所产生的深刻作用，却弥补了这一不足。他的影响虽然主要是间接的，却是十九世纪威力最大的，在对社会现象的研究上肯定如此。

二

孔德的全部哲学，当然是建立在著名的三阶段规律上，我们从他的早期著述中已经看到过这种理论。他的使命是由这种规律决定的：一切较为简单的科学，如物理学、化学和生物学，都已达到实证阶段，有待于孔德来做的事情，就是让研究人类的科学也达到这一完美境界，从而完

Auguste Comte（《孔德的方法和直觉》）(Paris, 1939)；*Essai sur l'origine intuitive du positivisme*（《论实证主义的直觉起源》）(Paris, 1939)。

① 参见G. Wells, *Experiment in Autobiography*（威尔斯：《自传中的经历》）(London, 1934, p. 658)中有意思的坦率直言：“也许我对孔德不够公正，我不想否认他在描述现代观点上具有的优点。但是对于他，就像对马克思一样，我有一种真正的个人厌恶。”

成人类理性的主要发展。然而,孔德本人——他的解释者更是如此——
对三个不同阶段的强调,却是十分错误的。他对神学及形而上学阶段 325
(后者仅仅是前者的“变型”[1])和实证主义阶段做了重要的对比。他所关
心的是不断地逐渐摆脱对一切现象的拟人论解释[2],每一门科学只有在
达到实证阶段时才能完全做到这一点。形而上学阶段只是神学阶段的
解体时期。在这个关键时期,人类放弃了从一切现象中寻找灵魂和神迹
这种较为粗陋的拟人论观点,但仅仅是用各种抽象的实体或本质取代
了它们,这些东西在真正实证主义的科学观中也是没有立足之地的。在
实证主义阶段,用原因或“产生模式”的陈述来解释现象的努力被彻底
放弃;[3]它致力于根据共存或发生顺序的规则,把观察到的现象直接联
系起来,或者用孔德尚未使用过的现代术语说,只用普遍而不变的规律
来“描述”它们的相互关系。换言之,既然人类在解释自己的行为时养成
的思维习惯长期阻碍着对外部自然的研究,而它能够取得的真正的进
步,与它在多大程度上摆脱了这种习惯成正比,因此对人类的研究的进 326
步道路必定是相同的:我们必须停止用拟人论的方式思考人,必须这样
看待他,仿佛我们对他的了解就像对自然的了解一样少。虽然孔德没有
长篇大论地这样说,他却十分接近于这样想。因此人们不免奇怪,他怎
么会没有看出这种结论的自相矛盾的性质呢。[4] 327

---

① 见《教程》, vol. 1, p. 9:“形而上学状态不过是前一种状态的一般变型。”另见vol. 4, p. 213。

② 参见L. Lévy-Bruhl, *La philosophie d'Auguste Comte*(列维—布鲁尔:《孔德的哲学》), 4th ed. (Paris, 1921), p. 42, 另见《教程》,vol. 5, p. 25。

③ 《教程》,vol. 2, p. 312, vol. 4, p. 469。

④ 同上,vol. 3, pp. 188—189:“全部神学或形而上哲学真正的一般本质是,在对外部世界现象的解释中,从原则上接受我们对人类现象的直观感觉;相反,实证哲学永远只做描述,必然而理性地遵循着人对这个世界的观念。两种哲学之间表现出的根本分歧,由它们各自的发展所决定,实际上除了这两种同样不可避免的观点之间的这个简单差异之外,再没有其他基本的来源和永恒的基础。正如人类的精神所示,把必然性列为优先,人们

用实证方法研究人类现象时，切不可用不同于我们探究无生命的自然界时采用的方法去对待人类，然而这只是这门研究社会的新“自然科学”[①]的性质中消极的一面。我们还得理解这种“实证”方法积极的一面是什么。这是一项更为困难的任务，因为孔德对大多数相关的认识论问题的说法，都是可悲地既幼稚又不充分。孔德的观点是建立在一个表面上很简单的主张上：“全部实证哲学的基本特点，就是把一切现象视为遵循着不变的自然规律，准确地发现这些规律，并尽量减少它的数量，是我们一切努力的目的。”[②]科学只研究观察到的事实[③]，而且正如他自豪地从自己1825年的文章中引用的句子所言，“一切无法被归结为特
328 殊或普遍事实的简单说明的命题，都不具有真实的或合理的意义。”[④]但是，在孔德的著作中极难找到答案的问题是，所谓遵循着不变规律的“现象”是指什么，或他所思考的“事实”是指什么。所有的现象都遵循不变的自然规律这种说法，只有当我们拥有关于哪些个别事件能被当作相同的现象的规定时，才是有意义的。它显然不能有这样的含义：对我们感官来说好像相同的一切事物，必然以相同的方式运行。科学的任务

不可避免地会把一切现象归因于相应的意志，先是自然的，然后是超自然的，这构成了神学体系。相反，只有对外部世界的直接研究，能够提出并阐述自然规律这个重要观念，这是一切实证科学不可缺少的，并且通过其逐渐而不断的发展，最终被用于对人和社会的研究，即它的整体概括的最后阶段。……实证研究把对人的正确研究建立在过去对外部世界的认识上，只描述自发的和不变的趋势。”另参见vol. 4, pp. 468—469。

① 同上，vol. 4, p. 256。

② 同上，vol. 1, p. 16; 另见vol. 2, p. 312, vol. 4, p. 230。

③ 同上，vol. 1, p. 12。

④ 同上，vol. 6, p. 600。参见*Early Essays on Social Philosophy*(《社会哲学早期论文集》), trans. H. D. Hutton, New Universal Library(London, 1911), p. 223。有意思的是，几乎所有的基本思想都已在孔德的早期著作中明确说过。因此我有时也会给这些文章的引文补充上它们在《教程》中的相应出处。

当然是根据某些感官印象与另一些感官印象的共存关系，或它们的前后顺序，对其重新加以分类，以便为新形成的相关单位的现象确定规律。然而这恰恰是孔德所反对的。把这种新实体构想成“以太”(ether)，是一种形而上学的方法，把现象的“产生模式”解释成有别于对规律——它们在直接观察到的事实之间建立起联系——的研究，是受到禁止的。他强调的是确定当下的既定事实之间的直接关系。然而这些事实(它们既可以是特殊的,也可以是普遍的！)是什么,对于孔德来说似乎不成问题,他用非常幼稚的、没有批判精神的实在论看待这个问题。就像整个十九世纪的所有实证主义一样[①],这个概念极为含混不清。 329

三

孔德所说的“事实”一词是指什么,唯一的提示是它经常与“观察到的”这个形容词连用,以及他对他所说的“观察”的含义所做的讨论。它的含义,对于我们所关心的这个领域,即对人类和社会现象的研究,极为重要。他告诉我们,“真正的观察对象必然是外在于观察者的”,“著名的内在观察,只是对它的徒劳无益的拙劣模仿”;它的前提是“我们的理智在沉思自身活动的习惯性表现时的一种可笑的矛盾处境”[②]。孔德因此也一向否定一切心理学的可能性,认为它是“神学的最后变形”[③],或至少是全部有关人类精神的既往知识的一种变形。只有采取两种方法,每一种精神现象才能真正成为实证研究的对象：要么通过研究产生它

① 见L. Grunicke, *Der Begriff der Tatsache in der positivistischen Philosophie des 19. Jahrhunderts*(格鲁尼克:《19世纪实证主义哲学中的事实概念》)(Halle, 1930)。

② 《教程》, vol. 6, pp. 402—403; 另参见vol. 1, pp. 30—32:“在这种情况下,受观察的器官也就是进行观察的器官,那么观察如何能够进行？”以及vol. 3, pp. 538—541; vol. 2, p. 385; vol. 1, pp. 9—10, 381—382。

③ 《教程》, vol. 1, p. 30。

们的器官，即通过“颅相心理学（phrenological psychology）”①，要么由于
330 “感情和理智功能”具有“无法直接观察其表现”的特点，因此要通过研究“它们或多或少直接而持久的结果”②——这似乎是在谈论今天所谓的行为主义理论。除了这两种研究个人精神现象的唯一合理的方式之外，后来作为社会学的创新成果，又补充上了对“集体精神”的研究，这是唯一适合进入实证主义体系的心理学形式。

在考虑其中的第一个方面时，我们这里只需说明，孔德显然完全处在“颅相学”创始人、“给人以启迪的高尔”的影响之下，认为他的“不朽著作给人类精神打上了永难消除的烙印”③，以至于相信他对大脑特定部位的特定精神“功能”的确定，将完全取代一切其他形式的心理学。

孔德思想中的“行为主义”取向更值得注意，这是因为它以这种原始的形式具体而明确地暴露出了它的弱点。孔德把对个人精神的研究限制在观察它的“或多或少直接而持久的结果”上，但就在几页纸之后，却变成了直接观察“一系列理智和道德行为，它们更多地属于自然史本
331 身”，而且他似乎认为，这种从某种意义上是客观的和已知的事实，不需要利用任何内省的方法，或是“外在观察”以外的手段。可见，孔德不仅是策略性地同意精神现实属于他所说的“事实”，对它们要像任何客观观察到的自然事实一样看待；他甚至同意，我们对人类的认识——我们拥有这样的认识，仅仅因为我们是我们自身，我们像其他人一样思维——是我们解释社会现象不可缺少的条件。他强调，只要我们研究的是“动物”生命（区别于单纯的植物生命，即那些只出现在更高级的动物领域的现象）④，除非我们从“思考人类，即可以直接理解这种现象的秩

① 《教程》，vol. 3, p. 535。

② 同上，p. 540。

③ 同上，pp. 533, 563, 570。

④ 同上，pp. 429—430, PP, vol. 1, p. 354。

序的唯一生物”[1]入手,我们的研究是不会成功的。

四

孔德的三阶段论,同他的学说中第二个主要特点有着密切的关系,
即他的科学分类学或“实证等级”理论。在《教程》一开头,他仍采用了圣 332
西门的思想,打算通过把全部现象纳入单一的规律,即万有引力,将所
有的科学统一起来。[2]但是他逐渐放弃了这种想法,最后它甚至成了受
到严厉谴责的对象,被斥为“荒谬的乌托邦”。[3]作为代替,“基础”科学或
理论科学(有别于它们的具体应用)被置于一种普遍性减少而复杂性增
加的线性秩序中,起点是数学(包括理论力学),经过天文学、物理学、化
学和生物学(它包括对个体的人的一切研究),到达新的和最后的科学,
即社会学这门社会物理学。每一门这样的基础科学,都是以这个等级体
系中它前面的学科为“基础”,也就是说,它利用了所有前面的科学成
果,并增加了一些它自身特有的新因素,因此它是三阶段规律中不可缺
少的一员,不同的科学只能在这个“不变和必然的顺序”中,才能成功地
达到实证阶段。但是,由于这些科学中的最后一门的目的是人类精神的
发展,具体地说是科学本身的发展,所以它一旦建立,就会成为普遍的 333
科学,它将不断吸收它的体系内部的所有知识,尽管这一理想还未彻底
实现。

我们这里关心的仅仅是这种断语的含义:社会学要“依靠”所有其

---

① 《教程》, vol. 3, pp. 336—337; 另见pp. 216—217,以及《早期论文集》, p. 219。有必要指出,早期著作中的这段话只是宣布:“人类个体对他人的行动,是他利用自己的感觉能够理解其模式的唯一行动。” 见A. Comte, *Opuscules de la philosophie sociale*, 1819—1828(孔德:《社会哲学短文集,1819—1828》), Paris, 1883, p. 182。而在《教程》中相应的地方,这段话变成了:“他特有的行动,他自信能够理解的唯一的行动,就是基本的产生模式。”

② 《教程》, vol. 1, pp. 10, 44。

③ 同上, vol. 6, p. 601。

他科学的成果,因此只能在所有其他科学达到实证阶段后才能建立。这和一种无可否认的主张无关,即对人这种最复杂的有机体的生物学研究,必须利用所有其他自然科学的成果。我们马上就会看到,孔德的社会学所要研究的,并不是作为一个物理单位的人,而是作为由全人类所构成的"集体有机体"之表现的人类精神的进化。它是对社会组织和人类精神的进化规律的研究,这需要利用所有其他科学的成果。假如孔德确实认为,社会学(以及在他的学说中取代了个体心理学的生物学)的目的是用物理学语言解释精神现象,也就是说,假如他严肃地追求他早先的梦想,在某个单一规律的基础上把全部科学统一起来[①],他尚有些
334 道理。然而他明确放弃了这一目标。他的体系构想导致他宣称,在属于处在他的等级系统中更高位置的现象中,没有任何一个可以被完全化约为前一门科学,或是能用它来解释。正如他所认为的,永远不可能把化学现象彻底还原为物理现象,同样,纯粹从生物学角度解释社会学现象也是不可能的。既然总有一些社会学规律不能被化约为生物学规律,那么在社会学和生物学之间的这种差别,与他所同意的化学和物理学之间的差别便并没有什么不同。

无论如何,当孔德试图证明他的主张,即社会学取决于其他科学的充分发展时,他完全失败了。他为了说明问题而提出的一些事例,几乎

---

① 参见门格尔:《社会科学方法研究》, p. 15n。他在这里认为,在正确的社会科学中,"人类个体及其动机是我们分析的基础要素,它们是通过我们的经验可以观察到的事情,因此,与精确的自然科学相比,精确的社会科学理论便获得了一个巨大的优势。'自然知识的局限'以及由此产生的对自然现象进行理论解释的困难,事实上并不存在于有关社会现象领域的研究中。当孔德把'社会'当作一个自然的有机体——当然是个格外复杂的有机体——来对待时,他的理论解释自然而然地暴露出了一个无比复杂和困难的科学问题,于是他陷入了严重的错误。他的理论也许仅仅对于这样一些社会研究者来说是正确的:他们回顾了理论自然科学的当今现状,便异想天开,认为解释社会现象不是用社会科学的特定方法,而要用自然科学的原子主义方法"。

全是幼稚可笑的。所谓为了理解任何社会现象,我们必须了解“根据地 335
球每天的自转和一年的运行这一条件”对日夜交替和四季变化的解释,或“人类合作的稳定性这种观念在发现万有引力前不可能得到实证的确立”[①],根本就是错误的。自然科学的成果也许是社会学的基本要素,因为它们实际影响着利用这些成果的人类行为。但是不管自然知识处于什么状态,这都是正确的,根本不存在社会学家同他力求解释其行为的人相比需要有更多的自然科学知识的理由。因此,说社会研究的发展必须等待自然科学达到某个发展阶段,也是没有道理的。

孔德宣称,随着实证方法被用于社会现象,全部科学的方法上的统一性也得到了确立。但是,除了实证方法的普遍性之外,“完全放弃必然徒劳无功的对原因的寻找,不管它是第一因还是终极因,只限于研究形成了所有可观察事物之真正规律的不变的关系”[②],很难说这种实证方
法还有什么具体内容。它肯定不像人们可能期待的那样,是指数学方法 336
的普遍应用。虽然孔德认为数学是实证方法的来源,是这种方法以最纯粹的形式出现于其中的第一个领域[③],但是他并不相信它能有效地用于更复杂的对象,即便是化学;[④]他嘲笑把统计学用于生物学[⑤]或把概率计算用于社会现象[⑥]的尝试。甚至观察,这个一切科学中的共同要素,彼此之间也有着不同的形式。随着科学变得更为复杂,要利用新的观察方法,那些适用于复杂性较低的现象的方法将变得无用。因此,在天文学中,数学和纯粹的观察支配一切,而在物理学中,就要有实验相助。随着我们向前推进,生物学会提出比较的方法,最后,社会学要利用“历史的

① 《教程》, vol. 4, pp. 356—357; PP, vol. 2, p. 97。

② 同上, vol. 6, p. 599。

③ 同上, vol. 1, p. 122; vol. 3, p. 295。

④ 同上, vol. 3, p. 29。

⑤ 同上, p. 291。

⑥ 同上, vol. 4, pp. 365—367; *Early Essays*(《早期论文集》), pp. 193—198。

方法”,而数学和实验变得不适用。①

在这个等级体系中，还有一个方面因为涉及到我们这里需要考虑的一个要点,所以必须做一简单说明。随着我们在这个科学等级序列中
337 向上攀升,它们所要解决的问题变得更为复杂,它们也变得更受制于人类行为的变化,同时也更加不“完美”,于是更多地需要用人类的控制加以改进。孔德蔑视那些赞美“大自然智慧”的人,他十分肯定,少数能力高强的工程师为具体任务而建立的组织要优秀得多。②这一定也适用于一切自然现象中最复杂、最不完美的人类社会。按照这种理论,人类的头脑这件工具是一切现象中最不完美的，却应当具有控制和改造自身的独特能力,这丝毫没有让孔德感到困惑。

五

就一个方面而言,孔德不但同意,而且强调了不仅存在于社会学方法和无机科学方法之间，也存在于一切有机科学方法和无机科学方法之间的差别。这种断裂虽然出现于化学和生物学之间,不过孔德本人所说的方法“转换”对社会学而言甚至更为重要,因此我们应当完整引用他的一段话,他本人在这里针对社会现象的研究,对它直接做了解释。
338 他说:“在全部无机哲学和全部有机哲学之间必然存在着根本差别。在前一种哲学中,如我们所示,现象之间的共存性几乎无须说明,它对研究对象只有微不足道的影响，我们所要探索的这个体系的各个要素跟整体相比更容易认识,而且通常甚至可以直接进行观察。相反,在第二种哲学中,人与社会构成了主要对象,作为同一条逻辑原理的结果,相反的方法几乎成了唯一合理的方法,因为在这里对于对象的整体,肯定有着更好的认识,而且更能直接加以把握。”③

① 《教程》, vol. 3, 40e leçon; vol. 6, p. 671。

② 同上,vol. 3, pp. 321—322。

③ 同上,vol. 4, p. 258, 另参见《早期论文集》, p. 239。

这种令人大惑不解的主张,即在我们所研究的社会现象领域,对整体比对部分有更好的认识,当这一主张被当作一个无可辩驳的公理提出,他并没有做多少解释。这对于理解孔德所创立并被他的直接继承者所接受的社会学这门新科学至关重要。它的意义还因为另一个事实而变得更为重要,即这种集体主义方法,是用我们称为“唯科学主义”的观点看待这类现象的大多数研究者的共同特点。[①]但是必须承认,事情为 339
何会是这样,并不容易理解,孔德对此几乎没有给我们提供任何帮助。

对于这种观点,现代人首先可能想到但在孔德的思想中最多只起很小作用的一种辩护是:整体现象可以表现出统计学规律,其组成部分所遵循的规律却似乎难以辨认。[②]这种因孔德的同代人凯特莱而为人熟知的观点[③],肯定不是孔德本人的论证基础。当然,孔德对凯特莱在一本“仅仅是统计学”[④]的著作的副标题中使用“社会物理学”这个名称表示愤慨,因为孔德把它视为自己的知识财产,但除此之外他是否注意过凯特莱的著作,是大可怀疑的。不过,对于孔德用“社会学”[⑤]这个新名词来取代直到第四卷他还在使用的“社会物理学”[⑥],凯特莱虽然有着间接责任,他那些与孔德的一般立场非常合拍并在后来的唯科学主义社会学中发挥了重要作用的主要思想,在孔德的学说中却是找不到的。 340

---

① 经常有人注意到这一点并做出评论。尤见E. Bernheim, *Geschichtsforschung und Geschichtsphilosophie*(伯恩海姆:《历史研究与历史哲学》)(*Göttingen, 1880*), p. 48; *Lehrbuch der historischen Methode*(《历史方法教程》), 5th ed.(1908), index, s.v. “Sozialistisch-naturwissenschaftliche oder kollektistische Geschichtsauffassung”。

② 在《教程》中很不明确地涉及到这一点,见vol. 4, pp. 270—271。

③ 同上,pp. 355—357。

④ 《教程》, vol. 4, p. 15n。

⑤ Defourny, *La Philosophie Positiviste, Auguste Comte*(德福尼:《孔德的实证主义哲学》)(Paris, 1902), p. 57。

⑥ “社会学”(sociologie)一词最早见于《教程》第4卷的185页;“社会学规律”(lois sociologiques)首次出现于几页之前,同上,p. 180。

也许，我们必须在孔德把一门科学所要研究的无论什么现象都当作当下的既定“事物”的一般态度中，以及在他想确定生物学——在实证等级体系中位置仅次于社会学的科学——与“集合的有机体”的科学之间的相似性的愿望中，为此寻找解释。既然在生物学中我们对有机体的了解无疑优于其组成部分，所以对社会学也应如是说。

六

孔德对社会学的阐述构成了《教程》第四卷，但事实上这一卷扩展成了三卷，每卷的篇幅都大于讨论其他所有科学的前三卷。出版于1839年的第四卷，主要内容是对这门新科学和它的静态部分的思考。其余两卷是对动态社会学，即人类精神史的一般理论的非常充分而详细的阐述，这是孔德的研究的主要目的所在。

对研究对象做静态和动态的划分[①]，即孔德认为适用于所有科学的
341 划分，并不是直接从力学，而是从生物学中借来的，把这种划分运用于生物学的生理学家德·伯兰维尔对孔德的影响，只有拉格朗日、傅立叶和高尔可比。[②]在德·伯兰维尔看来，这种划分同解剖学和生理学之间的划分，或有机体和生命之间的划分相一致，它与实证主义的两个重要的常用词相一致：秩序和进步。静态社会学研究社会现象的共存规律，动态社会学则研究社会的必然进化过程中的顺序规律。

但是，孔德在执行这项计划时，对静态部分却异乎寻常地少言寡语。关于任何社会体系中的所有构成部分之间必然的“和谐”(consensus)，即他经常说的共存性(solidarity)——这在社会现象中甚至比生物学中更为明显——这个“母观念”(idée mère)，他的论述只是些极空洞的概括，因为孔德并没有(或不打算)确定特定的制度或哪些类型的制度为何必然共存，或另一些制度为何不能共存。在讨论社会静力

① 《教程》, vol. 1, 29; vol. 4, pp. 230—231。

② 《教程》题献给傅立叶和德·伯兰维尔，它出版时这两人仍然在世。

学的唯一一章中,对个人、家庭和社会之间的关系的讨论,比常识高明 342
不了多少。[①]对劳动分工的讨论虽然隐约反映着亚当·斯密的思想[②],却不存在他理解了调节这种分工的因素的迹象;当他明确否定把类似于体力劳动采用的分工用于脑力劳动分工的可能性时,他对此所知甚少变得显而易见。[③]

他的全部静力学不过是一种简单的概述,与动态社会学的内容相比十分次要,成就后者才是他的雄心所在。它所要证明的,是孔德还是个二十六岁的年轻人时写给朋友的信中所表达的主张,他当时承诺,要
证明"存在着支配人类发展的规律,就像决定着石块下落的规律一样确 343
定"[④]。要把历史改造成一门科学,一切科学的本质是能够预测。[⑤]于是,社会学的动态内容变成了人们经常谈论但易于引起误解的历史哲学,或更正确地说,成了一种历史理论。鼓舞着十九世纪下半叶许多思想家的想法,是写作"抽象的历史","没有人名甚至人的历史"[⑥],这门新科学

① 但是,由于过去似乎一直未引起人们的注意,所以值得一提的是,因德国社会学家滕尼斯而广为人知的对"共同体"和"社会"(Gemeinschaft 和 Gesellschaft)的划分,在孔德的著作中已经出现,他强调过这样一个事实:"家庭关系并不构成一个合作团体,而是一个统一体。"《教程》, vol. 4, p. 419; PP, vol. 2, p. 116。

② 斯密的影响在孔德的以下提问中,表现得明确而且令人诧异:"人们真能从自然现象的一致性中认识到这个最令人赞叹的奇迹吗?——这种在无数个人之间有规律的和不间断的趋同性,他们每个人都是完全独特的、在一定程度上独立的存在,尽管他们的天赋和他们性格多少总有些不同,他们还是在没有任何一致性的情况下,不断通过纷繁多样的方式,自发地促进了普遍的发展。"见《教程》, vol. 4, pp. 417—418。

③ 同上, p. 436; PP, vol. 2, p. 121。

④ *Lettres d'Auguste Comte à M. Valat*, 1815—1844(《孔德致瓦拉的信,1815—1844》)(Paris, 1870), pp. 138—139(此信的日期是1824年9月8日)。

⑤ 《教程》, vol. 1, p. 51; vol. 2, p. 20; vol. 6, p. 618;《早期论文集》, p. 191。

⑥ 《教程》, vol. 5, p. 14; 另见p. 188。他在这里解释说,"希腊和罗马这些名称在这里不是指具体的社会;它们代表着必然而普遍的状况,对于这些状况,人们只能采用极复杂的语言抽象地确定之。"

要提供一个理论架构、一种人类文明的重大变化必然循此相继发生的抽象规律。

这个架构的基础当然是三阶段规律，动态社会学的主要内容就是对这种规律的详细阐述。因此孔德学说一个奇怪的特点是，打算用来证明这门新科学之必要性的规律，同时也是它的主要的甚至唯一的结论。
344 这里我们没有必要纠缠于它的细节阐述，只需指出，在孔德笔下，人类历史学大体上等同于自然科学的成长。[①]我们只想谈谈研究人类精神发展的一门自然科学这种想法的一般含义，以及从中得出的那些涉及未来社会组织的结论。存在着可以认识的规律，它不但指个人思维发展的规律，而且指作为一个整体的人类知识成长的规律，这种想法的前提是，人类的心智能够——这样说吧——从一个更高的位置检视自身，它不但可以从内部理解自身的运行，还能从外部客观地观察它。这种设想，特别是孔德所阐述的形式，其荒谬之处在于，它虽然明确承认个人心智的互动可以产生出某些高于个人心智所创造的东西，然而它又声称这种个人心智不但能够从整体上把握这一发展，认识它的运行原理甚至它必然遵循的过程，而且能够控制和支配它，从而改进其未受到控制的机制。

这种信念其实等于说，能够通过一个比艰难的理解过程更为简单
345 的过程，从整体上理解思维过程的产物，从外部观察这些结果的个人心智然后便可以根据适用于这些作为实体的整体的规律，把它们直接联系起来，并通过对观察到的发展的推断，最终找到通向未来的捷径。这种有关集体思维发展的经验主义理论，同时也是把自然科学方法运用于社会现象所造成的最天真但也最有影响的结果，当然是建立在一种幻觉上：精神现象被作为相同意义上的客观事物，也像物理现象一样可以进行观察和控制。由此得出的认识是，我们的知识被视为“相对的”，受着各种可确定的因素的制约——不仅从某种假设的、组织化程度更

① 《教程》，vol. 1, p. 65。

高的心智的角度看是如此,而且从我们自己的观点看也是如此。正是从这种观点中产生了如下信念:我们自己能够认识我们的心智及其规律的"可塑性"[①],人类能够控制自身的发展。人类的心智确实能够抓着鞋带把自己提起来,这种观点至今仍是大多数社会学的主要特征之一[②], 346
我们在这里看到了现代人傲慢自大的根源(或者说只是根源之一,另一来源是黑格尔),它在所谓的知识社会学中得到了最充分的反映。这种思想——控制自身发展的人类心智——从一开始就是社会学的主要观念之一,这个事实也证明了它为何总是同社会主义理想联系在一起,所以在普通人看来,社会学和社会主义经常有着相同的含义。[③]

这种对"人类意见的连续性变化的普遍规律"[④]的探寻,孔德称之为"历史方法",它是"实证主义逻辑不可缺少的成分"[⑤]。虽然由于部分地受孔德的影响,这成了十九世纪下半叶"历史方法"(historical method)一词日益流行的含义,然而我们在放下这个话题前不能不指出,它与那些伟大的史学家所理解的"历史思路"(historical approach)的真正含义几乎完全相反,他们在那个世纪初希望利用这种历史的方法去理解各种
社会制度的起源。[⑥] 347

---

① 参见《教程》, vol. 6, pp. 620, 622。

② 参见金斯伯格教授最近的《社会学》(Morris Ginsberg, *Sociology*, Home University Library, 1934, p. 244)中最后一段话:"自我决定的人是个新观念,但至今仍极不明确。揭示它的全部理论含义,借助于其他科学,探究使它得到实现的各种可能性,可以说是社会学的终极目的。"

③ 在欧洲大陆这也许更符合事实,那里的人普遍知道,各种"社会学学会"几乎是由清一色的社会主义者组成。

④ 《教程》, vol. 6, p. 670。

⑤ 同上,p. 671。

⑥ 见本书下一章第六节。

七

也难怪，怀着要在自己的学说中建立研究社会的唯一理论科学这种雄心壮志的孔德，对已有的各种社会理论只会嗤之以鼻。假如这种态度不具典型性，没有被那些受唯科学主义偏见蒙蔽的所有时期的社会科学所接受，假如他本人的努力至少部分地不能用他对已取得的社会科学成果几乎全然无知来解释，那么这种态度是根本不值得讨论的。有些研究，特别是语言学研究，他认为不值一提。[①]但是他在斥责政治经济学时却遇到了麻烦，在这里，他的严肃态度与他在这个题目上信口雌黄时表现出的极为贫乏的知识，形成了可笑的对比。甚至他的一位赞赏者，写过一本讨论孔德和经济学关系的专著的人[②]，也不得不强调说，其实他根本没有任何经济学知识。他了解甚至称赞亚当·斯密，部分地是
348 因为斯密的描述性的经济学著作，但主要是因为他的《天文学史》。他早年读过J. B. 萨伊和他那个圈子里的另一些人，特别是德斯蒂·德·特拉西的著作。但是后者在论述处于逻辑和道德之间的“意识形态”的巨著中对经济学的阐述，在孔德看来仅仅是坦率承认了经济学的“形而上”性质。[③]至于其他的经济学家，孔德似乎认为不值得他为之费心。他事先就知道，他们不过是在履行着他们必要的破坏性工作，是否定精神或革命精神这种形而上学阶段特征的典型代表。别指望他们能给重组社会做出多大贡献，因为明显的事实是，他们没有受过科学家的训练：“他们几乎全是律师或文人，他们无缘接受实证主义理性精神的训练，虽然他

① “语法学家比逻辑学家更荒谬。”见*Système de politique positive*（《实证政治学体系》），vol. 2, pp. 250—251。

② R. Mauduit, *Auguste Comte et la Science économique*（莫杜：《孔德和经济科学》）（Paris, 1929），特别是pp. 48—69。对孔德给予政治经济学的苛评的全面答复，见J. E. Cairnes, “M. Comte and Political Economy”（凯纳斯：“孔德和政治经济学”），*Fortnightly Review*（May, 1870），重印于*Essays on Political Economy*（1873），pp. 265—311。

③ 《教程》，vol. 4, p. 196。

们自以为已把这种精神引入自己的研究。他们接受的思想教育,如对哪怕是最细微现象的科学观察,以及对证明方式的认识,都决定了他们显然没有能力采用一种方法,把它运用于他们没有做过的最艰难的分析上。"[①]其实,孔德只会同意这样的人从事社会学研究:他们逐渐成功地掌握了所有其他科学,从而为研究最复杂现象这项最困难的任务做好 349
了充分准备。[②]这门新科学的进一步发展虽然不会再遇到像他本人创建之初所要克服的巨大困难[③],但只有最优秀的头脑有望成功地处理它们。这项任务的特殊困难,来自于同时研究社会所有方面的绝对必要性,这是由一切社会现象特别紧密的"共存关系"所决定的。违反这一原则,试图孤立地研究经济现象,"脱离对社会的知识、道德和政治状况的研究",是他对经济学家发出的主要指责之一。他们的"伪科学"在"既有才华又有经验的判断者看来",有着"确凿的纯粹形而上学观念的特点"。[④]"只要不带偏见地思考一下那些使他们产生分歧的有关价值、效用和生产等最基本概念的枯燥争论,就会觉得恍若置身于中世纪经院哲学家有关他们的形而上学实体之基本属性的奇怪论战之中。"[⑤]然而
政治经济学的主要缺陷在于它的结论,在于"绝对的产业自由这种无聊 350
的教条"[⑥],它认为不需要某些"特殊的制度直接负责规范自发协调的任务",这种自发协调只应被视为给建立真正的组织提供了机会。[⑦]他尤其谴责政治经济学的这种倾向:它"对所有的抱怨者回答说,从长远看,所有的阶级,特别是现在受伤害最大的阶级,将会享受到真正的和持久的

① 《教程》, p. 194; PP, vol. 2, p. 51。

② 《教程》, vol. 1, p. 84; vol. 4, pp. 144—145,257, 306, 361。

③ 《教程》, vol. 4, pp. 197—198, 255。

④ 同上,p. 195。

⑤ 同上,p. 197。

⑥ 同上,p. 203; PP, vol. 2, p. 54。

⑦ 同上,vol. 4, pp. 200—201。

满足;这种回答应被看作风凉话,因为人的生命不可能无限延长”[1]。

八

在讨论孔德的哲学时,不能过于强调他没有利用他未能理解其实际用途的任何知识。[2]“创立社会哲学的目的是重建社会秩序。”[3]在他看
351 来,“最令真正的科学精神厌恶的甚至不是神学精神”[4],而是任何形式的无序,大概孔德全部著作的最大特色,就是“对‘统一性’和‘系统化’的苛求”,穆勒称之为孔德所有晚期思想的“错误根源”。[5]但是,这种“管制狂”[6]在《教程》中虽然还没有像在《实证哲学体系》中那样大发作,但是《教程》所得出的实际结论,恰恰是因为它还未染上后一本著作那种想入非非的夸大癖,已在相当程度上表现出这种特点。一俟建立起“严格的”[7]哲学,即实证主义,对以前的过渡时期进行解释的批判学说便完成了其历史使命,不受约束的良心自由这种教条也会随之消失。[8]写作《教程》之所以可能,是因为“自由探索的革命教义”[9]要发挥其最后的必要作用,但是它一旦完成,这种教义也就失去了根据。全部知识已被重新统一起来,这是自神学阶段开始衰落以来所没有过的,下一步任务就

---

① 《教程》,p. 203; PP, vol. 2, p. 54。

② 参见*Lettres à Valat*(《致瓦拉的信》), p. 99(信的日期是1819年9月28日):“对于我看不到有直接或长远功效的科学工作,我极端厌恶。”

③ 《教程》, vol. 1, p. 42。

④ 同上,vol. 4, p. 139。

⑤ J. S. Mill, *Auguste Comte and Positivism*(穆勒:《孔德和实证主义》), 2d ed. (London, 1866), p. 141。

⑥ 同上,p. 196。

⑦ 《教程》, vol. 1, p. 15。参见《早期论文集》, p. 132。

⑧ 《教程》, vol. 4, p. 43。

⑨ 同上,p. 43; PP, vol. 2, p. 12。

是建立新的知识统治，它只允许那些胜任的科学家去解决困难的社会 352
问题。[1]由于他们的行动在所有方面都受科学命令的支配,因此这并不意味着专横的统治,“真正的自由”将会增加,但它仅仅是指“理性地服从自然规律的支配”。[2]

我们这里所关注的不是实证科学将要建立的这种社会组织的细节。拿经济生活来说,它在许多方面类似于早先的圣西门主义计划,在银行家在指导产业活动中的领导作用这方面尤其相似。[3]不过,他摆脱了圣西门主义者后来的彻底的社会主义。没有消灭私有财产,但是富人变成了“公共资本必要的保管人”[4],财产的占有是一种社会职能。[5]这并不是孔德学说与后来的威权社会主义——我们把它跟普鲁士而不是我们通常所知道的社会主义联系在一起——唯一相似的地方。事实上,在某些段落中,这种与普鲁士社会主义的相似之处甚至表现在措辞上,这
的确令人诧异。他说,“不道德的” 个人权利观将会在未来的社会中消 353
失,剩下的只有义务;[6]在新社会里将没有私人,只有不同机构和不同等级的国家职员[7],因此最卑贱的职业也会因为与正式的等级制度相结合而变得高尚，正像无名小卒也会因为他是军事组织纪律严明的产物而有尊严一样;[8]再如,在勾画这种未来秩序的结语部分,他发现“某些人身上有发号施令的特殊禀赋,而另一些人有服从的特殊禀赋”,于是向

① 《教程》, vol. 4, p. 48。

② 同上,p. 147; PP, vol. 2, p. 39。

③ 同上, vol. 6, p. 495。

④ 同上,p. 511。

⑤ *Système de politique positive*(《实证政治学体系》), vol. 1, p. 156。

⑥ 《教程》, vol. 6, p. 454; *Système de politique positive*(《实证政治学体系》), vol. 1, pp. 151, 361—366; vol. 2, p. 87。

⑦ 同上,vol. 6, pp. 482—485。

⑧ 同上,p. 484。

我们保证说，在我们内心深处“我们都清楚服从是多么美妙”[1]——当他这样说时，我们可以把他的几乎每一句话，比作那些为第三帝国的学说奠定思想基础的德国理论家的言论。[2]他的哲学使他接受了反动的博纳尔的观点，即个人是“纯粹的抽象”[3]，作为整体的社会是唯一的集体存在，因此他的思想必然导致极权主义社会观的大多数典型特征。

354 这些思想后来向着一种具有一切完备崇拜仪式的人类新宗教的发展，不在我们的论题之内。无需说，与宽容这种真正的人性崇拜格格不入的孔德（他只在一些无关紧要和可疑的事情上赞成宽容）[4]，并不是一个为这种本身不缺少一定的伟大因素的思想做过多少贡献的人。至于其他方面，我们在总结孔德思想的最后阶段时，最好还是采用托马斯·赫胥黎的著名讥评吧，他把它称为“没有基督的天主教”。

九

在考察孔德主要著作的直接影响之前，必须简要谈谈同一时代在某种意义上相同的另一些努力。在相同的知识背景下，但是沿着不同的路线，它们造成了一种有可能使孔德作为其重要代表人物的趋势得到强化的影响。这里首先必须提到的人，是比利时天文学家和统计学家凯特莱，他与孔德的区别不仅在于他在自己的领域是位大科学家，还在于他为社会研究方法做出的重大贡献。他做出这些贡献，当然是因为他把数学应用于孔德所关心的社会研究。通过把“高斯的”标准误差曲线（“Gaussian” normal curve of error）用于分析统计数据，他成了现代统计学的奠基人，这是没有谁可与他相比的。这项成就的价值既无争议，也
355

① 《教程》，vol. 4, p. 437; PP, vol. 2, p. 122。

② 这特别适用于施宾格勒和桑巴特的作品。

③ 《教程》，vol. 6, p. 590; *Discours sur l'esprit positif*（《论实证精神》）（1918），p. 118。

④ 同上，vol. 4, p. 51。

不容争议。但是,在凯特莱的工作被人们所了解的那种普遍气氛中,难免会产生这样的信念:被他成功地用于一些社会问题的统计学方法,肯定会成为唯一的研究方法。凯特莱本人对这种信念的产生也起了不小的作用。

造就凯特莱的知识环境[①],恰恰也是孔德的知识环境:综合工科学院圈子中的法国数学家[②],尤其是拉普拉斯和傅立叶。他从他们那里获得了把概率理论应用于社会统计学问题的灵感,在大多数方面,他比孔德更应当被视为他们以及孔多塞的工作的继承人。他的统计学工作本身不属于我们的话题。他对能够把某些类似于自然科学方法的东西应用于一些社会群体现象所做的证明,以及他或明或暗地要求一切社会科学问题应当以相同的方式加以研究,由此造成的一般影响,和孔德的教导的影响是一样的。最令后来一代人兴奋的,莫过于凯特莱的"平均人"(average man),以及他研究道德统计学得出的著名结论:"年复一 356
年,我们以悲悯的眼光观察到同样的犯罪在同样的秩序下一再出现,招致程度相同的同样的惩罚。人类的可悲处境!……我们可以提前算出,多少人的手会沾上同胞的鲜血,多少人会成为造假者,多少人会投毒,我们几乎可以提前算出多少人会出生和死亡。我们有一份根据可怕的规律支付的预算,即牢狱、镣铐和断头台的预算。"[③]与直接来自孔德的任何观点相比,他的运用数学方法的观点,成了后来实证主义方法更为典型的特点:"科学越是进步,就越会进入数学领域,这是它们的集结中心。从一门科学掌握它的熟练程度、可以用计算进行研究的程度,我们

---

① 对凯特莱的生平和著作最全面的介绍,见J. Lottin, *Quetelet: statisticien et sociologue*(洛丁:《凯特莱:统计学家和社会学家》)(Louvain and Paris, 1912)。

② 关于圣西门主义者对凯特莱的著名影响,见本书第15章注59。

③ 这段话的英译转引自H. M. Walker, *Studies in the History of Statistical Method*(沃尔克:《统计学方法史研究》)(Baltimore, 1929), p. 40。

即可判断它是否完美”。[1]

孔德虽然谴责这种观点，尤其是任何想用统计手段发现社会规律的企图，但是他和凯特莱都致力于找出人类作为一个整体发展的自然
357 规律，把拉普拉斯的普遍决定论扩大到文化现象，把群体现象当作社会科学唯一的对象，这些都足以导致他们的学说逐渐融合。

在当时有着类似的方法论倾向的努力中，我们至少还要简单谈谈一位巴黎综合工科学院人士、前圣西门主义者勒普拉，他的描述性社会调查，已经成为后来许多社会学工作的楷模。虽然他与孔德和凯特莱的相异之处多于相同之处，但是他在反对理论上的个人主义、古典经济学和政治自由主义方面，却做出了和他们相同的贡献，由此强化了我们这里所讨论的唯科学主义影响的具体效果。[2]

十

对各种影响的探索，是思想史研究最不可靠的基础，我们在前一章已大大触犯了这个领域中谨慎为上的诫律，因此现在还是简短一点儿
358 为好。但是，孔德发挥影响的过程对于理解十九世纪的思想史至关重要，如此多的教科书中仍然充斥着有关他的作用的错误认识，所以就此多说几句还是有必要的。如前所言，在法国，孔德对重要的思想家没有多少直接影响。然而正如穆勒指出的，“孔德的大作在法国文学或评论界鲜有人提及，它对英国许多学生和思想家的头脑却作用巨大。”[3]正是它对穆勒本人和其他几位英国重要思想家的这种影响，使孔德对欧洲思想的作用有了决定性的意义。[4]穆勒本人在其《逻辑学》中讨论道德科

① 沃尔克:《统计学方法史研究》,p. 29。

② 参见L. Dimier, *Les maîtres de la contre-révolution*（迪米埃:《反革命的导师》）(Paris, 1917), pp. 215—235。

③ 穆勒:《孔德和实证主义》,p. 2。

④ 对英国实证主义的全面介绍，见R. Metz, *A hundred Years of British Philosophy*

学的第六卷中,几乎变成了孔德学说的阐发者。哲学家乔治·刘易斯和乔治·艾略特,是孔德的英国信徒中较为知名的人物。孔德对英国的巨大影响,最典型的事例莫过于马丁努小姐,她年轻时也是李嘉图经济学的信徒和最成功的普及者。她不仅成了孔德著作的翻译家和最娴熟的 359
简写者,而且成了他最热情的门徒。在研究社会现象的人中间传播实证主义观点,重要性与穆勒不相上下的,是历史学家H. T. 巴克尔对这些观点的运用,虽然孔德对他的影响是由于凯特莱的影响而得到加强,甚至还有所胜出。

主要是通过这些英国作家的中介,孔德的实证主义进入了德国。[①]穆勒的《逻辑学》、巴克尔和莱基的史学著作以及后来的赫伯特·斯宾塞,使许多人了解了孔德的观点,虽然他们往往不知道这种观点的来历。在十九世纪下半叶,许多表达了与孔德非常相似的观点的德国学 360
者,是否直接从他那儿得到了这些观点,也许令人怀疑,但是很可能再

(梅茨:《英国哲学一百年》)(London, 1936), pp. 171—234; J. E. McGee, *A Crusade for Humanity—The History of Organized Positivisim in England*(麦克基:《为了人类的十字军:英国有组织的实证主义史》)(London, 1931)。关于孔德在美国的影响,见R. L. Hawkins的两项研究:*Auguste Comte and the United States* (1816—1853)(霍金斯:《孔德和美国(1816—1853)》)(Harvard, 1936); *Positivism in the United States* (1853—1938)(《实证主义在美国(1853—1938)》)(Harvard, 1938)。

① 有意思的是,孔德的实证主义通过英国作家进入德国的过程,与德国人早先主要通过法国作家,尤其是孟德斯鸠、卢梭和萨伊,了解英国十七和十八世纪思想的过程正好相反。这个事实大体上解释了德国人广泛持有的信念,即在"西方"的自然主义者和德国唯心论者之间存在根本差异。事实上,假如能够区分出这种对比,那么在譬如说以洛克、曼德维尔、休谟、斯密、伯克、边沁和古典经济学家为代表的英国思想,同欧洲大陆思想的两种平行的类似发展之间,就更是如此了。后者分别是从孟德斯鸠,经过杜尔哥和孔多塞到圣西门和孔德的发展,以及从赫尔德经过康德、费希特、谢林和黑格尔到后来的黑格尔主义者的发展。法国的思想学派,即孔狄亚克和"意识形态学家"的学派,当然与英国思想有着密切关系,但是在我们讨论的这个时期它已经消失了。

无第二个国家有这么多有影响力的人，试图沿着基本上是孔德的路线改造社会科学。那时，没有任何国家能比德国更乐于接受新思想，实证主义思想同凯特莱的新统计学方法，都是当时确定无疑的时尚，所以德国也对它趋之若鹜。①实证主义的影响总是很容易同黑格尔的影响结合在一起，这种奇怪的现象需要专门研究。

这里受篇幅所限，只能简单提一下后来那些继承了孔德传统的法
361 国人。在我们提及真正的社会学家之前，必须先说说泰纳和勒南。无独有偶，他们都是我们刚才所说的那种把孔德和黑格尔思想集于一身的代表人物。社会学家中几乎所有最著名的人物（塔尔德是个例外），埃斯皮纳、莱维—布吕尔、涂尔干和希缅，都直接代表着孔德的传统，虽然就他们的情况而言，这种传统部分地是经由德国并在那里有所变化，然后又回到法国的思想。②追溯孔德后来对第三共和时期法国思想的影响，意味着要写一本该国的社会学史，但是，既然致力于社会研究的许多最优秀的头脑都受到这门新科学的吸引，所以这样说也许不算过分：那个

① 实证主义思想在德国向社会科学的渗透，是这里无法讲述的一段故事。它最有影响的代表是民族心理学的两位奠基人拉扎勒斯和施泰因塔尔（前者的重要性是因为他对狄尔泰的影响），以及E. 杜·博伊—雷蒙（请特别参见他的“文化史与自然科学”［“Kulturgeschichte und Naturwissenschaft”,（1877）一文］，还有维也纳小组的贡佩尔兹和施莱尔，以及后来的冯特、费英格尔、奥斯特瓦尔德和朗普莱希特。这方面的情况参见E. Rothacker, *Einleitung in die Geisteswissenschaften* （罗萨克：《精神科学概论》）（Tübingen, 1920）, pp. 200—206, 263页及以下；C. Misch, Der junge Dilthey （米什：《青年狄尔泰》）（Leipzig, 1933）; E. Bernheim, *Geschichtsforschung und Geschichtsphilosophie*（伯恩海姆：《历史研究和历史哲学》）（Göttingen, 1880）; Bernheim, *Lehrbuch der historischen Methode*（伯恩海姆：《历史方法教程》）, 6th ed.（Leipzig, 1908）, pp. 699—716。关于它对德国经济学家中更年轻的历史学派的影响，见H. Waentig, *Auguste Comte und seine Bedeutung für die Entwicklung der Sozialwissenschaft*（温蒂希：《孔德及其对社会科学发展的重大意义》）（Leipzig, 1894）, pp. 279页及以下。

② 参见S. Deploige, *Le conflit de la morale et de la sociologie*（德普鲁瓦热：《道德冲突和社会学》）（Louvain, 1911），尤其是论涂尔干学说的第6章。

时期法国的经济学停滞不前，至少要部分地归因于这种社会学立场在研究社会现象方面的强势地位。[1]

孔德的直接影响依然仅限于较少的人,但正是通过这寥寥数人,它广为传播,就当前这代人而言,这一点比老一代人更为真实。现在几乎没有几个社会科学的学生还去阅读孔德的著作或是对他十分了解。但是,通过属于他这一传统的几个很有影响的代表人物,如美国的亨利·凯里和T. 凡勃伦[2]，英国的J. K. 英格拉姆、W. 阿什利和L. T. 霍布豪斯[3]，德国的朗普莱希特[4]和布莱西希,吸收了他的学说中大多数要素的人却为数众多。孔德的影响为何经常以这种间接的方式才更为奏效,凡是打算研读其著作的人,并不难理解。

---

① 这里也许应当提到孔德对查尔斯·莫拉的直接影响。

② 参见W. Jaffe, *Les théories économiques et sociales de T. Veblen*（加弗:《凡勃伦的经济和社会理论》)(Paris, 1924), p. 35. R. V. Teggart, *Thorstein Veblen: A Chapter in American Economic Thought*（特加特:《凡勃伦:美国经济思想的一章》)(Berkeley, 1932), pp. 15, 43, 49—53。

③ 参见F. S. Marvin, *Comte, Modern Sociologists*(马温:《孔德》)（London, 1936), p. 183。

④ 参见E. Bernheim, *Lehrbuch der historischen Methode*（伯恩海姆:《历史方法教程》), pp. 710页及以下。

第三部分

孔德和黑格尔

十七
孔德和黑格尔

一

每个时代的讨论中，都有一些在主要思想学派之间存在分歧的问题。然而当时的一般知识气氛，又总是由对立的学派一致认可的某些观点所决定。它们成为一切思想的潜在前提，是不受怀疑的、共同接受的基础，一切讨论都在其上进行。

当我们不再共同持有很久以前的时代这些不明言的前提时，辨认它们就变得较为容易。但是对于那些决定着较晚近思想的观念，情况就有所不同。我们往往仍然意识不到对立的思想体系的共同特征，正因为如此，有些观念几乎常常是在人们不经意间四处蔓延，未受到严肃的检验便取得了支配地位。这是一种十分重要的现象，因为正如伯纳德·鲍桑葵曾指出的，"在真理和谬误中都可以遇到极端思想"[①]。这些谬误有 367
时变成信条，仅仅是因为在当前所有的问题上争论不休的不同团体都接受它们，甚至在造成思想家分裂的大多数理论——我们把这份遗产归功于他们——被人忘却后，它们仍能继续提供心照不宣的思想基础。

在这种情况下，观念史就变成了一个重要性十分突出的题目。它有

① Bernard Bosanquet, *The Meeting of Extremes in Comtemporary Philosophy*（鲍桑葵：《极端派在当代哲学中的汇合》）(London, 1921), p. 100。

助于我们搞清楚许多支配我们思想但不被我们明确所知的东西。它可以发挥心理分析的作用,把决定着我们推理的无意识因素带到表面,或许有助于我们从自己头脑中清除那些使我们对当前问题产生严重误解的影响。

我的目的是要指出,我们就处在这样一种状态中。我的论点是,社会思想这个领域,不仅十九世纪下半叶,而且包括我们自己这个时代,它的许多特征都应归因于通常被普遍视为思想截然相反的两位思想家的一致性:德国的"唯心主义者"格奥尔格·威廉·弗里德里希·黑格尔,
368 和法国的"实证主义者"奥古斯特·孔德。从某些方面看,这两人当然代表着完全对立的哲学思想,以至于看上去他们属于不同的时代,甚至很少谈论相同的问题。但是我这里只会偶尔谈到他们的整个哲学体系,我主要想谈的是他们对社会理论的影响。正是在这个领域,哲学观念能够发挥最深刻、最持久的影响,而能够说明最抽象的观念之深远影响的,也许莫过于我这里所要讨论的事情。

二

在这些问题上我们必须讨论黑格尔和孔德的影响——这一建议仍然有些似是而非的味道,因此我最好立刻指出,我谈不上是注意到他们两人之间这种相似性的第一人。我能够给各位列出一份指出过这种相似性的思想史研究者的长长的名单,我也会不时提到几个突出的实例。令人不解的事实是,人们一再怀着诧异和有所发现的心情得出这种观察结果,他们似乎总对自己的鲁莽有点儿不安,害怕做过了头,于是只限于指出少数孤立的一致之处。然而,假如我没有搞错的话,这些吻合之处要多得多,而且它们对社会科学的影响,也比人们至今所认识到的
369 情况严重得多。

但是,在我指出早先这类评论的若干事例之前,我必须纠正一个常见的错误,它对于整个问题受到忽视要承担主要责任。有人认为,这些

相似之处要归因于黑格尔对孔德的影响。[①]这种看法主要是因为这样一个事实:孔德公布其思想的日期,是在1830至1842年他出版六卷本《实证哲学教程》这段时间,而黑格尔在1831年就去世了。但是,孔德早在1822年他年轻时的《实证政治学体系》[②]一书中,就已阐述过他的全部基本思想,被他后来称为"opuscule fondamentale"(奠基之作)的这本书,作为圣西门主义团体的著作之一出版,因此同《教程》问世的情况相比,很 370
可能赢得了更多的读者,发挥了更大的影响。在我看来,它是十九世纪内容最丰富的著作之一,比今天人们更为熟悉的大部头《教程》要出色得多。此外,即使是对那本小册子中所概述的观念做了详尽阐释的《教程》,也早在1826年就筹划好了,并于1828年以系列讲座的形式,向一些不同寻常的听众做过宣讲。[③]可见,孔德发表其主要思想,与黑格尔《法哲学》相差不到一年,与他的《哲学大全》相差不到两年,当然更是大大

① 参见Hutchinson Stirling, "Why the Philosophy of History Ends with Hegel and Not with Comte"(斯特林:"为什么历史哲学是随着黑格尔而不是随着孔德结束的?"),载A. Schwegler, *Handbook of the History of Philosophy*中的"补充说明";另见John Tulloch, *Edinburgh Review* (《爱丁堡评论》),260(1868)。E. Troeltsch, *Der Historismus und seine Probleme* (Gesammelte Schriften III)(特勒尔奇:《历史主义及其问题》)(Tübingen, 1922), p. 24, 甚至倾向于把孔德著名的三阶段定律归因于黑格尔辩证法的影响,虽然它其实是来自杜尔哥。另参见R. Levin, *Der Geschichtsbegriff des Positivismus* (莱文:《实证主义的历史观》)(Leipzig, 1935), p. 20。

② 1822年首次发表在圣西门的《工业家教义书》中,题目是"重组社会所必需的科学工作计划",两年后以"实证政治学体系"为题单独再版——当孔德后来把自己的早期著作作为《实证哲学教程》的附录再版时,他写道:"这当然是个早熟的标题,但它正确指出了(研究的)范围"。D. H. Hutton翻译了这些附录,于1911年以《社会哲学早期论文集》(*Early Essays in Social Philosophy*, Routledge's New Universal Library)为题出版,以上英文标题及下面的引文,都是来自这本小书。

③ 关于孔德的早期生平以及他和圣西门的关系,参见古耶的详尽说明:*La jeunesse d'Auguste Comte et la fomation du positivisme*(古耶:《孔德的青年时代和实证主义的形成》), 3vols. (Paris, 1933—1940)。

早于黑格尔死后才出版的《历史哲学》——这里姑且只提黑格尔的主要著作。换言之，孔德虽比黑格尔小二十八岁，但从他们的全部意图和目的来说，我们必须把他们视为同代人，而且有充分理由认为，黑格尔可能受过孔德的影响，正像孔德也受过黑格尔的影响一样。

现在，各位可以评价从这两位思想家身上看到的相似之处的第一个，而且在许多方面是最显著的一个事例了。1824年，孔德的年轻学生古斯塔夫·戴希塔尔去德国求学。在从柏林写给孔德的信中，他很快便
371 兴奋地讲起他对黑格尔的发现。[①]在谈到黑格尔的历史哲学课时，他写道："在你们的结论之间有着神奇的一致，虽然原理不同，至少从表现上看是一样的。"他接着说，"甚至在实践原则上也存在着相似之处，例如黑格尔是个维护政府的人，也就是说，是自由派的敌人。"几周之后，戴希塔尔称，他已把孔德的一本著作送给黑格尔，后者表现得十分满意，并对其中的第一部分大加赞扬，虽然他怀疑第二部分所建议的观察方法的意义。孔德不久后甚至表达了一种天真的愿望，"在他看来，黑格尔似乎是德国最能推进实证哲学的人"。[②]

如我所说，后来又有人看到了这种相似之处，这样的事例不胜枚举。像弗林特的《历史哲学》和梅尔茨的《欧洲思想史》[③]这些得到广泛采
372 用的著作，都对此有所评论，而且一些观点不同的杰出学者，如阿尔弗

---

① 戴希塔尔1824年11月18日和1825年1月12日致孔德的信。见P. Lafitte, "Matériaux pour servir à la biographie d'Auguste Comte: Correspondance, d'Auguste Comte avec Gustav d'Eichthal"（拉菲特：《孔德传记资料：孔德与戴希塔尔的通信》）, *La Revue Occidentale*, 2d ser. 12（19 annee, 1891）, pt. 2, pp.186ff。

② *Lettres d'Auguste Comte à divers*（《孔德书信集》）（Paris, 1905）, vol. 2, p. 86（1825年4月11日）。

③ R. Flint, *Philosophy of History in Europe*（弗林特：《欧洲的历史哲学》）（1874）, vol. 1, pp.262, 267, 281. J. T. Merz, *History of European Thought*（梅尔茨：《欧洲思想史》）（1914）, vol. 4, pp. 186, 481 ff, 501—503。

雷德·富耶、埃米尔·梅耶松、托马斯·维塔克、恩斯特·特勒尔奇和爱德华·施普朗格[1]（关于我能够提到的另一些名字，我将提供一份名单[2]）

---

① A. Fouillée, *Le Mouvement positiviste*（富耶:《实证主义运动》)(1896), pp. 268, 366; E. Meyerson, *L'explication dans les science*（梅耶松:《科学中的解释》)(1921), vol. 2, pp. 122—138; T. Wittaker, *Reason: A Philosophical Essay with Historical Illustrations*(维塔克:《附有历史解说的哲学论文》)(Cambridge, 1934), pp. 7—9; Troeltsch, 前引书, p. 408; E. Spranger, "Die Kulturzyklentheorie und das Problem des Kulturverfalles"(施普朗格:"文化周期论和文化衰败问题"), *Sitzungsberichte der Preussischen Akademie der Wissenschaf-ten*, Philosophisch-Historische Klasse (1926), pp. xlii ff。

② W. Ashley, *Introduction to English History and Theory*（阿什利:《英国史学和理论导论》), 3d ed.(1914), vol. 1, pp. ix—ix。A. W. Benn, *History of British Rationalism*（伯恩:《英国理性主义史》)(1906), vol. 1, pp. 412, 449; vol. 2, p. 82。E. Caird, *The Social Philosophy and Religion of Comte*（凯尔德:《孔德的社会哲学和宗教》), 2d ed. (1893), p. 51.M. R. Cohen, "Causation and Its Application to History"(柯恩:"因果性及其在历史中的应用"), *Journal of the History of Ideas* 3 (1942):12。R. Eucken, "Zur Würdigung Comte's und des Positivismus"(奥伊肯:《对孔德和实证主义的评价》), 载*Philosophische Aufsätze Eduard Zeller Gesidmet* (Leipzig, 1887), p. 67。 K. P. Geijer, "Hegelianism och Positivism"（盖热尔:"黑格尔主义和实证主义"), *Lunds Universitets Arsskrfit* 18 (1883). G. Gourvitch, *L'idée du droit social*（格尔维奇:《社会正义的概念》)(1932), pp. 271, 297. H. Hoeffding, *Der menschliche Gedanke*（霍夫丁:《人类的思想》)(1911), p. 41。M. Mandelbaum, *The Problem of Historical Knowledge*（曼德尔鲍姆:《历史知识问题》)(New York, 1938), pp. 312ff。G. Mehlis, "Die Geschichtsphilosophie Hegels und Comtes"(梅利斯:"黑格尔和孔德的历史哲学"), *Jahrbuch für Soziologie* 3 (1927)。J. Rambaud, *Historire des doctrines économiques*（拉姆鲍德:《经济学说史》)(1899), pp. 485, 542. E. Rothacker, *Einleitung in die Geisteswissenschaften*（罗萨克:《精神科学概论》)(1920), pp. 190, 287。A. Salomon, "Tocqueville's Philosophy of Freedom"(萨洛蒙:"托克维尔的自由哲学"), *Review of Politics* 1 (1939): 400。M. Schinz, *Geschichte der französischen Philosophie*（辛茨:《法国哲学史》)(1914), vol. 1, p. 2. W. Windelband, *Lehrbuch der Geschichte der Philosophie*(文德尔班:《哲学史教程》), new ed. (1935), pp. 554f。在这篇文章已交付印刷时我才看到了G. Salomon-Delatour的 "Hegel ou Comte"(萨洛蒙—德拉特:"黑格尔或孔德"), in *Revue positivste internationale* 52 (1935) 和 53 (1936)。

373 都曾讨论过这一点，但是几乎都没有对这些相似之处做系统的评价，尽管我不能不提迪特曼对孔德和黑格尔历史哲学的比较研究，我会在一定范围内引用此书。①

三

大概较之注意到这种相似性的人物的名单更有意义的，是过去一百年来一系列社会思想家以更为有效的各种方式表明了这种亲和关系。其实，比忽视这两种有创见的学说之间的相似之处更令人奇怪的，是看不到数量惊人的一批重要人物，都在他们自己的思想中把来自黑格尔和孔德的思想结合在一起。我仍然只能限于提到这种人物中的几个。②但是，如果我告诉各位，这份名单中包括卡尔·马克思、弗里德里希·恩格斯，甚至包括德国的路德维希·费尔巴哈、法国的恩斯特·勒南、希波利特·泰纳和埃米尔·涂尔干、意大利的古瑟普·马志尼——我甚至
374 应把仍然在世的克罗齐和约翰·杜威也算在内——你们也许就会开始明白，这种影响已大到什么程度。下面我还有机会说明，我们能够把广泛的思想运动追溯至相同的根源，例如从非历史的角度看待历史，却自相矛盾地称为历史主义的立场，以及过去一百年里大多数所谓的社会学，尤其是它最时髦、最具雄心的分支"知识社会学"，那时各位也许就能理解我赋予这种综合性影响的重要性了。

在着手我的主要任务之前，我必须先完成一项更初级的工作：为了公平起见，我应当让各位了解在履行这项任务时我的一个严重缺陷。不错，就孔德而言，我强烈反对他的大多数观点。但是这种反对的性质仍

① F. Dittmann, "Die Geschichtsphilosophie Comtes und Hegels"（迪特曼："孔德和黑格尔的历史哲学"）, *Vierteljahrsschrfit für wissenschaftliche Philosophie und Soziologie* 38 (1914), 39 (1915)。

② 这份几乎能够无限延长的名单，还可以包括杜林、卢格、蒲鲁东、帕累托、霍布豪斯、特勒尔奇、狄尔泰、朗普莱希特和布莱西希。

留有进行有益讨论的余地，因为至少存在着一些共同的基础。一个人在与自己的对手打交道时，至少要有这种最起码的理解，才能进行有价值的批评。如果这是正确的话，那么就黑格尔来说，恐怕我缺少这种资格。我不但总是觉得，像他的最伟大的英国赞赏者所言，他的哲学是“对思想的极为深刻的审查，以致大部分都难以理解”[①]，而且也跟约翰·斯图尔特·穆勒有同感，他“通过实际经验发现……与此人对话有可能败坏一个人的智力”。[②]因此我应当提醒各位，我并不想假装理解黑格尔。然 375
而幸运的是，就我的任务而言，没有必要全面理解黑格尔的整个体系。我认为自己对他的学说中影响到或有可能影响到社会科学发展的那些内容，有足够的了解。其实，人们对它是如此熟悉，所以我的任务将主要限于说明，被普遍归因于受到黑格尔影响的许多发展，其实应当归因于孔德的影响。在我看来，主要是来自这个方向的对黑格尔主义传统的支持，可以解释一个不然就难以理解的事实：当黑格尔的哲学原理在另一些科学领域早已被正确的科学原理超越之后，黑格尔主义的思想和语言却在社会科学中继续占据统治地位。

四

他们两人的一般知识理论有个共同的特点，这是我必须提到的，这既是因为这个特点本身，也是因为它使我有机会谈谈我在这一章里不会再有时间考虑的一个有趣话题：他们的共同思想的来源。 376

我这里指的是他们学说中的一个要点，即他们对经验研究所持的态度，乍一看，他们在这一点上好像持有截然对立的观点。在孔德看来，经验研究就是全部科学。而在黑格尔看来，这与他所说的科学完全不沾

① 转引自K. P. Popper, *The Open Society and its Enemies*（波普尔：《开放社会及其敌人》）(London, 1945), vol. 2, p. 25。

② 穆勒1867年11月4日致A. 巴恩的信，见*The Letters of John Stuart Mill*（《穆勒通信集》）, ed. H. S. R. Elliot (London, 1910), vol. 2, p.93。

边,虽然他并不轻视事实知识在其各自领域的重要性。使他们走到一起的是,他们都认为经验科学只能是纯粹描述性的,仅限于确定观察到的现象的规律。从这个意义上说,他们都是严格的现象主义者,否认经验科学能够从描述进入解释。至于实证主义者孔德认为对造成现象的方式的一切解释和讨论都是无用的形而上学,而黑格尔却为自己的唯心主义自然哲学保留了这门学问,这属于另一个话题。正如梅耶松出色证明的,他们对经验研究的作用有着几乎完全一致的观点。[1]譬如,当黑格尔说"经验科学从来不断言存在着没有得到感官感知的事物"[2],这时他是个跟孔德一样的实证主义者。

近代这种对待经验科学问题的现象主义立场,无疑是来自笛卡尔,
377 这两位哲学家都曾直接受益于他。我认为同样真实的是,他们还有另一个共同特点,并且可以从他们观点一致的更为具体的问题上得到有力的佐证:他们共同的理性主义,或最好称之为理智主义(intellectualism)。正是笛卡尔,第一次把研究物理学的现象主义或感觉主义方法这些显然不相容的东西,同有关人类的任务和功能的理性主义观点结合在了一起。[3]就我们主要关心的话题而言,主要是通过法国的孟德斯鸠[4]、达朗贝尔[5]、杜尔哥和孔多塞,以及德国的赫尔德[6]、康德和费希特,笛卡尔

① 梅耶松:《科学中的解释》,尤见第13章。

② 同上,p. 50。

③ J. Laporte, *Le Rationalisme de Descartes*(拉波特:《笛卡尔的理性主义》), new ed.(Paris, 1950)。

④ E. Buss, "Montesquieu und Cartesius"(布斯:"孟德斯鸠和笛卡尔派"), *Philosophishce Monatsheft* 4 (1869): 1—37; H. Trescher, "Montesquieu's Einfluss auf die philosophishcen Grundlagen der Staatslehre Hegels"(特雷舍尔:"孟德斯鸠对黑格尔国家学说之哲学基础的影响"), *Schmoller's Jahrbuch* 42(1918)。

⑤ 参见辛茨:《法国哲学史》;G. Misch, "Zur Entstehung des franzdsischen Positivismus"(米什:"法国实证主义的形成"), *Archiv für Geschichte der Philosophie* 14(1901)。

⑥ 在写于1824年8月5日的一封信里,孔德把赫尔德称为"孔多塞的前辈,而后者是我的直接前辈"。见*Lettres d'Auguste Comte à divers*(《孔德书信集》)(Paris, 1905), vol. 2, p. 56。

的思想遗产被传给了黑格尔和孔德。但是，在这些人中间基本上仅是大胆而令人兴奋的提示，到了我们这两位哲学家那儿，却变成了当时两种主要思想体系的基础。所以，在强调我相信黑格尔和孔德的共同错误的这种笛卡尔主义起源时，我当然丝毫不想贬低笛卡尔为近代思想做出的伟大贡献。然而，许多有生命力的思想，经常会达到这样一个阶段，它 378
们的成功导致人们将其用于它们不再适用的领域。我相信这就是孔德和黑格尔所做的事情。

五

当我们转到社会理论的领域时，我们发现在黑格尔和孔德共同的核心观念之间的关系是如此密切，以至于我们几乎可以用一句话把它们表达出来，只要我们对其中的每个字给予恰当的强调即可。这句话也许应当是这样的：一切社会研究的核心目标，必须是建立一种包括全人类的普遍历史学，它被理解为一幅遵循着可认知的规律的人类之必然发展过程的蓝图。他们的思想进入我们这个时代的所有知识结构的程度，使我们可以大胆地说，这听上去已经成了老生常谈。只有当我们更加细致地分析这种说法的重要意义和潜在含义时，我们才能明白它所提出的任务的极不寻常的性质。

他们两人所追求的规律——孔德称之为"自然规律"[①]，在黑格尔看来是形而上学原理，但这并没有什么不同——首先是指人类思维的发展规律。换言之，他们都宣称，因这一发展过程而形成的我们的个人心 379
智，也能够从整体上理解这一过程。人类心智必然经历的各个阶段，是由这些运动规律决定的，它们解释了不同的文明、文化、"民族精神"（Volksgeister）或社会制度相继出现的顺序。

① Comte, *Cours de philosophie positive*（孔德：《实证哲学教程》），5th ed.（Paris, 1893），vol. 4, p. 253; 另见《早期论文集》，p. 150。

他们共同强调在这个过程中理智的发展的主导地位，这与如下事实——也并非偶然——是没有冲突的：受到他们鼓舞的最有影响的传统，后来却被错误地称为“唯物主义的”历史解释。在这一点上，并且在许多其他问题上，更接近于马克思而不是黑格尔的孔德，强调我们的自然知识的决定性作用，从而为这一发展奠定了基础；所谓唯物主义的（最好还是称为技术论的）解释的基本主张，不过是表示我们的自然知识以及有关技术之可能性的知识，支配着其他领域的发展。基本信念，即一个人自己的心智应当能够解释它自身、它的过去和未来发展的规律——这里我无暇解释在我看来其中包含的自相矛盾[1]——对于他们两人是一样的，马克思接受了黑格尔和孔德的这种信念，而且通过他，他的弟子们也接受了这种信念。

380 人类思维的一般发展遵循着相继出现的不同阶段的规律，这种观点以及它的所有具体表现和具体运用，当然意味着能够把这些整体或集体直接理解为某种个体：我们能够把作为一个整体的文明或社会制度，直接理解为客观的既定事实。在黑格尔的唯心主义体系中，对于这样的主张不必感到奇怪，因为它是一种观念实在论或“本质主义”的产物。[2]但是乍一看，这跟孔德那样的自然主义体系似乎不太吻合。然而事实上，使他避开一切精神建构、使他只承认直接观察到的事物的现象主义，迫使他只能采取一种与黑格尔十分相近的立场。既然他无法否认存在着社会结构，他只好认为它们是既定的经验事实。其实，他甚至主张社会整体同它的构成因素相比，无疑能得到更好的认识，也更易于直接观察[3]，因此社会理论必须以我们直接理解的整体的知识作为起

---

① 对这些思想系统的分析和批判，见本书第一部分。

② 参见K. R. Popper, “The Poverty of Historicism”（波普尔：“历史主义的贫困”），*Economica*, n.s. 11 (1944), p. 94。

③ 《教程》, vol. 4, p. 286: “因此，事物的整体肯定比人们后来从中划分出的各部分更易于认识，更易于直接把握。”

点。[1]可见他丝毫也不亚于黑格尔，是从在直觉中理解的对社会或文明的抽象观念入手，然后以演绎的方式，得出了他有关客体结构的认识。他甚至明确主张，我们从这种整体认识中能够推导出有关各部分之必 381
然联系的先验知识[2]，作为一名实证主义者，这不免让人吃惊。因此，假如孔德的实证主义有时被人说成是一个唯心主义体系，也并非全无道理。[3]他就像黑格尔一样，把我们事实上只有利用熟悉的因素去组成或构建才能加以认识的社会结构，当作"具体的普遍"(concrete univerals)；[4]他甚至超过了黑格尔，认为只有作为一个整体的社会才是真实的，个人不过是一种抽象。[5]

六

黑格尔和孔德对待社会演化的相似立场，远不限于这些方法论方面。在他们两人看来，社会在相当真实的意义上是一个有机体。他们都把社会进化必然经历的各个阶段，比作个人在自然成长中经历的不同时期。他们都认为，人类对其命运进行自觉控制的成长过程，是历史的主要内容。

孔德和黑格尔当然都不是历史学家——虽然不久前把他们称为"真正的历史学家"[6]成了一种时尚，理由是跟他们的前人相比，他们是 382

---

① 《教程》，p. 291。

② 同上，p. 526。

③ 例如参见E. de Roberty, *Philosophie du siècle*（德·罗伯蒂：《本世纪的哲学》）(Paris, 1891), p. 29, 以及辛茨：《法国哲学史》，p. 255。

④ 萨洛蒙："托克维尔的自由哲学"，p. 400。

⑤ 《教程》，vol. 6, p. 590; *Discours sur l'esprit positive*（《实证精神教程》）(1918), p. 118。

⑥ 例如参见迪特曼："孔德和黑格尔的历史哲学"，38, p. 310, 梅尔茨：《欧洲思想史》，p. 500。

"科学的"历史学家,这意思大概是指,他们的目的在于发现规律。但是他们提出的"历史方法"很快便开始取代尼布尔或兰克的伟大历史学派。人们习惯于把后来"历史主义"[①]的兴起追溯至黑格尔,因为他相信表现于社会生活一切领域中的"各个阶段"必然相继出现;但是在这一点上,孔德的影响可能比黑格尔还要大。

由于在这些问题上词语混乱的状况[②],我大概必须明确指出,我对十九世纪早期的"历史学派"以及后来的大多数专业历史学家同马克思、施姆勒或桑巴特的历史主义,有严格的区分。后者相信,随着对这些发展规律的发现,他们也就掌握了正确理解历史的钥匙,他们以毫无根据
383 的傲慢态度宣布,过去的作家,尤其是那些十八世纪的作家,是"非历史的"。但是在我看来,比如说相信自己应"置身于历史时期和历史民族"的休谟,与那些打算把历史变成一门理论科学的人相比,在许多方面反而正确得多。[③]这种历史主义最终导致的恶果,可以从一个事实得到最好的理解:甚至与它十分接近的思想家马克斯·韦伯,有一次也忍不住把整个Entwicklungsgedanke(发展阶段论)称为"浪漫主义的骗局"。[④]我的朋友卡尔·波普尔对历史主义所做的权威分析,因为发表在战时的一期《经济学》杂志上而鲜为人知[⑤],对于他的分析我几乎没有需要补充的内

① 参见Popper, *Open Society*和Karl Löwith, *Von Hegel zu Nietzsche* (洛维特:《从黑格尔到尼采》)(Zurich, 1941), p. 302。

② 最近的一个事实又加剧了这种由来已久的混乱:甚至像梅尼克这样杰出的历史学家,也把他的巨著*Die Entstehung des Historismus*(《历史主义的影响》)(München, 1936)完全归功于那个早期的历史学派,"Historismus"(历史主义)这个概念,就是在十九世纪下半叶为了区别于这个学派而创造的。另参见W. Eucken, "Die überwindung des Historismus"(奥伊肯:"历史主义的胜利"), *Schmoller's Jahrbuch* 63 (1938)。

③ 转引自G. Bryson, *Man and Society*(布赖松:《人与社会》)(Princeton, 1945), p. 78。

④ 见特勒尔奇:《历史主义及其问题》, pp. 189—190n。

⑤ Karl Popper, "Poverty of Historicism"(卡尔·波普尔:"历史主义的贫困")。

容,不过在我看来,孔德和实证主义对这种学说负有的责任,至少同柏拉图和黑格尔同样大。

让我再说一遍,除了那些采用他们所相信的"历史方法"的社会科学代表人物之外,这种历史主义同真正的历史学家没有多少关系。古斯塔夫·施姆勒,较为年轻的经济学历史学派的奠基人,大概是受到孔德哲学而非黑格尔哲学明确引导的一个最好的例子。①但是,这种历史主 384
义的影响虽然在经济学中最为显著,它先是在德国,后来又在其他国家,也变成了一种影响波及所有社会科学的风气。可以证明,它对艺术史的影响丝毫不亚于对人类学或语言学的影响。②"历史哲学"在过去一百年里所享有的巨大知名度,赋予历史过程某种可以理解的"意义",并自以为向我们展示了人类之明确命运的各种学说,都是黑格尔和孔德这种共同影响的结果。

七

这里我不打算详细讨论他们学说中的另一个可能只有表面意义的相似之处,即孔德的必然发展要经历三个阶段的著名规律,而黑格尔也有类似的三阶段,它是思维成长的结果,这种成长是一个从正题到反题再到合题的辩证过程。更重要的事实是,他们都认为历史是在走向某个预定的目标,而且能够从目的论的角度把它解释成达到目标的过程。

这种历史主义不仅认为历史事件是既定的,而且意味着我们能够认识到它们为何注定出现在特定的过程中。这肯定是一种彻头彻尾的 385

---

① 关于孔德对德国经济学中年轻的历史学派的影响,见F. Raab, *Die Fortschrittsidee bei Gustav Schmoller*(拉伯:《施姆勒》)(Freiburg, 1934), p. 72; H. Waentig, *Auguste Comte und seine Bedeutung für die Entwicklung der Sozialwissenschaft*(万蒂格:《孔德及其对社会科学发展的重大意义》)(Leipzig, 1894)。

② 从威廉·施莱尔身上可以最清楚地看到这一点。另参见Rothacker, Einleitung in die Geisteswissenschaften, pp. 190—250。

宿命论:人无法改变历史的进程。在孔德看来,甚至杰出的个人也仅仅是“工具”[①],或“一种既定运动中的有机体”[②],黑格尔则认为他们是Geschäftsfuehrer der Weltgeistes(世界精神的掌管者),“理性”只是在狡猾地利用他们以达到自己的目的。

这个体系中没有自由的容身之地:在孔德看来,自由就是“理性地服从自然规律的命令”[③],这当然是指他所理解的那种不可避免的发展的自然规律。对于黑格尔来说,自由就是对必然的认识。[④]他们两人都掌握着“明确而永恒的思维统一性”[⑤]——根据孔德的说法,进化的目的就是要达到这种统一——或黑格尔所谓“绝对真理”的秘密,因此他们都声称有资格贯彻一种新的正统学说。不过我必须承认,在这一点上,就
386 像在其他许多方面一样,被人严重滥用的黑格尔要比“科学的”孔德自由得多。我们在孔德的所有著作中,都能看到他对不受限制的良心自由的粗暴攻击,这不见于黑格尔的著作。黑格尔试图利用普鲁士的国家机器贯彻一种正统学说[⑥],但是与孔德的“人类宗教”的新计划以及他的全部反自由主义改造方案相比,黑格尔的做法要温和多了。甚至孔德过去的赞赏者约翰·斯图尔特·穆勒,最后也把这些方案称为“对自由的扼杀”。[⑦]

---

① 《早期论文集》, p. 15。

② 《教程》, vol. 4, p. 298。

③ 同上,p. 157:“毫无疑问,真正的自由不过是指,在及时发现了自然的必然规律后,理性地服从它的唯一命令。”

④ *Philosophie der Geschichte*(《历史哲学》), ed. Reclam, p. 77:“理性就作为本质的必然性,而我们是自由的,我们由此认识到规律,并把它当作我们固有本质的核心;客观的和主观的意志取得了调和,并最终成为一个自我统一体。”

⑤ 《教程》, vol. 4, p. 144,《早期论文集》, p. 132。

⑥ 参见梅耶松:《科学的解释》, p.130; Popper, *Open Society*(波普尔:《开放社会及其敌人》), vol. 2, p. 40。

⑦ 1855年1月15日穆勒致哈利耶特·穆勒的信:“近来几乎所有的社会改革家的计

这里我无暇较为详细地说明，诸如此类的政治态度同样表现在对不同历史时期或不同制度的评价中。我只想指出特别典型的一点，即这两位思想家都不喜欢伯里克利时代的希腊和文艺复兴，都喜欢腓特烈大帝。[①]

八

我这里要谈到的黑格尔和孔德的最后一个重要相似之处，同样是他们的历史主义造成的。然而它发挥着一种独立的影响，所以我必须单独讨论它。这就是他们彻底的道德相对主义，他们都认为，能够认识到 387
一切道德原则都有其时代环境的根据，或者说，只有能以这种方式证明的道德原则才是正确的——但他们的意思并不总是十分明确。当然，这种观点仅仅是历史主义，即这样一种信念的具体运用：我们对人们在不同的时代为何相信他们实际相信的那些事情，能够做出充分解释。这种对决定着人们思想的方式的所谓洞察力，意味着声称我们知道在既定环境下他们应当相信什么，意味着把所有那些无法这样证明的道德原则，作为不理性的或不恰当的原则予以废除。

历史主义在这个方面最清楚地表现出了它的理性主义或理智主义的特点：[②]既然一切历史发展的决定因素是可以认知的，因此只有那些我们能够充分理解的力量才会发挥作用。在这一点上，孔德的态度与黑格尔的"现实的即合理的，合理的即现实的"这种说法，其实并没有什么

划，其实都是在扼杀自由——孔德尤其如此。" F. A. Hayek, *John Stuart Mill and Harriet Mill*(哈耶克:《约翰·穆勒和哈里耶特·穆勒》)(Chicago, 1951), p. 216。孔德的政治结论中的反自由主义倾向大大超过黑格尔的言论，对此更全面的介绍见本书第351—355页。

② 在孔德的"实证主义历法"中，"现代政治家的月份"是以腓特烈大帝的名字命名的！

③ 参见H. Preller, "Rationalismus und Historismus"(普雷勒:"理性主义和历史主义"), *Historische Zeitschrift* (1922)。

不同之处[①]——不过理性主义者孔德会说，有历史必然性的就是正确
388 的。从这个意义上说，在他看来，一切事物，奴隶制和野蛮、迷信和偏执，都有其时代的正当根据——他虽然没有这样说，但他的逻辑包含着这层意思。不存在我们必须作为超越我们个人理性的因素而加以接受的道德原则，我们的全部思想不存在既定的和不自觉的、我们必须据以判断道德分歧的前提。事实上，除了由某种高高在上的精神所设计和揭示、或是用我们的理性加以证明的道德体系之外，他显然没有认识到还有任何其他可能性。[②]在这两者中间，"得到（理性）证明的道德必然更为优越"，这在他看来似乎是不成问题的。孔德比黑格尔更具一贯性，也更加极端。他在自己十九岁那年发表的第一部著作中，就已宣布了自己的主要观点。他写道："绝对地说，不存在什么好与坏的问题；一切都是相对的，这是唯一绝对的事情。"[③]

在考虑这个具体问题时，我对我们这两位哲学家的影响的重要性也许有所夸大，他们或许仅仅是追随着当时与他们的思想正相吻合的
389 一般时尚。从卡莱尔和约翰·斯图尔特·穆勒的信件往来中，可以清楚地看到道德相对主义的传播是多么迅速。我们发现，早在1833年，卡莱尔在给穆勒的信中提到不久前出版的《法国大革命史》[④]时说："梯也尔这人不是有一种奇妙的伦理学体系吗？他会向你证明，做某件事的能力几乎（即使不完全如此）也给了你做这件事的权利：他的每一位英雄好像都是完全正确的——其行动取得了成功。"[⑤]穆勒答复他说："你对梯也

① *Grundlinien der Philosophie des Recht, Philosophische Bibliothek*（《法哲学基础，哲学书目》）(Leipzig: Felix Meiner, 1911), p. 14。

② *Système de politique positive*（《实证政治学体系》）(1854), vol. 1, p. 356: "得到证明和揭示之道德，必然更为优越。"

③ *L'Iindustrie*（《工业》）, ed. Saint-Simon, vol. 3, 2me cahier。

④ A. Thiers, *Historie de la révolution française*（梯也尔：《法国革命史》）(1823—1827)。

⑤ 1833年1月12日卡莱尔致穆勒的信，见*Letters of Thomas Carlyle to John Stuart*

尔的伦理学体系的说法最正确。我担心这恰恰也是一个年轻的法国文人的样板，这就是他们所做的一切，从伦理学上说，他们试图模仿德国人，让他们自己认同于过去。他们根据他们所判断的无论什么人来改变自己的观点，以配合他们的历史宿命论，他们已经到了消灭成败之外一切道德的地步。"[①]有意思的是，穆勒十分清楚在法国传播这些观点的是圣西门主义者，但他正确地把它们在一个年轻的法国史学家那里的表现归因于德国的影响。

我只能顺便提一下，这些观点使孔德和黑格尔走向一种彻底的道德和法律实证主义[②]——有时可悲地接近于"强权就是公理"的信条。我相信可以找到充足的证据表明，他们是现代法律实证主义传统的主要起源之一。然而这仅仅是下面这种普遍态度的另一种表现而已：凡是不能被确认是自觉的理性之表现的东西，一概拒绝予以承认。 390

九

这使我又回到了决定着孔德和黑格尔学说中所有这些相似之处的共同的核心观念，即通过从外部研究人类的"理性"，把它视为一个超级头脑般客观且可观察的整体，我们就能够改变早期个人主义方法的结论，后者只是谦虚地致力于理解个人的心智如何相互作用。他们相信，自己已经实现了"认识自己的心灵"这个古老的抱负，他们已经站在能够预见理性的未来成长过程的位置上，这离更为臆断的想法只有一步

Mill, John Sterling and Robert Browning（《卡莱尔致穆勒、斯特林和布洛宁的信》），ed. Alexander Carlyle（London, 1910）。

① 1833年2月2日穆勒致卡莱尔的信，未出版，现藏苏格兰国立图书馆。

② 关于黑格尔的法律实证主义，请特别参见H. Heller, *Hegel und der nationale Machstaatsgedanke in Deutschland*（赫勒尔：《黑格尔和德国的民族强权政治思想》）（Leipzig and Berlin, 1921）, p. 166; Popper, 波普尔：《开放社会》, vol. 2, p. 39。关于孔德的观点，见《教程》, vol. 4, pp. 266ff。

391 之遥了:理性现在能够提着自己的鞋带上升到其明确的或绝对的状态。说到底,这种由笛卡尔甚至早就由柏拉图播下种子的知识傲慢态度,是黑格尔和孔德的共同特征。对作为一个整体的理性的运动过程的关切,不仅妨碍了他们理解个人之间的互动产生个人理性无从充分知晓的关系结构的过程,而且使他们对一个事实视若无睹:自觉的理性控制自身发展的企图,只能造成这样的后果,把这一成长过程限制在支配理性的个人所能预见的事情的范围之内。[①]虽然这种抱负是某种类型的理性主义的直接产物,不过我认为它是错误地理解理性主义的产物,最好还是把它称为理智主义——一种没有承担起它最重要任务的理性主义,这项任务就是,认识个人的自觉理性所能成就的事物之范围。

黑格尔和孔德都没有理解,个人努力的相互作用如何能够创造出比他们所能认识的更伟大的事情。亚当·斯密和十八世纪另一些伟大的
392 苏格兰个人主义者——虽然他们谈的是“看不见的手”——已经提供了这样的解释[②],黑格尔和孔德却只为我们提供了一种神秘的目的论力量。十八世纪的个人主义基本上只有谦卑的抱负,致力于尽可能理解个人努力共同创造一种文明的原理,以便了解最有利于其进一步成长的条件,黑格尔和孔德则变成了目的在于“自觉控制”一切社会力量的集体主义傲慢态度的主要来源。

十

我现在必须再用几个事例,简单说明一下这个我已经指出的在黑格尔和孔德共同影响下形成的过程的要点。最值得细致研究的一个例子,是一度非常著名而如今已被人遗忘的德国哲学家路德维希·费尔巴

---

① 参见本书155—164页。

② 见我的*Individualism and Economic Order*(《个人主义和经济秩序》)(Chicago: University of Chicago Press, 1948), p. 7。

哈。这位变成了德国实证主义创始人的老黑格尔派，假如是在对孔德一
无所知的情况下走到了这种立场，其意义就更加不同寻常。不过当时的
情况很可能是，他在早期阶段对孔德的《实证政治学体系》也有所了解。[1]
他不但对另一些激进的青年黑格尔派，而且对正在出现的整整一代人
有多么大的影响，可以从恩格斯那儿得到最好的理解，他讲述过他们如 393
何"一下子都变成了费尔巴哈派"。[2]

费尔巴哈提供的这种黑格尔主义同实证主义的血缘关系，成了出
现于1840年代的一个德国社会理论家团体的共同特点。[3]费尔巴哈后来
说，他因为认识到绝对真理仅仅是指那个"绝对教授"[4]，于是同黑格尔
决裂。刚刚过了一年，即孔德的《实证哲学教程》最后一卷出版的那一
年，无独有偶，也是在青年马克思于1842年把他的第一本著作交给出版
社的同时，另一位当时很有影响和代表性的作者，洛伦兹·冯·施泰因，
出版了他的《今日法国的社会主义和共产主义》，得到公认的是，它试图 394
把黑格尔同圣西门的思想、从而也把它同孔德的思想结合在一起。[5]经

---

① 参见本书321页以下内容。

② Engels, *Ludwig Feuerbach and the Outcome of Classical German Philosophy*（恩格斯：《费尔巴哈和德国古典哲学的终结》）(New York, 1941), p. 18。

③ 关于费尔巴哈，见S. Rawidowicz, *Ludwig Feuerbachs Philosophie*（拉维多维奇：《费尔巴哈的哲学》）(Berlin, 1931); A. Lévy, op. Cit.; A. Lévy, La philosophie du *Feuerbach*（莱维：《费尔巴哈的哲学》）(Paris, 1904); F. Lombardi, L. Feuerbach（龙巴蒂：《费尔巴哈》）(Florence, 1935)。不幸的是，最近的一本英文专著，W. B. Chamberlain的*Heaven Wasn't His Destination*（张伯伦：《天堂不是他的归宿》）(London, 1941)，论述得十分不恰当。关于青年黑格尔派中广泛存在的实证主义倾向，特别参见D. Koigen, *Zur Vorgeschicht des modernen philosophischen sozialismus in Deutschland*（科根：《德国现代哲学社会主义的起源》）(Ben, 1901)。

④ 1860年10月20日费尔巴哈致W. Bolin的信，见*Ausgewaehlte Briefe von und an Feuerbach*（《费尔巴哈通信集》），ed. W. Bolin (Leipzig, 1904), vol. 2, 246—247。

⑤ Lorenz Stein, *Der Socialismus und Communismus im heutigen Frankreich*（施泰

常有人指出，施泰因在这本书里已经预先说出了马克思历史学说中的许多内容。①当我们看到另一位作者，即后来被人发现是卡尔·马克思先驱的法国人朱利·莱切瓦列②，竟然是一个曾在柏林从学于黑格尔的老圣西门主义者时，这个事实就变得更有意义了。他比施泰因年长十岁，在法国一度和者甚寡。但是在德国，黑格尔派的实证主义——如果我可以这样说的话——却变成了一个重要的思想流派。正是在这种气氛中，马克思和恩格斯形成了他们如今十分著名的历史学说，字面上虽然主要表现出黑格尔主义风格，但我认为它受益于圣西门和孔德，要比人们
395 普遍承认的更多。③正是我所讨论的那些相似之处，使他们很容易借助于黑格尔的语言，阐述一种马克思所说的在某些方面颠倒了黑格尔思想的学说。

也许不是出于偶然，几乎就在同时，即在1841年和1843年，有两个

因:《今日法国的社会主义和共产主义》)(Leipzig, 1842)。

① 关于这个主题的早期文献，见Heinz Nitschke, "Die Geschichtsphilosophie Lorenz von Steins"(尼什克:"施泰因的历史哲学"), *Historische Zeitschrift*, supp. 26 (1932), 特别是p. 136。另见T. G. Masaryk, *Die philosophischen und soziologischen Grundlagen des Marxismus*(马萨里克:《马克思主义的哲学和社会学基础》)(Vienna, 1899), p. 34。

② 参见H. Ahrens, *Naturrecht*(阿伦斯:《自然权利》), 6th ed. (Vienna, 1870), vol. 1, p.204; Charles Pelarin, *Notice sur Jules Lechevalier et Abel Transon* (佩拉林:《评莱切瓦列和特兰松》)(Paris, 1877); A. V. Wenckstern, *Marx* (温克斯坦:《马克思》)(Leipzig, 1896), pp. 205f.; S. Bauer, "Henri de Saint-Simon nach hundert Jahren"(鲍威尔:"百年之后的圣西门"), *Archiv für die Geschichte des Sozialismus* 12 (1926): 172。

③ 仔细分析实证主义对马克思和恩格斯的影响，需要单独进行研究。这种直接影响甚至扩展到用语上的惊人相似，由恩格斯的作品即可证明这一点，对马克思的影响大概更间接一些。这方面的研究材料见马萨里克:《马克思主义的哲学和社会学基础》, p. 35; Lucie Prenant, "Marx et Comte"(普雷南:"马克思和孔德"), *A la lumiere de marxisme* (Paris: Cercle de la Russie Neuve, 1937), vol. 2, pt. 1。在后来写给恩格斯的一封信(1866年7月7日)里，显然是正在有意识地阅读孔德(这不同于他所熟悉的孔德替圣西门写的作品)的马克思，把他描述为同黑格尔相比"很可怜"。

更接近于把自然科学用于社会研究，而不是更接近于黑格尔的人，即弗里德里希·李斯特[①]和威廉·罗舍尔[②]，开启了经济学中的历史主义传统，并且很快就成为一种得到其他社会科学热情追随的模式。正是那些在1842年[③]后的十五到二十年里发展并得到传播的观念，使德国首次在社 396
会科学中占据了领导地位；在一定程度上通过从德国的重新引进（虽然也部分地通过穆勒和巴克尔从英国引进），法国的历史学家和社会学家，例如泰纳[④]和涂尔干[⑤]，在熟悉了黑格尔主义的同时也熟悉了实证主义传统。

在这种德国造的历史主义的旗帜下，十九世纪下半叶发动了对个

---

① Friedrich List, *Nationale System der Politischen Oekonomie*（李斯特：《国民政治经济学体系》）(1841)。

② Wilhelm Roscher, *Grundriss zu Vorlesungen ueber die staatswirtschaft nach historischer Methode*（罗舍尔：《历史方法的政治经济学讲义大纲》）(1843)。

③ 1842年这一年在这方面具有的特殊意义，科根做过很好的说明，见《德国现代哲学社会主义的起源》，p. 236ff.; Hans Freund, *Soziologie und Sozialismus*（弗洛恩德：《社会学和社会主义》）(Würzburg, 1934)。关于实证主义对德国史学家的影响，德洛森的信做过特别有益的说明："黑格尔及其后学不仅使哲学在很长时间里蒙羞，还扰乱了他们自己的生活。它要求人们怀着对虚构的（即使是创造性的）思想的偶像崇拜，把一切都归因于思想。这导致了费尔巴哈式的谬论，而这一切又与任何一种方法的或伦理的惟技术论倾向完全吻合。"在1852年7月17日致邓克的信中，还有这样一段话："我们以及我们德国思想的痛苦在于，当1789年以来的法国由于综合工科学院的不幸影响而变得干枯和衰竭，大量精于算计、幼稚而无耻的行为深深地撕扯着这个堕落的民族时，在柏林，各种形式的实证主义却被当作精神领域的革命，受到真诚的追求和悉心呵护。"见J. G. Droysen, *Briefwechsel*（德洛森：《通信集》），ed. R. Hübner (Leipzig, 1929), vol. 2, pp. 48, 120。

④ 参见D. D. Rosca, *L'influence de Hegel sur Taine*（罗斯卡：《黑格尔对泰纳的影响》）(Paris, 1928), O. Engel, *Der Einfluss Hegels auf die Bildung der Gedankenwelt Taines*（恩格尔：《黑格尔对泰纳思想境界之形成的影响》）(Stuttgart, 1920)。

⑤ 见S. Deploige, *The Conflict Between Ethics and Sociology*（德普鲁瓦热：《伦理学和社会学的冲突》）(St. Louis, 1938), chap. 4。

人主义社会理论的大举进攻，个人主义和自由主义社会的基础受到了质疑，历史宿命论和伦理学相对主义成了主流传统。正是在它们的影响
397 下，从马克思到松巴特再到施宾格勒，“历史哲学”变成了对待社会问题的时代态度的最具影响力的表达。[①]不过，它最典型的表现大概就是所谓的“知识社会学”了，直到今天，它的两个虽有区别但又十分相似的主要分支，仍然显示出源自孔德和黑格尔的两个思想流派时而独立时而共同发挥着作用。[②]最后但并非不重要的一点是，正如塞莱斯丁·博格尔所言，现代社会主义主要是从Alliance intellectuelle franco-allemande（法德知识分子同盟）[③]中汲取它的理论基础，而这主要是指德国的黑格尔主义和法国实证主义的同盟。

让我再用几句话来结束这段历史叙述吧。在1859年以后，就社会科学而言，达尔文的影响所能做到的，仅仅是肯定了一种已然存在的趋势。达尔文主义也许有助于把一种已经形成的进化理论引入盎格鲁—撒克逊世界。但是，假如我们考察社会科学在达尔文的影响下所从事的这些“科学”革命，例如凡勃伦及其弟子的所作所为，它们似乎不过是德
398 国的历史主义在黑格尔和孔德影响下所提出的各种观念的复兴而已。虽然我没有证据，但我猜想对历史主义的这个美国分支做更严格的考察，有可能证明它也和这些思想来源有着更直接的关系。[④]

① 参见P. Barth, *Die Philosophie der Geschichte als Soziologie*（巴尔特：《作为社会学的历史哲学》）(1925)。

② 参见E. Grünwald, *Das Problem der Soziologie des Wissens*（格伦瓦尔德：《知识社会学问题》）(Vienna, 1934)。

③ C. Bouglé, *Chez les prophetes socialiste*（博格尔：《在社会主义先知中间》），1918, chap. 3。

④ 孔德的思想影响了凡勃伦，这一点似乎相当清楚。见W. Jaffe, *Les théories économiques et sociales de T. Veblen*（加弗：《凡勃伦的经济和社会理论》）(Paris, 1924), p. 35。

十一

受本章的篇幅所限,充分而公正地讨论这个大题目是不可能的。我丝毫不指望通过我对不同观念的亲缘关系所能做到的这点说明，能让各位相信它们在具体细节上也是正确的。不过我认为,我至少提供了充分的证据,使各位相信了我这种论证所承担的任务:我们在十分不知情的情况下仍然受着这样一些观念的影响，由于它们是由一些似乎极端对立的传统的奠基人共同持有，因此它们几乎是在人们不知不觉之间进入了现代思想。在这些问题上,我们很大程度上仍受着至少有百年历史的观念的左右，正像十九世纪是受着十八世纪观念的左右一样。但是,休谟和伏尔泰、亚当·斯密和康德的思想塑造了十九世纪的自由主义,而黑格尔和孔德、费尔巴哈等人的思想,却导致了二十世纪的极权主义。

我们身为学者,倾向于高估我们能够在当代事务中发挥的影响,也
许确实如此。但是我怀疑是否有可能高估观念的长期影响。毫无疑问， 399
我们的特殊责任就是辨别出那些仍在公共舆论中起作用的思想流派，
评价它们的意义，必要的话还得驳倒它们。我在本章中试图予以概述
的,便是这项任务的第一部分。 400

索　引

（按译名汉语拼音排列；条目后的数字为原书页码，见本书边码）

人文与社会译丛

第一批书目

1.《政治自由主义》(增订版),[美]J. 罗尔斯著,万俊人译　118.00 元
2.《文化的解释》,[美]C. 格尔茨著,韩莉译　89.00 元
3.《技术与时间:1. 爱比米修斯的过失》,[法]B. 斯蒂格勒著,裴程译　62.00 元
4.《依附性积累与不发达》,[德]A. G. 弗兰克著,高铦等译　13.60 元
5.《身处欧美的波兰农民》,[美]F. 兹纳涅茨基、W. I. 托马斯著,张友云译　9.20 元
6.《现代性的后果》,[英]A. 吉登斯著,田禾译　45.00 元
7.《消费文化与后现代主义》,[英]M. 费瑟斯通著,刘精明译　14.20 元
8.《英国工人阶级的形成》(上、下册),[英]E. P. 汤普森著,钱乘旦等译　168.00 元
9.《知识人的社会角色》,[美]F. 兹纳涅茨基著,郏斌祥译　49.00 元

第二批书目

10.《文化生产:媒体与都市艺术》,[美]D. 克兰著,赵国新译　49.00 元
11.《现代社会中的法律》,[美]R. M. 昂格尔著,吴玉章等译　39.00 元
12.《后形而上学思想》,[德]J. 哈贝马斯著,曹卫东等译　58.00 元
13.《自由主义与正义的局限》,[美]M. 桑德尔著,万俊人等译　30.00 元

14.《临床医学的诞生》,[法]M. 福柯著,刘北成译 55.00 元
15.《农民的道义经济学》,[美]J. C. 斯科特著,程立显等译 42.00 元
16.《俄国思想家》,[英]I. 伯林著,彭淮栋译 35.00 元
17.《自我的根源:现代认同的形成》,[加]C. 泰勒著,韩震等译 128.00 元
18.《霍布斯的政治哲学》,[美]L. 施特劳斯著,申彤译 49.00 元
19.《现代性与大屠杀》,[英]Z. 鲍曼著,杨渝东等译 59.00 元

第三批书目

20.《新功能主义及其后》,[美]J. C. 亚历山大著,彭牧等译 15.80 元
21.《自由史论》,[英]J. 阿克顿著,胡传胜等译 89.00 元
22.《伯林谈话录》,[伊朗]R. 贾汉贝格鲁等著,杨祯钦译 48.00 元
23.《阶级斗争》,[法]R. 阿隆著,周以光译 13.50 元
24.《正义诸领域:为多元主义与平等一辩》,[美]M. 沃尔泽著,褚松燕等译 24.80 元
25.《大萧条的孩子们》,[美]G. H. 埃尔德著,田禾等译 27.30 元
26.《黑格尔》,[加]C. 泰勒著,张国清等译 135.00 元
27.《反潮流》,[英]I. 伯林著,冯克利译 48.00 元
28.《统治阶级》,[意]G. 莫斯卡著,贾鹤鹏译 98.00 元
29.《现代性的哲学话语》,[德]J. 哈贝马斯著,曹卫东等译 78.00 元

第四批书目

30.《自由论》(修订版),[英]I. 伯林著,胡传胜译 69.00 元
31.《保守主义》,[德]K. 曼海姆著,李朝晖、牟建君译 58.00 元
32.《科学的反革命》(修订版),[英]F. 哈耶克著,冯克利译 68.00 元

33.《实践感》,[法]P. 布迪厄著,蒋梓骅译 75.00 元
34.《风险社会:新的现代性之路》,[德]U. 贝克著,张文杰等译 58.00 元
35.《社会行动的结构》,[美]T. 帕森斯著,彭刚等译 80.00 元
36.《个体的社会》,[德]N. 埃利亚斯著,翟三江、陆兴华译 15.30 元
37.《传统的发明》,[英]E. 霍布斯鲍姆等著,顾杭、庞冠群译 68.00 元
38.《关于马基雅维里的思考》,[美]L. 施特劳斯著,申彤译 78.00 元
39.《追寻美德》,[美]A. 麦金太尔著,宋继杰译 68.00 元

第五批书目

40.《现实感》,[英]I. 伯林著,潘荣荣、林茂、魏钊凌译 78.00 元
41.《启蒙的时代》,[英]I. 伯林著,孙尚扬、杨深译 35.00 元
42.《元史学》,[美]H. 怀特著,陈新译 89.00 元
43.《意识形态与现代文化》,[英]J. B. 汤普森著,高铦等译 79.00 元
44.《美国大城市的死与生》,[加]J. 雅各布斯著,金衡山译 78.00 元
45.《社会理论和社会结构》,[美]R. K. 默顿著,唐少杰等译 128.00 元
46.《黑皮肤,白面具》,[法]F. 法农著,万冰译 58.00 元
47.《德国的历史观》,[美]G. 伊格尔斯著,彭刚、顾杭译 58.00 元
48.《全世界受苦的人》,[法]F. 法农著,万冰译 17.80 元
49.《知识分子的鸦片》,[法]R. 阿隆著,吕一民、顾杭译 59.00 元

第六批书目

50.《驯化君主》,[美]H. C. 曼斯菲尔德著,冯克利译 88.00 元
51.《黑格尔导读》,[法]A. 科耶夫著,姜志辉译 98.00 元
52.《象征交换与死亡》,[法]J. 波德里亚著,车槿山译 68.00 元
53.《自由及其背叛》,[英]I. 伯林著,赵国新译 48.00 元

54.《启蒙的三个批评者》,[英]I. 伯林著,马寅卯、郑想译　48.00 元
55.《运动中的力量》,[美]S. 塔罗著,吴庆宏译　23.50 元
56.《斗争的动力》,[美]D. 麦克亚当、S. 塔罗、C. 蒂利著,李义中等译　31.50 元
57.《善的脆弱性》,[美]M. 纳斯鲍姆著,徐向东、陆萌译　55.00 元
58.《弱者的武器》,[美]J. C. 斯科特著,郑广怀等译　82.00 元
59.《图绘》,[美]S. 弗里德曼著,陈丽译　49.00 元

第七批书目

60.《现代悲剧》,[英]R. 威廉斯著,丁尔苏译　45.00 元
61.《论革命》,[美]H. 阿伦特著,陈周旺译　59.00 元
62.《美国精神的封闭》,[美]A. 布卢姆著,战旭英译,冯克利校　89.00 元
63.《浪漫主义的根源》,[英]I. 伯林著,吕梁等译　49.00 元
64.《扭曲的人性之材》,[英]I. 伯林著,岳秀坤译　69.00 元
65.《民族主义思想与殖民地世界》,[美]P. 查特吉著,范慕尤、杨曦译　18.00 元
66.《现代性社会学》,[法]D. 马尔图切利著,姜志辉译　32.00 元
67.《社会政治理论的重构》,[美]R. J. 伯恩斯坦著,黄瑞祺译　72.00 元
68.《以色列与启示》,[美]E. 沃格林著,霍伟岸、叶颖译　128.00 元
69.《城邦的世界》,[美]E. 沃格林著,陈周旺译　85.00 元
70.《历史主义的兴起》,[德]F. 梅尼克著,陆月宏译　48.00 元

第八批书目

71.《环境与历史》,[英]W. 贝纳特、P. 科茨著,包茂红译　25.00 元
72.《人类与自然世界》,[英]K. 托马斯著,宋丽丽译　35.00 元

73.《卢梭问题》,[德]E. 卡西勒著,王春华译 39.00 元
74.《男性气概》,[美]H. C. 曼斯菲尔德著,刘玮译 28.00 元
75.《战争与和平的权利》,[美]R. 塔克著,罗炯等译 25.00 元
76.《谁统治美国》,[美]W. 多姆霍夫著,吕鹏、闻翔译 35.00 元
77.《健康与社会》,[法]M. 德吕勒著,王鲲译 35.00 元
78.《读柏拉图》,[德]T. A. 斯勒扎克著,程炜译 68.00 元
79.《苏联的心灵》,[英]I. 伯林著,潘永强、刘北成译 59.00 元
80.《个人印象》,[英]I. 伯林著,覃学岚译 88.00 元

第九批书目

81.《技术与时间:2. 迷失方向》,[法]B. 斯蒂格勒著,赵和平、印螺译 59.00 元
82.《抗争政治》,[美]C. 蒂利、S. 塔罗著,李义中译 28.00 元
83.《亚当 · 斯密的政治学》,[英]D. 温奇著,褚平译 21.00 元
84.《怀旧的未来》,[美]S. 博伊姆著,杨德友译 85.00 元
85.《妇女在经济发展中的角色》,[丹]E. 博斯拉普著,陈慧平译 30.00 元
86.《风景与认同》,[美]W. J. 达比著,张箭飞、赵红英译 79.00 元
87.《过去与未来之间》,[美]H. 阿伦特著,王寅丽、张立立译 58.00 元
88.《大西洋的跨越》,[美]D. T. 罗杰斯著,吴万伟译 108.00 元
89.《资本主义的新精神》,[法]L. 博尔坦斯基、E. 希亚佩洛著,高铦译 58.00 元
90.《比较的幽灵》,[美]B. 安德森著,甘会斌译 79.00 元

第十批书目

91.《灾异手记》,[美]E. 科尔伯特著,何恬译 25.00 元

92.《技术与时间:3. 电影的时间与存在之痛的问题》,
[法]B. 斯蒂格勒著,方尔平译 65.00 元
93.《马克思主义与历史学》,[英]S. H. 里格比著,吴英译 78.00 元
94.《学做工》,[英]P. 威利斯著,秘舒、凌旻华译 68.00 元
95.《哲学与治术:1572—1651》,[美]R. 塔克著,韩潮译 45.00 元
96.《认同伦理学》,[美]K. A. 阿皮亚著,张容南译 45.00 元
97.《风景与记忆》,[英]S. 沙玛著,胡淑陈、冯樨译 78.00 元
98.《马基雅维里时刻》,[英]J. G. A. 波考克著,冯克利、傅乾译 108.00 元
99.《未完的对话》,[英]I. 伯林、[波]B. P. -塞古尔斯卡著,
杨德友译 65.00 元
100.《后殖民理性批判》,[印]G. C. 斯皮瓦克著,严蓓雯译 79.00 元

第十一批书目

101.《现代社会想象》,[加]C. 泰勒著,林曼红译 45.00 元
102.《柏拉图与亚里士多德》,[美]E. 沃格林著,刘曙辉译 78.00 元
103.《论个体主义》,[法]L. 迪蒙著,桂裕芳译 30.00 元
104.《根本恶》,[美]R. J. 伯恩斯坦著,王钦、朱康译 78.00 元
105.《这受难的国度》,[美]D. G. 福斯特著,孙宏哲、张聚国译 39.00 元
106.《公民的激情》,[美]S. 克劳斯著,谭安奎译 49.00 元
107.《美国生活中的同化》,[美]M. M. 戈登著,马戎译 58.00 元
108.《风景与权力》,[美]W. J. T. 米切尔著,杨丽、万信琼译 78.00 元
109.《第二人称观点》,[美]S. 达沃尔著,章晟译 69.00 元
110.《性的起源》,[英] F. 达伯霍瓦拉著,杨朗译 85.00 元

第十二批书目

111.《希腊民主的问题》,[法]J. 罗米伊著,高煜译　48.00 元
112.《论人权》,[英]J. 格里芬著,徐向东、刘明译　75.00 元
113.《柏拉图的伦理学》,[英]T. 埃尔文著,陈玮、刘玮译　118.00 元
114.《自由主义与荣誉》,[美]S. 克劳斯著,林垚译　62.00 元
115.《法国大革命的文化起源》,[法]R. 夏蒂埃著,洪庆明译　38.00 元
116.《对知识的恐惧》,[美]P. 博格西昂著,刘鹏博译　59.00 元
117.《修辞术的诞生》,[英]R. 沃迪著,何博超译　59.00 元
118.《历史表现中的真理、意义和指称》,[荷]F. 安克斯密特著,周建漳译　58.00 元
119.《天下时代》,[美]E. 沃格林著,叶颖译　78.00 元
120.《求索秩序》,[美]E. 沃格林著,徐志跃译　48.00 元

第十三批书目

121.《美德伦理学》,[新西兰]R. 赫斯特豪斯著,李义天译　68.00 元
122.《同情的启蒙》,[美]M. 弗雷泽著,胡靖译　48.00 元
123.《图绘暹罗》,[美]T. 威尼差恭著,袁剑译　76.00 元
124.《道德的演化》,[新西兰]R. 乔伊斯著,刘鹏博、黄素珍译　65.00 元
125.《大屠杀与集体记忆》,[美]P. 诺维克著,王志华译　78.00 元
126.《帝国之眼》,[美]M. L. 普拉特著,方杰、方宸译　68.00 元
127.《帝国之河》,[美]D. 沃斯特著,侯深译　76.00 元
128.《从道德到美德》,[美]M. 斯洛特著,周亮译　58.00 元
129.《源自动机的道德》,[美]M. 斯洛特著,韩辰锴译　58.00 元
130.《理解海德格尔:范式的转变》,[美]T. 希恩著,邓定译　89.00 元

第十四批书目

131.《城邦与灵魂:费拉里〈理想国〉论集》,[美]G. R. F. 费拉里著,刘玮编译 69.00 元

132.《人民主权与德国宪法危机》,[美]P. C. 考威尔著,曹晗蓉、虞维华译 58.00 元

133.《16 和 17 世纪英格兰大众信仰研究》,[英]K. 托马斯著,芮传明、梅剑华译 168.00 元

134.《民族认同》,[英]A. D. 史密斯著,王娟译 55.00 元

135.《世俗主义之乐:我们当下如何生活》,[英]G. 莱文编,赵元译 58.00 元

136.《休谟的人生智慧》,[英]J. 巴吉尼著,杨春丽译 68.00 元

137.《自由意志、能动性与生命的意义》,[美] D. 佩里布姆著,张可译 69.00 元

138.《自由与多元论:以赛亚·伯林思想研究》,[英]G. 克劳德著,应奇等译 58.00 元

139.《暴力:思无所限》,[美]R. J. 伯恩斯坦著,李元来译 59.00 元

140.《中心与边缘:宏观社会学论集》,[美]E. 希尔斯著,甘会斌、余昕译 88.00 元

第十五批书目

141.《自足的世俗社会》,[美]P. 朱克曼著,杨靖译 58.00 元

142.《历史与记忆》,[英]G. 丘比特著,王晨凤译 59.00 元

143.《媒体、国家与民族》,[英]P. 施莱辛格著,林玮译 68.00 元

144.《道德错误论:历史、批判、辩护》,

［瑞典］J. 奥尔松著，周奕李译　58.00元

145.《废墟上的未来：联合国教科文组织、世界遗产与和平之梦》，［澳］L. 梅斯克尔著，王丹阳、胡牧译　88.00元

146.《为历史而战》，［法］L. 费弗尔著，高煜译　98.00元

147.《康德与现代政治哲学》，［英］K. 弗利克舒著，徐向东译　58.00元

148.《我们中的我：承认理论研究》，［德］A. 霍耐特著，张曦、孙逸凡译　69.00元

149.《人文学科与公共生活》，［美］P. 布鲁克斯、H. 杰维特编，余婉卉译　52.00元

150.《美国生活中的反智主义》，［美］R. 霍夫施塔特著，何博超译　68.00元

第十六批书目

151.《关怀伦理与移情》，［美］M. 斯洛特著，韩玉胜译　48.00元

152.《形象与象征》，［罗］M. 伊利亚德著，沈珂译　48.00元

153.《艾希曼审判》，［美］D. 利普斯塔特著，刘颖洁译　49.00元

154.《现代主义观念论：黑格尔式变奏》，［美］R. B. 皮平著，郭东辉译　98.00元

155.《文化绝望的政治：日耳曼意识形态崛起研究》，［美］F. R. 斯特恩著，杨靖译　98.00元

156.《作为文化事实的未来：全球现状面面观》，［美］A. 阿帕杜莱著，周云水、马建福译　98.00元

157.《一种思想及其时代：以赛亚·伯林政治思想的发展》，［美］J. L. 彻尼斯著，寿天艺、宋文佳译　88.00元

158.《人类的领土性：理论与历史》，［美］R. B. 萨克著，袁剑译（即出）

159.《多元社会中的正义》,[美]G. 高斯著,范震亚译 68.00 元
160.《荒原:一部文化史》,[美]V. D. 帕尔玛著,梅雪芹等译 88.00 元

第十七批书目

161.《浪漫派为什么重要》,[美]P. 盖伊著,王燕秋译 49.00 元
162.《欧美思想中的自治》,[美]J. T. 克洛彭伯格著,褚平译(即出)
163.《冲突中的族群》,[美]D. 霍洛维茨著,魏英杰、段海燕译(即出)
164.《八个欧洲中心主义历史学家》,[美]J. M. 布劳特著,杨卫东译(即出)
165.《记忆之地,悼念之地》,[美]J. 温特著,王红利译(即出)
166.《20 世纪的战争与纪念》,[美]J. 温特著,吴霞译(即出)
167.《病态社会》,[美]R. B. 埃杰顿著,杨靖、杨依依译(即出)
168.《种族与文化的少数群体》,[美]G. E. 辛普森、J. M. 英格尔著,马戎、王凡妹等译(即出)
169.《美国城市新主张》,R. H. 普拉特著,周允程译(即出)
170.《五种官能》,[法]M. 塞尔著,徐明译(即出)